실험 학교
이야기

● 일러두기

이 책은 1995년에 출간되었다가 절판된《실험 학교 이야기》(보리 출판사)를 다시 펴낸 것입니다. '1부'에 새로운 글을 보탰고, 출간 20주년을 맞이하여 저자와 주고받은 이야기를 '부록'에 새롭게 담았습니다.

실험 학교 이야기

윤구병 글

보리

아이들이 놀아야 나라가 산다

개정판 머리말을 쓰려고 200자 원고지를 앞에 두고 있으니 문득 성래운 선생님이 그리워집니다. 언젠가 리영희 선생님, 성래운 선생님, 송기숙 선생님, 고은 선생님, 박현채 선생님 들이 함께 계신 자리에서 어느 분이 하신 말씀도 기억납니다. 누군가 성래운 선생님한테 시 한 편 읊으라고 졸라 댔습니다. 문익환 목사님이었을지도 모릅니다. 부탁을 받자마자 성래운 선생님은 스스럼없이 자리에서 일어나 고은 선생님의 시를 읊으셨습니다. 꽤 긴 시였던 것으로 기억합니다. 부드럽고 울림이 큰 목청으로 때로는 잔잔히 흐르듯이, 때로는 바위에 부딪치고 때로는 폭포처럼 쏟아지듯이 읊으시는 그 시를 들으면서 넋을 놓고 있었는데, 다 끝나자 그 자리에 계시던 분들이 모두 환성을 올렸습니다. 늘상 고은 선생님을 '작은이'라고 부르며 아끼시던 리영희 선생님이 성래운 선생님을 한껏 치켜세우신다는 말씀이 이랬습니다.

"고은 시가 주는 감동의 80퍼센트는 성래운 선생 몫이야."

그 말에 모두 손뼉을 치며 고개를 끄덕였습니다. 참 행복한 순간이었습니다. 새삼스럽게 제가 지난 이야기를 들춘 데에는 까닭이 있습니다. 성래운 선생님은 교육에 연관된 책을 여러 권 내셨지만 그 책들이 나올 때는 눈여겨보는 사람이 많지 않았습니다. 그런데 그 책들이 나온 지 서른 해가 훌쩍 넘은 요즈음 선생님의 교육에 대한 생각과 걱정은 뼈저리게 우리 가슴에 다가옵니다. 다달이 어린이 잡지 〈개똥이네 놀이터〉에 곁들여 나오는, 부모와 어른을 위한 잡지 〈개똥이네 집〉에 성래운 선생님 글을 추려서 싣고 있습니다. 아이들 교육에 관심이 있는 선생님들과 부모님들이 너나없이 이 글을 '이 달의 가장 좋은 글'로 입에 올립니다. 한편으론 기쁘면서도 또 다른 편으로는 가슴이 아픕니다. 귀한 글을 알아보는 눈이 늘었다는 생각과 우리 교육 현실이 날로 뒷걸음치고 있다는 걱정이 제 마음에 함께 자리 잡고 있어서입니다.

　《실험 학교 이야기》로 첫선을 보였던 이 책을 절판시킨 지 여러 해가 흘렀습니다. 제가 상상 속에 그려 보던 바람직한 배움터에 대한 생각이 여러 교육 현장에서 현실로 나타나고 있어서 더는 쓸모가 없는 책이라고 보았기 때문입니다. 그런데 아직 쓸모가 있고, 아니, 이제 더 쓸모가 커졌다고 우기는 사람들이 있었습니다. 그 가운데는 '변산공동체학교'가 생긴 지 열다섯 해가 넘었는데, 상상과 현실이 어떻게 다른지도 견주어서 이야기해 달라고 조르는 분도 있었습니다. 부끄러운 마음으로, 그리고 교육 현실을 뒷걸음치게 한 데에 한몫을 거든 저 자신을 탓하는 마음으로 다시 머리말을 씁니다.

세월호 참사로, 그리고 아이들의 허망한 죽음으로 지금 온 나라가 슬픔에 잠겨 있습니다. 저 또한 말 잘 듣는 아이들, 시키면 시키는 대로 했던 이 아이들이 겪은 참사를 가슴 아프게 지켜보고 있습니다. 만일 그 아이들이 '실험 학교'와 같은 배움터를 경험한 아이들이었다면, 아마 스스로 그리고 서로 도와서 어떻게든 그 상황을 벗어났을지도 모른다는 생각이 들기도 합니다. 그리고 선생님이 시키는 대로 엄마, 아빠가 바라는 대로 '이 세상에 정답은 하나뿐이고 그 정답은 우리 스스로 찾는 게 아니라 어른들이 일러 주는 대로 따라야 맞힐 수 있다'고 여겼던 것일까요. 배가 기우는 것을 알면서도 선실에 앉아 기다리라는 말을 곧이곧대로 믿고, 얌전히 앉아 있다가 죽어 간 아이들의 모습이 눈앞에 아른거려 가슴이 아려 옵니다. 세월호 침몰 비극은 아이들의 손발을 묶어 놓은 제도 교육과 이 나라에 던지는 도덕적 질책입니다. 우리 아이들을 떼죽음으로 몰아넣은 이 비극적인 사태를 거울삼아 이 나라의 교육에 희망은 있는가, 앞으로 우리 아이들을 어떻게 키울 것인가에 대하여 우리 모두 깊이 반성하고 힘을 모아야 할 때입니다.

저는 요즈음 '아이들이 놀아야 나라가 산다'고 외치고 다닙니다. 아이들이 산과 들과 바닷가에서 손발 움직여 놀고 몸으로 뒹굴며 노는 모습을 보고 싶습니다. 놀면서 함박웃음으로 터뜨리는 햇살 같은 웃음소리를 듣고 싶습니다. 새로 나온 이 책이 아이들의 구김살 없는 몸놀림과 밝은 웃음소리를 되살려 내는 데 조금이라도 도움이 되면 좋겠습니다.

　이 책을 이런 모습으로 다시 선보인 데에는 조혜원 씨가 큰 힘이 되었습니다. 조혜원 씨는 《철학을 다시 쓴다》를 책으로 묶을 때도 아낌없는 도움을 주었습니다. 《철학을 다시 쓴다》가 2013년 2월에 나온 뒤로, 문화체육관광부에서 '2013년 철학, 심리학, 윤리학 부문 최우수교양도서'로 뽑혔을 때 했던 말이 기억납니다. "이 책이 이런 상을 받게 된 공의 절반은 혜원 씨 몫이야." (저는 옹졸해서 80퍼센트라는 말을 못 했습니다.) 이제 시골에 들어가 농사일을 하면서 이 책을 이런 생김새로 꾸려 낸 조혜원 씨에게 마음 깊이 고마움을 느낍니다. 책 뒤에 덧붙은 꽤 긴 '인터뷰'를 진행하고 횡설수설했던 제 대답을 줄거리 있게 가다듬어 준 이도 조혜원 씨였음을 이 자리를 빌려서 밝힙니다.

2014년 5월

윤구병

실험 학교를 눈앞에 두고

여기에 실린 글들은 내가 머릿속에 그리고 있는 '공동체 학교'의 초벌그림이다. 이 그림을 그리는 동안 고통과 즐거움이 번갈아 내 마음속에 오갔다.

현재 농촌에나 산촌에나 어촌에는 미래가 없다. 관념으로 하는 이야기가 아니다. 어디를 가나 마을 공동체에 아이들이 없다. 제법 큰 학교들도 아이들이 없어 문을 닫고 있는 형편이다. 아이들이 없으니 이 상태로 가다가는 모든 마을이 폐허로 바뀔 게 불 보듯이 환하다.

마을 공동체가 무너지고 생산 공동체에 미래가 없는데 그 공동체에 젖줄을 대고 있는 인류 전체에 미래가 있을 턱이 없다. 컴퓨터 칩이나 시멘트 가루를 먹고 살 수는 없지 않은가.

꿈에서만 그리면 뭘 해, 실현을 해야지. 이렇게 말하는 분이 많을 것이다. 이 책 속에 들어 있는 많은 이야기들이 가상현실이라고 해서 책을 덮고 나서 실망할 분도 있을 것이다. 그러나 꿈이 야무져야 그 꿈을 실현할 길도 열심히 찾게 되는 게 아닐까.

올 이월에 변산 언저리에 조그마한 터를 구했다. 내년부터 농사를 지으면서 마을 어른들과 의논하여 이 책에 미리 그려 놓은 청사진에 따라 공동체 학교가 중심이 된 마을 공동체를 되살리려는 뜻에서다.

혼자서 할 수 있는 일은 아니다. 한두 해 애쓴다고 이루어질 일도 아니다. 그렇지만 누군가 먼저 시작해야 한다. 주춧돌마저 없어지기 전에 공동체 마을을 다시 일으켜 세워야 한다.

　　초벌그림치고는 너무나 허술한 데가 많다. 그렇다고 그림만 그리다가 세월이 다 가 버리면 어쩌나. 어설프지만 이렇게 바삐 책으로 묶는 것은 더 기다릴 겨를이 없다고 믿기 때문이다.

　　대학 선생을 그만두고 농사를 짓겠다고 하니 미쳤다고 하는 사람이 많다. 그 뜻을 안다. 고생길이 훤하다는 것도 안다. 그러나 그 고생으로 마을마다 아이들 웃음소리가 꽃핀다면 한 번쯤 미쳐 볼 만도 하지 않은가.

1995년 6월

윤구병

차례

1부
내가 꿈꾸는 새로운 공동체
아이들을 살리고 미래를 살리는 길

2부

실험 학교 이야기
삶터와 배움터가 하나인 교육 공동체

❖ **실험 학교 사람들**

_마을 사람 모두가 선생님

부록

실험 학교 20년,
윤구병의 못다 한 이야기

"다양한 생명체들이 저마다 자기에게 알맞은 삶터를 찾아서 둥지를 틀고 있는 자연으로 아이들을 되돌려 보내야 한다. 그렇게 해서 아이들이 스스로 자기에게 알맞은 삶의 형태를 찾아내도록 하는 것이 세계를 살리고 인류의 미래를 보장하는 유일한 길이라고 한다면 과장일까? 나는 이 길만이 우리 아이들을 살리고 미래를 살리는 길이라고 본다. 아이들이 감각으로 배우고 일 속에서 땀으로 배우는 살아 있는 교실을 만드는 일이 시급하다. 이 세상에서 획일적이지 않은 가장 훌륭한 교과서는 자연뿐이고, 아이들에게 삶에 필요한 구체적인 교육을 할 수 있는 유일한 교사도 자연밖에 없다."

1부

내가 꿈꾸는 새로운 공동체

아이들을 살리고 미래를 살리는 길

죽음의 원리가 지배하는 도시

　요즈음 나는 실험 학교가 중심이 된 생산 공동체를 꿈꾸고 있다. 이런 꿈을 꾸게 된 데에는 그 나름으로 까닭이 있다. 나는 상품생산 사회가 사람이 사람답게 사는 사회와는 거리가 멀다는 것을 지난 시간 오랜 경험을 통해서 뼈저리게 느껴 온 사람이다. 그래서 학문으로 내건 근거야 어떻든 누군가가, "인류에게 정치경제학에 따른 대안으로 자본주의를 대신할 제도가 없다"는 식으로 이야기하면 그만 그 사람을 다시 보고 싶지 않을 만큼 정나미가 뚝 떨어지고 만다.

　그동안 많은 사람들을 붙들고 이렇게 물어보았다.

　"당신은 머리가 나쁘지만 착하고 부지런하고 성실한 사람이 사람대접 받고 잘 사는 세상이 좋은 세상이라고 보느냐, 그렇지 않으면 머리는 좋지만 약삭빠르고 내 것만 챙기는 이악스러운 사람이 잘 사는 세상이 좋은 세상이라고 보느냐?"

　학생들에게도 물어보고 선생님들에게도 물어보고 회사에 다니는 사람에게도 물어보고 노동자들에게도 물어보았다. 그랬더니 백에 아흔아홉 사람은 '머리는 나쁠지 모르지만 착하고 부지런하고 성실한 사람이 잘 사는 세상이 좋은 세상'이라고 대답하는 것이 아닌가. 나는 이런 대답을 이해할 수가 없었다.

　그렇다. 한때 착하고 부지런하고 성실한 젊은이를 마을에서 가장 홀륭한 신랑감이요 신붓감으로 치던 사회가 있었다. 농민들이 자기들 힘으로 자율적인 생산 공동체이자 문화 공동체를 이루고 살던 시대에는 그런 가치관이 널리 퍼져 있었다. 그런데 지금은 아니다. 머리가 좋아서 일류 대학을 나오고, 약삭빠르게 처신해서 남을 제치고 재벌 그룹 회사에서 출세가 보장된 자리에 앉아, 그 기업의 이익을 위해서라면 인민이나 공동체의 이익을 헌신짝처럼 버릴 각오로 충만한 젊은이를 가장 훌륭한 신랑감으로 점찍고 있는 것이 요즘 세상이다.

"작게는 마을 공동체에, 그리고 크게는 인류 공동체에 평화가 깃들기 위해서는 착하고 부지런하고 성실한 사람들이 중심이 되어야 한다. 그래서 억압과 착취와 탐욕과 이기심이 없는, 자유와 평등과 우애와 협동이 넘치는 생산 공동체를 이룰 수 있어야 한다."

말은 이렇게 번드르르하게 하면서도 막상 선택하라고 하면 억압과 착취와 탐욕과 이기심을 신봉하는 사람을 고르게 되는 까닭은 어디에 있는가? 이 터무니없는 이율배반은 왜 생겨나는가?

안 될 일이다. 이런 마음, 이런 태도를 가지고는 자본주의가 어떻고 사회주의가 어떻고 백날 떠들어 보아야 공염불일 뿐이다. 악을 택해도 확신을 가지고 택해야 하고 선을 택해도 후회가 없어야 하겠다. 착하고 부지런하고 성실한 사람이 잘 사는 세상이 정말 좋은 세상이라면, 그리고 그런 사람이 멸시받는 대신에 도리어 대접받으면서 안심하고 자랄 수 있는 터전이 산과 들과 바닷가에 자리 잡은 생산 공동체라면, 하루빨리 이런 공동체를 다시 세워야 한다.

'그러면 원시적인 농경 공동체로 돌아가자는 말이냐?' 이렇게 물을 사람이 있을 줄로 믿는다. 그러나 그게 아니다. 고대 노예제사회에서는 아리스토텔레스 같은 뛰어난 학자도 사람을 사람으로 보지 못하고 노예를 '말하는 연장'이라고 하면서 아예 물건 취급을 했다. 또 중세 봉건

제사회에서는 정말 양반의 핏줄에는 양반의 피가 흐르고 상놈의 핏줄에는 상놈의 피가 흐르는 것으로 믿는 사람이 대부분이었다. 이제 우리는 긴 투쟁 과정을 통해서 적어도 관념으로는 모든 사람이 사람으로 태어났다는 한 가지 이유만으로도 평등하다는 것을 깨우치게 되었다.

우리가 이제 다시 농촌으로 돌아간다 해도 중세의 신분에 따른 억압과 착취를 고스란히 업고 돌아가자는 것도 아니고, 원시적인 농기구인 호미와 낫만을 들고 돌아가자는 것도 아니다. 우리는 자본주의 상품경제 사회가 '절대로' 평화로운 인류 공동체를 위한 바른 전망을 보여 주지 못한다는 쓰라린 경험을 하고 있다. 또 그렇다고 해서 '노동자, 농민, 병사 소비에트'라는 구호만 앞세웠지 그 구호에 알맞은 유기적인 사회 연관 틀을 마련하지 못한 채, 도시 노동자의 자식들을 고층 건물과 아스팔트 길 위에 오랫동안 방치해 두어 감각과 의식을 기계화시킨 소련과 동구식의 사회주의사회가 그런 전망을 현실이 되게 할 힘을 지닌 것도 아니라는 일깨움도 얻었다. 이런 인류의 경험과 지식을 안고, 또 바람과 햇빛과 바닷물에서 공해 없는 동력원을 얻을 수 있는 기술까지 지니고 돌아가자는 것이다.

다들 못 살겠다고 손들고 빠져나오는 농촌으로 다시 돌아가야 한다고 우기는 것은 낭만에 젖어서도 아니고, 현실을 외면해서도 아니다. 평화로운 인류 공동체를 이룰 착하고 부지런하고 성실한 사람을 집단으로 길러 낼 수 있는 터전은 그곳밖에 없기 때문에, 장가도 못 들고 목매달아 죽은 총각의 넋이 떠도는 그곳으로 돌아가자는 것이다. 그곳에서 땀 흘려 일하며, 경제적으로 자급할 수 있고 문화에서도 자율적인 생산 공동체를 하루빨리 세워야 한다.

다 알다시피 남쪽의 역대 정권은 농어촌을 착취하고 이용만 할 줄 알았지 농어촌의 발전을 위해서 한 번도 진지한 노력을 기울여 본 적이 없다. 그렇다 보니 이제 농어촌은 어린애 울음소리를 들을 수 없는 죽은 마을로 바뀌고 말았다. 이대로 둔다면 앞으로 십 년이 지나지 않아 마을 공동체는 대부분이 파괴될 것이다. 우리 농업도 곧, 농업 자본가가 거대 지주한테 땅을 빌려 농사짓는 차지농(이른바 기업농)으로 바뀌게 될 것이다(어업이라고 해서 다를 것 없다). 경지 정리를 할 수 있는 땅은 넓고 평평한 들판으로 바뀌어 농업 노동자를 고용한 자본가에게 이익을 가장 많이 남기는 작물을 집중해서 기르는 곳으로 탈바꿈하고, 농가라고는 십 리 가야 한두 채를 볼 수 있을까 말까 할 정도로 줄어들 것이다. 경지 정리가 어려운 구릉지는 거개가 목초지로 바뀌고 말 것이다. 그렇게 되면 수천 년을 두고 우리 전통과 문화, 그리고 가치관과 세계관에 있어 젖줄 노릇을 해 온 마을 공동체는 곧 흔적 없이 사라지게 될 것이다.

사람들이 자연과 격리되어 메마른 도시 공간에서 태어나고 자란다는 것은, 아무리 도시가 삶에 필요한 온갖 편의를 제공한다 하더라도, 작게는 그 사람들의 미래에 크게는 나라와 인류의 장래에 치명적이다. 공해나 범죄 같은 현상으로 드러난 병폐만 두고 이 문제를 보아서는 안 된다. 사람이 자연을 떠나서 살 수 없다는 공허한 이야기를 되풀이하는 것으로는 이 문제의 본질에 접근할 수 없다. 역사적으로 모든 도시 문화는 멸망했다. 이 사실을 두고 어떤 사람은 외적의 침입 때문에 그랬다 하기도 하고, 또 어떤 사람은 전염병이나 공해 때문에 그랬다 하기도 하고, 그도 아니면 그럴싸한 다른 이유를 대기도 한다. 그러나 내 생각으로는 도시의 삶 자체에 자기 파괴 원리가 들어 있기 때문에 도시의 몰락은 불가피하다.

도시는 자급자족하는 공동체가 아니다. 다시 말하면 도시에서는 참된 의미에서 자율적인 삶이 이루어질 수 없다. 그 이유는 너무나 명백

하다. 우선 도시는 자기 힘으로 우리의 의식주 문제를 해결할 수 없다. 이런 말을 하면 어떤 사람은 '현대 도시는 다르지 않느냐, 비록 아직까지 먹는 문제는 자체로 해결할 수 없다 하더라도 옷과 집 문제는 스스로 충분히 해결할 수 있지 않느냐' 하고 반문할지도 모른다. 그러나 그렇지 않다. 도시에 사는 사람들은 기본이 되는 생활 문제를 해결하기 위해서 어떤 방법으로든지 둘레에 있는 마을 공동체에 빨판을 대지 않을 수 없다. 도시가 커지면 커질수록 도시 밖으로 뻗는 문어발은 더 길고 억세야만 한다.

ㄱ이라는 생산 공동체에서 영양을 공급받는 것으로 충분하던 조그마한 도시를 예로 들어 보자. 이 도시는 자연재해(가뭄이나 큰물 따위)나 인위적인 조건들이 바뀌어 생산 공동체 ㄱ의 생산력이 교란되면 곧 ㄴ이라는 생산 공동체에 발을 뻗어야 살 수 있다. 다시 말해서 도시는 자체 성격 때문에 필연적으로 착취할 수밖에 없는 삶의 원리를 내면화하게 된다는 것이다. 도시가 커지면 커질수록 이러한 욕구는 더 강렬해질 수밖에 없다. 따라서 고대로부터 오늘에 이르기까지 모든 도시 문화는 착취와 억압을 일삼는 제국주의 지향성을 버릴 수 없었다. 근대에 들어 급속하게 산업혁명이 이루어진 결과, 모든 생산력이 도시로 집중되어 거대 도시화한 나라들이 한결같이 식민지 쟁탈을 일삼는 제국주의 국가로 변모했다는 것은 기본으로 이 측면에서 따져 봐야 한다.

조금 더 이야기하자. 지금 지구상에는 수많은 도시 문명이 남긴 폐허들이 이른바 고고학의 보고로 널려 있다. 바빌로니아, 아시리아, 이집트, 그리스, 로마, 마야, 잉카……. 왜 이 화려했던 도시국가들이 하나같이 몰락하는 길을 걷게 되었을까? 어느 시대나 도시 사람들은 때로는 군사력으로 때로는 야바위 놀음으로, 또 때로는 막강한 행정조직과 그 밖에 물리적, 이념적인 힘으로 주변 생산 공동체의 생산력이 고 갈될 때까지 억압하고 착취할 수 있었다. 양식도, 식량도, 그 밖에 도시 사람들 삶에 필요한 어떤 것도 가차 없이 빼앗아서 제 것으로 삼을 수 있었다. 그럼에도 도시 사람들이 끝까지 빼앗아 갈 수 없었던 것이 있 었으니, 그것은 바로 생산 공동체에서 태어나고 자란 사람들이 지닌 근원적인 삶의 원리인 자율성과 창조성이었다.

쉽게 이야기하자면 도시에서 태어나 자란 사람들은 자기가 살기 위 해서 생산 공동체를 마지막까지 쥐어짤 수는 있지만, 그 마지막 한 방 울 피가 수혈되지 않는 순간 그 자리에서 죽을 수밖에 없다. 간단한 보 기를 들어 설명하자. 지금 도시에서 태어난 여남은 살 먹은 아이와 시 골에서 태어난 같은 나이 또래 아이가 어쩌다 산에서 길을 잃었다고 가정하면 여름이라 하더라도 도시 아이는 며칠이 안 되어 죽게 될 것이 다. 쌀가게도 반찬 가게도 찾을 수 없고, 자는 곳도 이제까진 따로 정 해져 있었으니 새삼스럽게 찾을 길이 없어 헤매다가 굶주린 배를 안고 아무 데서나 자다가 죽게 될 것이 너무나 뻔하지 않은가?

그러나 시골에서 자란 아이는 훨씬 더 오래 목숨을 지킬 수 있을 것이 다. 어려서부터 대자연이 가르쳐 준 삶의 지혜로 먹을 풀과 못 먹을 풀, 몸에 이로운 뿌리와 해로운 뿌리 같은 것을 가려서 배를 채울 것이 며 잠을 잘 때도 땅바닥에 습기가 없고 이슬을 막을 수 있는 곳을 고를 것이다. 마지막까지 착취를 일삼던 도시의 지배층은 결국 살아남지 못 하고, 마지막까지 착취당하던 생산 공동체의 구성원은 끝까지 살아남 아 인류 문화를 계승하고 발전시키는 원동력이 될 수 있었던 비결은 바로 여기에 있다. 죽게 되어 있는 것은 아무리 발버둥 쳐도 죽고, 살게 되어 있는 것은 아무리 벼랑에 몰려도 살길을 찾는 것이다.

우리가 살길은 거대 도시화한 자본주의적 삶의 원리(따지고 보면 죽음의 원리다)에 맞서서, 더 구체로는 앞으로 몇 해 안 가서 자본가의 손 아귀에 들어갈 어업과 농업과 임업에 맞서서, 어촌과 농촌과 산촌에 하루바삐 협동적인 생산 공동체를 다시 일으켜 세우는 것이다. 그리고 그 공동체를 튼튼히 지켜 나갈 새로운 공동체 정신을 지닌 사람을 길러 내는 일이다.

나는 우리 나라에 자원이 부족하기 때문에 우리가 살길은 세계 시장에 값싼 노동력을 파는 것뿐이라는 말을 믿지 않는다. 안 믿을 뿐만 아니라 그렇게 이야기하는 자들은 야바위꾼이거나 머리가 어떻게 된 사람들이라고 믿는다. 왜 우리에게 자원이 없는가? 우리 나라는 삼면이 바다로 둘러싸여 있고 골짜기마다 맑은 물이 흘러내리고 있다. 말하자면 어족 자원의 천연 보고라고 할 수 있다. 이 자원을 살리면 된다. 또 우리 나라는 국토의 삼 분의 이가 넘게 산으로 되어 있다. 여기에서 제대로 나무를 키워 낸다면 이 세계에서 우리만큼 큰 산림자원을 가진 나라도 없을 것이다. 그리고 세계적으로 우리 나라만큼 다양한 식물이 자라고 있는 곳이 드문 것으로 보아 나는 이 땅이 하기에 따라 세계에서 가장 풍요한 식량 자원, 약초 자원, 과일 자원의 보고가 될 수 있다고 본다.

문제는 이 자원들을 잘 길러 내서 모든 사람이 자유롭고 평등하고 평화로우며 서로 협동하면서 살 수 있는 터전을 만드는 것이다. 이러한 터전을 가꿀 수 있는 자율적이고 창조적인 미래 세대를 길러 내 그네들로 하여금 새로운 생산 공동체의 주인이 되도록 하는 것이 우리들 앞에 놓인 큰 숙제다.

삶을 잃어버린 도시 아이들

도시에서 아이 기르기는 시골에서 기르기에 견주어 몇 배나 더 힘들다. 시골 아이들은 젖먹이 때를 빼면 부모가 따로 크게 돌보지 않아도 저절로 자란다. 부모가 일터에 나가 땀 흘려 일하는 동안에 자연이 품에 안아 기르는 것이다. 여름에는 매미가 자장가를 불러 주고 가을철에는 엄마가 밭에서 돌아올 때를 귀뚜라미가 알려 준다. 엄마를 대신해서 삽사리가 볼을 핥아 주고 고샅길을 아장걸음으로 나서면 거위가 꽥꽥거리면서 길라잡이 노릇을 자청한다. 아이의 살갗에 닿는 것, 코와 입, 귀와 눈에 닿는 것 가운데 아이들을 해칠 만한 것이 거의 없다. 풀잎에 종아리를 베거나 가시가 손가락에 박히는 정도가 고작이다.

그러나 도시에서 아이를 기르는 부모는 갓난쟁이 때부터 머리통이 제법 굵어질 때까지 잠시도 아이에게서 눈을 뗄 수가 없다. 고층 빌딩이 숲을 이루고 있는 도시 중심가에는 밝은 대낮에도 저승사자들이 무리를 지어 떠돌기 때문이다.

살아 있는 것이라고는 아스팔트 위를 바쁜 걸음으로 걷고 있는 핏기 잃은 사람들과, 길모퉁이에 간신히 뿌리 내린 그 순간부터 매연에 숨이 막혀 천천히 죽어 가고 있는 가로수뿐이다. 그 밖에 살아 움직이는 것이라고는 없다. 우리가 이 땅에 자리 잡고 사는 순간부터 얼마 전까지만 해도 우리 곁을 잠시도 떠난 적이 없었던 개도, 닭도, 소도, 돼지도 이제는 우리 곁에 없다. 개구리도, 땅강아지도, 풀무치도, 벌도, 나비도 없다. 찔레 순도, 삘기도, 개암도, 머루, 다래, 까치무릇도 없다. 아이들이 마음 놓고 쓰다듬고 어루만지고 팔 벌려 안고, 혀로 맛보고 코로 냄새 맡고, 고즈넉이 귀 기울이고 그윽한 눈길을 보낼 만한 것이 집 안에도 문밖에도 없다. 마음껏 뛰어놀 들판도, 송사리 쫓고 멱도 감을 시냇물도, 아이들 가슴을 두려움과 기대로 뒤흔들 신비와 모험으로 가득한 숲도 없다.

그 대신에 아이들이 만져서는 안 되는 것들, 코를 디밀거나 혀를 대서는 안 되는 것들, 잠시만 들어도 귀를 먹먹하게 만드는 시끄러운 소리들, 너무나 현란하고 공격적이어서 곧 눈길을 돌릴 수밖에 없는 온갖 형태와 색깔로 된 인공물들이 저승사자의 끄나풀이 되어 아이들 목숨을 노리고 있다.

아무것도 살 수 없을 것처럼 보이는 사막이나 빙판에도 자세히 살펴보면 살아 꼼지락거리는 것들이 한둘이 아니다. 그러나 현대 도시라는 인공의 사막에서는 심지어 남극이나 북극의 한복판, 사하라나 고비 사막의 가장 메마른 곳에서도 살아남을 수 있었던 것들조차 목숨을 부지할 수 없다.

이처럼 살벌한 죽음의 땅에서 아이들을 길러 내려니 도시에 사는 부모들은 필사적이 될 수밖에 없다. 먼저 아이들 목숨을 위태롭게 하는 것들에서 아이들을 떼어 놓아야 한다. 그러려면 피부 접촉부터 막아야 한다.

"만지지 마."

"손대지 마."

"가까이 가지 마."

마, 마, 마…… 하는 금지 명령은 부모의 입버릇이 된다. 이렇게 해서 어린 시절부터 아이들의 촉각은 바깥 세계를 향하여 자유롭게 열리지 못하고 안으로, 안으로 움츠러들어 생기를 잃어버린다.

촉각은 아이가 바깥 세계와 만나는 첫 번째 문이다. 아이가 바깥세상을 잘 알게 하려면 될 수 있는 대로 많은 것과 살을 맞대도록 부추겨 주어야 한다. 어쩌다 아이가 풀잎에 손을 베거나 쐐기에 쏘이거나 무엇에 찔려서 움츠러들더라도,

"괜찮아. 곧 아물 거야."

"쐐기 가운데 이보다 더 아프게 쏘는 놈도 있어. 언제 너도 감잎 쐐기에 쏘여 봐라. 아마 훨씬 더 아플 거야."

"혀로 피를 빨아, 이렇게. 그러면 곧 나아."

하며 접촉 기피증에 걸리지 않게 해야 한다.

그러나 도시의 부모들은 그럴 수가 없다. 많은 경우에 도시에서 자라는 아이들이 만지는 것은 저승사자의 손끝이다. 잘못 만지면 치명적이다. 되도록이면 무엇이든지 만지지 못하게 해야 한다. 이렇게 해서 아이들의 촉각은 깊은 혼수상태에 빠지거나 가사 상태에 이르러 본드를 불거나 마약의 힘을 빌려서나 겨우 생기를 찾을 수밖에 없는 극한 상황에 이르기도 한다.

어찌 시들고 죽어 가는 것이 촉각뿐이랴! 마비되기는 미각도, 후각도 마찬가지다. 도시 아이들이 그나마 자연의 맛이나 냄새를 느낄 수 있는 것은 밥상에 오른 몇 가지 안 되는 음식과 과일 정도다. 그러나 자연을 모르는 도시 아이들이 자연의 냄새나 맛인들 어찌 알 것인가! 도시의 부모 가운데 초인적인 노력을 기울여 아이들의 촉각이나 미각, 후각이 마비되지 않고 건강을 유지하도록 손을 쓴 부모가 있다고 치자. 그런 부모라 하더라도 청각이나 시각 문제에 부딪히면 속수무책이다. 집 안에서 아이들에게 이런저런 텔레비전 프로그램을 보지 못하게

하거나 이런저런 라디오 방송을 듣지 못하게 할 수는 있지만, 문밖에 나서기만 하면 속절없이 아이들의 귀와 눈을 때리는 그 많은 시끄러운 소리와 해로운 빛을 막아 낼 길이 어디 있겠는가.

아이들이 그린 그림을 주의 깊게 관찰한 어른들은 건강한 감수성을 지닌 아이들과 상처 입은 감수성을 지닌 아이들의 그림이 어떻게 다른지 잘 알고 있다. 마음이 병든 아이들이 그린 그림에는 색깔에도 형태에도 병색이 깃들어 있다. 아이들이 무심히 내리긋는 선 하나, 아무렇게나 골라 쓰는 물감 하나가 아이들의 느낌과 생각, 기분과 상태가 어떤지를 숨김없이 드러낸다.

어른이 아무 생각 없이 어딘가에 서명을 하는 경우에도 기분이 어떠냐, 건강 상태가 좋으냐 나쁘냐에 따라 글씨 획이 달라진다. 하물며 빨간 물을 떨어뜨리면 빨갛게, 파란 물을 떨어뜨리면 파랗게 물들 수밖에 없는 아이들 마음의 움직임이야 얼마나 또렷이 드러나겠는가. 이런 사실로 미루어 볼 때 아이들 시각에 와 닿는 색깔이나 형태 가운데 아이들의 감수성을 해치고 마음을 병들게 하는 것이, 비단 텔레비전에서 어린이 방송으로 나온 〈피구왕 통키〉와 같은 폭력 만화만이 아니라는 것은 불 보듯이 환하다.

도시의 선들은 칼날처럼 날카롭다. 가끔 곡선으로 마무리된 것도 없지 않으나 길, 건물, 창틀, 어느 것 하나 자연이 우리에게 안겨 주는 포근하고 부드러운 윤곽선을 보여 주지 않는다.

어린 시절부터 알게 모르게 이처럼 모진 시달림을 받고도 아이들의 몸과 마음이 건강하기를 바랄 수 있겠는가. 도시 아이들이 정도 차이는 있으나 저마다 신경증을 앓고 고립감을 느끼면서 불안과 공포와 분노에 사로잡힌 채, 충동으로 폭력에 휩쓸리거나 자살을 꿈꾸는 것은 불우한 가정환경이나 잘못된 교육 탓만은 아니다. 청소년 비행이 해마다 늘어나고 있는 것은 죽음의 원리가 지배하고 있는 도시 사회가 바로 어린 시절부터 계속해서 아이들의 감각에 돌이킬 수 없는 상처를 입혀 왔기 때문이라고 할 수 있다.

아이들이 어릴 적부터 듣고 자라는 소리들을 살펴보면 감각에 대한 현대 도시의 폭력성은 더 크게 두드러진다.

살아 있는 것은 모두 자기 나름으로 소리를 지니고 있다. 풀과 나무가 무슨 소리를 낼 수 있느냐고 물을 분이 있을지도 모르겠다. 또 바닷속이나 사막을 침묵이 깃드는 곳이라고 생각할 분도 있을지 모르겠다. 그러나 그렇지 않다. 바람이 불지 않을 때도, 무엇인가 제 몸을 건드리지 않을 때도 풀과 나무는 소리를 내고 소리를 듣는다. 그 소리들이 특별한 경우가 아니면 사람 귀에 들리지 않을 뿐이다. 바닷속도 마찬가지다. 바닷속은 침묵의 공간이기는커녕 도리어 소리의 광장이라고 부르는 쪽이 더 마땅하다. 소리는 공기 속에서보다 바닷물 속에서 네 배 반이나 더 빨리 전달된다. 그리고 바닷물고기들은 빛에서 얻는 정보보다 훨씬 더 많은 정보를 소리에서 얻는다. 사막이라고 해서 곳곳에 삶의 둥지가 있는 한 어찌 침묵을 지키고 있으랴. 빛이 닿지 않는 곳에서는 살 수 있어도 소리가 닿지 않는 곳에서는 살 수 없는 생물들도 적지 않다. 깊은 바닷속에 사는 물고기가 그렇고, 땅속에 사는 지렁이나 두더지가 그렇고, 동굴 속에 사는 박쥐가 그렇다. 빛은 볼 수 없으나 소리로 먹이 있는 곳을 알아내고 소리로 짝을 부르고 소리로 제 몸을 지키는 생명체는 이 밖에도 헤아릴 수 없이 많다.

하늘 높이 날아 먹이를 찾는 새에 미치지는 못하지만 일찍이 두 발을 써서 몸을 곧추세울 수 있었던 사람은 다른 짐승에 견주어 시야가 넓다. 그에 따라 삶에서 만나는 여러 문제를 해결하는 데 청각 정보보다는 시각 정보에 기대는 비율이 더 크다. 그러나 소리는 빛이 가지지 못한 소중한 힘을 지니고 있다. 정서를 불러일으키는 울림을 통해서 사람의 마음을 움직이는 힘이다. 바로 이 때문에 인류는 오랜 역사를 통하여 청각예술인 음악을 시각예술인 미술보다 더 소중한 예술 양식으로 떠받들어 왔다. 동서양의 성현들과 철인들도 사람의 심성을 바로잡는 데 음악교육이 얼마나 큰 구실을 하는지에 대해서 주의를 기울였다. 공자가 정나라 음악을 음란하다고 비판한 것이나 플라톤이 음악교육의 기초를 화사한 이오니아나 트라키아 음악 대신에 소박한 도리아 음악에 두어야 한다고 한 것이 좋은 본보기다.

귀에 솔깃한 소리라도 그 질서 짓는 방식에 따라 정신 건강에 이로운 경우가 있고 해로운 경우가 있다. 그 가운데 도시 공간을 가득 채우고 있는 무질서한 기계음이 사람의 심성에 얼마나 해로운 영향을 끼칠지는 미루어 짐작할 수 있을 것이다. 자연의 소리라고 해서 모두 사람 귀에 이롭다고만 할 수는 없다. 그러나 오랜 진화 과정을 거쳐서 사람들은 삶을 유지하는 데 필요가 없거나 해로운 자연의 소리는 거르는 쪽으로 청각기관을 조정해 왔다. 사람의 고막이 16에서 2만 헤르츠 사이에 드는 소리만 들을 수 있게 된 것도 이런 선택 과정을 통해서였으리라.

생명의 소리보다는 물질의 소리에, 조화를 이루고 있는 소리보다는 불협화음에 휩싸여 자라는 도시 아이들의 정서가 메마르고 불안정할 수밖에 없는 것은 당연한 일이다.

그뿐만이 아니다. 이제는 지난날 귀로 받아들였던 정보조차 눈으로 받아들여야만 하도록 세상이 바뀌었다. 우리가 어린 시절에 할머니 품에 안겨 귀담아 듣던 옛날이야기를 요즘 아이들은 그림책으로 본다. 말소리를 사이에 두고 직접 이어지던 '나'와 '너'의 관계가 색깔과 형태를 앞장세운 글자를 사이에 둔 '나'와 '그것'의 관계로 바뀌어 버린 것이다. 말로 맺어지던 사람과 사람의 관계는 글이 사이에 들면서 사람과 물질의 관계로, 그리고 서류가 오고 가면서 물질과 물질의 관계로 환원된다.

사람들은 살아 움직이는 제 이웃은 거들떠보지도 않고, 또 심지어 한집에 같이 사는 가족도 거들떠보지 않는다. 대신 텔레비전이나 비디오나 컴퓨터 화면 앞에 웅크리고 앉아 눈앞에 흘러가는 문자나 영상 정보를 보고 세상을 이해하려고 든다. 아이들이 공동체 사회의 민주적인 구성원으로 자랄 기회를 현대 도시 사회는 깡그리 앗아 버리고 만다. 도시 아이들이 어릴 때부터 감각을 통해서 받아들이는 것은 사람과 자연의 유기적인 관계도 아니고 사람과 사람 사이의 공동체적 관계도 아니다. 도시 공간을 채우는 것 거개가 인공물로 바뀜에 따라, 또 사람의 감각에 닿는 것 거개가 공장 제품으로 바뀜에 따라 사람의 감각도 물질화하고 물질화한 감각에 바탕을 둔 사람의 의식도 물질화한다. 이런 삶이 지배하는 환경 속에서 도시 아이들이 감각을 통해 받아들이는 모든 것이 물질과 물질의 관계로 환원되는 것은 너무나 당연하지 않을까?

자연으로, 자연을 이루고 있는 생명의 세계로 열려야 할 감각의 문이 어린 시절부터 굳게 닫히고, '너'와 '나'를 '우리'라는 한동아리로 묶어줄 말조차 잃어버린 도시 아이들이 불우하지 않다면 이 세상에 누가 불우하겠는가?

살아가는 환경이 바뀌지 않으면, 다시 말해서 도시 아이들을 자연으로 이끌어 내 죽어 버린 그 아이들의 감각을 되살려 내지 않으면 안 된다. 그렇지 않고서는 부모나 교사가 아무리 큰 사랑과 신념과 의지를 가지고 아이들을 악의 구렁텅이에서 건져 내려고 애쓰더라도 헛수고일 것이다. 본드 냄새를 맡는 아이들을 고칠 수 있는 곳은 병원도 아니고 감화원도 아니다. 아이들이 본드 냄새를 맡거나 환각제를 복용하는 것은 죽어 가는 감각을 되살리려는 마지막 몸부림이라고 할 수 있다. 그러나 그런 몸부림을 친다고 해서 감각이 정말 되살아나지는 않는다. 그렇게 해서 마치 생생해지는 것처럼 느껴지는 감각은 '환각'일 뿐이다. 본드나 환각제를 복용하지 않고도, 폭력을 사용하지 않고도, 감각과 인간성을 생생하고 따뜻하게 되살려 줄 유일한 곳은 자연과 자연 속에 자리 잡고 있는 생산 공동체뿐이다.

가장 훌륭한 교사는 자연이다

　우리가 어렸을 때만 해도 각 지역마다 색다른 문화가 제각기 자라나
온 나라가 서로 다른 예쁜 꽃들이 다투어 피는 아름다운 꽃밭 같았다.
옹기나 항아리나 사발 같은 것도 제주도 것 모양 다르고 경기도 것 모
양이 달랐다. 노래만 하더라도 진도 아리랑 다르고 정선 아리랑 다르
고 밀양 아리랑 다르고 해서 이 노래 듣다가 저 노래 들으면 맛도 새 맛
이요 흥겨움도 그때마다 새롭게 느껴졌다. 어찌 그릇이나 소반이나 장
롱이나 노래나 어깻짓만 달랐을까. 말도 다르고 행동거지도 다르고 잔
치나 제사 방식도 다르고……. 해서 여기 가도 구경거리, 저기 가도 구
경거리였다.

　그러나 서구 자본주의 상품경제가 국경을 무너뜨리고 지역 간에 경
계를 없애면서 이제 온 나라 어린이들이, 똑같은 과자를 먹고 똑같은
옷을 입고 똑같은 놀이터에서 놀고 똑같은 가방을 들고 똑같은 책걸상
에 앉아 똑같은 교과서를 펼쳐 놓는 획일화된 문화가 급속도로 퍼지게
되었다.

　자율적인 생산 공동체인 마을 공동체와는 달리, 앞서고 뒤졌다는 차
이나 크고 작다는 차이는 있어도 모든 자본주의 도시는 닮은꼴이다.
공동체 문화는 다양성을 바탕으로 싹트지만 자본주의 도시 문화는 획
일적이다. 자본주의 도시 문화가 획일성을 지향하는 것은 문화의 주체

가 도시에 사는 주민들이 아니라 도시에 자리 잡은 자본가들이기 때문이다. 모든 술꾼이 진로 소주를 가장 좋아하기 때문에 진로를 마시고 오비 맥주를 가장 맛있다고 여기기 때문에 오비 맥주를 마시는 것이 아니다. 맛 좋기로 치면 한산 소곡주, 안동 소주, 개성 인삼주 들처럼 다른 술도 얼마든지 있다. 그런데도 사람들이 이제까지 줄창 마셔 대던 것이 진로 소주요 오비 맥주였다면 그것은 이 술을 만드는 회사들이 술 생산과 판매에 독점권을 지니고 있었기 때문이다. 그리고 독과점 기업은 다양한 술을 조금씩 만들어 파는 것보다 한 가지 술을 한꺼번에 많이 만들어 이 사람에게도 먹이고 저 사람에게도 먹이는 것이 훨씬 더 이문이 많이 남는다는 사실을 잘 알고 있다. 그렇기 때문에 사람들의 혀가 늘 획일화된 술맛에 길들기를 바라고, 할 수만 있다면 온 나라 술꾼들이 자기네가 만들어 파는 술이 아닌 다른 술을 마시면 온몸에 두드러기가 나게라도 하고 싶어 하는 것이다.

음식 문화 가운데 음주 문화를 예로 들어 설명했지만 어찌 이것을 대표가 되는 예라고 할 수 있으랴. 술만 해도 나은 셈이다. 그래도 술맛에는 민족의 특성이 조금쯤은 섞여 있으니 말이다. 그러나 이른바 고급문화라고 알려진 쪽으로 눈길을 돌리면 이 획일화 현상은 훨씬 더 두드러진다. 아니, 구태여 고급문화 쪽으로 눈길을 돌릴 필요도 없다. 우리가 걸치고 있는 옷차림과 미국 사람, 일본 사람, 또 어디 어디 사람이 걸치고 있는 옷차림은 도시에 살고 있는 사람들을 기준 삼아 볼 때 어슷비슷해서 옷차림만 보아서는 어디 사는 사람인지 알 길이 없는 형편이 되었다.

모든 자본주의 후진국은 자본주의 선진국을 뒤따라가기에 혈안이 되어 있다. 이른바 지식인, 문화인, 경제인, 예술인이라 하는 상류계급에 속하는 사람들은 옷차림부터 시작해 집 안에 있는 가구와 말투에 이르기까지 어떻게 하면 선진국에 있는 상류계급을 빼다 박을 수 있을까에 골몰하고 있다. 그러니 이 사람들이 좌지우지하는 교육 정책이라고 해서 이른바 '선진국의 교육 정책' 틀에서 벗어나기를 어찌 기대할 수 있겠는가. 제 딴에는 진보적이라고 으스대는 사람들조차도 '영국에서는 어쩌고 미국에서는 어쩌고 독일에서는 어쩌고 한데, 우리는 지금 그에 미치지 못하고 있으니 말이나 되느냐'는 투로 한탄하는 경우가 적지 않다.

모든 생명체는 저마다 살기에 알맞은 자리가 따로 있다. 제주도에서 자라는 감귤나무가 강원도에서 제대로 자랄 수 없고 산에 사는 진달래를 캐어 논둑에 심어 놓고 제대로 살기를 기대하기 힘들다. 사람이라고 해서 어찌 다르랴. 획일화한 도시 환경에서 자라는 아이들의 겉모습만 보고 그런 대로 잘 자라고 있지 않느냐고 말할 사람도 있겠지만 내 생각은 다르다. 모든 산 것 가운데 목숨이 질기기로 이름난 것이 사람이어서 그런 대로 목숨을 부지하고는 있지만 도시에서 자라는 아이들은 생물학적으로 보면 사형선고를 받은 것이나 다를 바 없다. 도시 아이들은 감각이 아주 빠르게 퇴화해서 혀로는 음식 맛을 제대로 못 가리고 코로는 냄새도 구별 못하며 귀로 가려들을 수 있는 자연의 소리도, 눈으로 보고 알 수 있는 동식물도 몇 안 된다. 그러니 이 아이들이 제 손으로 자기 먹을 것을 길러 내거나 찾아내기를 기대할 수 없다.

제 손으로 자기 삶에 닥친 문제를 해결할 감각 능력도 없고 신체 기능도 없는 아이들이 어떻게 자율과 창조의 문화를 이루고 살기를 기대할 수 있겠는가? 그저 먹여 주는 대로 먹고 입혀 주는 대로 입고 시키는 대로 일할 수밖에 없는 살아 있는 로봇이 되는 길뿐이다. 그런데 자본주의사회에서 먹여 주고 입혀 주고 일 시키는 사람은 제 잇속을 먼저 생각하지 자기가 부리는 사람들의 사람다운 삶을 먼저 생각하지 않는다.

그런데도 사람들은 그동안 자본주의사회 상품경제에 너무나 깊이 세뇌된 나머지 도시라는 죽음의 공간을 가장 이상적인 삶터로 여기고 너도나도 도시로, 도시로 몰려든다. 아니지, 모여든다는 것은 겉으로 보매 그렇고 사실은 보이지 않는 채찍에 휘둘려 도시로 쫓겨 오는 것이다.

다양한 생명체들이 저마다 자기에게 알맞은 삶터를 찾아서 둥지를 틀고 있는, 자연으로 아이들을 되돌려 보내야 한다. 그렇게 해서 아이들이 스스로 자기에게 알맞은 삶의 형태를 찾아내도록 하는 것이 세계를 살리고 인류의 미래를 보장하는 유일한 길이라고 한다면 과장일까? 그러나 나는 이 길만이 우리 아이들을 살리고 미래를 살리는 길이라고 본다. 아이들이 감각으로 배우고 일 속에서 땀으로 배우는 살아 있는 교실을 만드는 일이 시급하다. 이 세상에서 획일적이지 않은 가장 훌륭한 교과서는 자연뿐이고, 아이들에게 삶에 필요한 구체적인 교육을 할 수 있는 유일한 교사도 자연밖에 없다.

아이들을 건강한 파괴자로 기르자

나는 우리 아이들이 학교에서 자동인형으로 길들어 가는 것을 두고 볼 수 없다. 나쁜 사회에서 그 사회가 좋다고 여기는 것(실제로 이것은 나쁜 것이다. 나쁜 사회가 좋다고 선전하는 것이 정말 좋은 것일 수는 없으니까)을 고스란히 받아들여 자기 것으로 삼은 아이들은 자라서 나쁜 사회를 보호하는 가장 완강한 수호자가 될 것이고, 나쁜 사회를 좋은 사회로 바꾸려는 노력을 꺾는 데 혈안이 될 것이다.

오늘날 학교 교육은 정도에 차이는 있으나 모두 나쁜 사회를 망가지지 않게 만드는 가장 효율적인 도구가 되어 있다. 나는 우리 아이들이 비판 의식에 충만한 파괴자들로 자라야 한다고 믿는다. 이 말을 충격으로 받아들이지 않고 스쳐 읽을 분이 있을까 하여 다시 한 번 강조하겠다. 기성세대와 생각이 다르고 하는 짓이 낯설다 해서 우리 아이들의 생각을 통제해서는 안 되고 그 애들의 손발을 묶어서도 안 된다.

나쁜 사회와 좋은 사회를 가르는 기준은 명백하다. 모든 사람이 사람답게 사는 사회가 좋은 사회요, 그렇지 못한 사회가 나쁜 사회다. 다시 말해서 사람이 사람답게 살기 위해서 있어야 할 것이 있고 없어야 할 것이 없는 사회는 좋은 사회고, 있어야 할 것이 없거나 없어야 할 것이 있는 사회는 나쁜 사회다.

사람이 사람답게 살려면 자유, 평등, 평화, 우애, 협동, 사랑…… 같은 것이 있어야 한다. 그런데 지금 우리 사회에 이런 것이 있는가? 없다면 왜 없는가? 처음부터 없었는가? 그렇지 않다면 누가 없앴는가? 무엇 때문에 없앴는가?

사람이 사람답게 살려면 억압, 착취, 전쟁, 불화, 공포, 이기심, 탐욕, 증오…… 같은 것이 없어야 한다. 지금 우리 사회에 이런 것이 없는가? 있다면 왜 있는가? 처음부터 있었는가? 그렇지 않다면 왜 이런 것이 생겨났는가? 누가 무엇 때문에 만들어 냈는가? 아이들은 이런 모든 문제를 비판적으로 검토하고, 그렇게 해서 있어야 할 것이 없으면 만들어 내고, 없어야 할 것이 있으면 없애 버리는 용기를 지닌 아이들로 자라야 한다.

살아 있는 아이들을 자동인형으로 바꾸는 학교 교육의 이념은 국가가 교회를 대신해서 국민의 사상을 통제해야 할 필요가 생긴 자본주의 사회의 발달과 더불어 태어나고 성장했다. 지방 분권화한 봉건사회에서 통일된 자본주의사회로 옮아가는 데 뒤늦었던 독일의 교육제도에서 그 좋은 본보기를 볼 수 있다. 독일 자본가들은 독일에서 자본주의를 빠른 시간에 발달시키려면 효율이 높은 공교육이 필요하다고 생각했다. 자본주의 대량생산 체제에 맞는 숙련된 노동자들을 짧은 시간에 대량으로 생산해 내려면 장인이 도제를 길러 내는 중세 도제 수업 방식을 근본부터 바꾸어야 했다. 그리고 주입식 수업에 방해가 되는 모든 요소를 없애야 했다. 아이들의 자율성, 창의성, 비판 의식, 권위에 대한 저항……. 이 모든 것을 아주 어린 시절에 싹부터 잘라 내지 않으면 안 되었다.

이렇게 해서 다른 어떤 나라보다 더 먼저 독일에서 유치원 교육이 시작되었다. 영어의 '킨더가튼'(kindergarten)은 독일어의 '킨더가르텐'(Kinder Garten)에서 나왔다. 우리 말로 번역하면 '아이들의 정원'이다.

그런데 이 아이들의 정원은 그 안에서 아이들이 자유롭게 뛰놀도록 안전하게 울타리를 친, 숲과 꽃밭으로 된 정원이 아니다. 이 정원에서 나무와 꽃 노릇을 하는 것은 바로 아이들이다. 그리고 그 꽃과 나무를 보기 좋게 다듬는 정원사는 교사다. 그러니까 프로이트도 이야기했다시피 아이들이 자라서 보이는 거의 모든 부적응증(?)은 부모와 식구들에 원인이 있으므로, 아이들을 국가가 통제하는 안전한(?) 학교에 되도록이면 빨리 데려다 두고 국가가 임명한 교사들이 이 아이들을 국가의 마음에 드는 방식으로 다듬어야 한다는 것이다(탓이 꼭 프로이트에게 있다고만은 할 수 없지만 아무튼 프로이트의 부적응증 이론은 독일 자본가들도 미국 자본가들도 마음에 쏙 들어 했다).

국민 국가의 자궁에서 태어난 자본주의사회는 국민들을 산업 발전에 필요한 자동기계로 바꾸기 위해서 어떤 교육이 필요한지를 잘 알고 있었다.

독일이 교사들을 훈련시키면서 머릿속에 새기도록 한 세 가지 지침이 있다. 첫째로 국가가 아이들에게 유일한 참부모라는 것이고(이 견해에는 생물학적 부모는 아이들에게 나쁜 버릇이나 생각을 옮길 수 있는 병원체라는 생각이 들어 있다), 둘째로 학교 교육의 목적은 감수성이 풍부하고 지적으로 성숙한 '인간'을 키우는 것이 아니라 순종하고 의존하는 '로봇'을 대량으로 생산해 내는 일이라는 것이고(이런 독일 교육에 깊은 감명을 받았던, 미국의 교육 철학자이자 교육 행정가인 윌리엄 티 해리스는 미국 학교들을 오늘날 형태로 규격화하는 데 앞장선 것으로 알려졌다. 그이는 1900년경에 '교육철학'이라는 책에서 '학생 백 명 가운데 아흔아홉은 정해 준 길을 벗어나지 않으려고 조심조심 걷고 규정된 관습을 따르는 자동인형들인데, 그렇게 타고난 것이 아니라 이것은 실제 교육에 따른 결과로서, 교육은 과학적으로 정의하자면 개인들을 평준화하는 것이다' 하고 말하고 있다), 셋째로 교실이나 작업장에서 가르치는 수업 내용이나 업무 지침은 조각조각 단순하게 나누어져 있어서 아무리 바보라도 되풀이해서 가르치면 쉽게 기억해서 그 일을 할 수 있게 되어야 한다는 것이었다.

독일에서 이런 교육이 성공한 결과 어떤 일이 생겼던가? 백 명에 한 명 꼴인 자율성과 창조성과 비판 의식을 지닌 학생들은 '문제아' '불량 학생'이라는 낙인이 찍혀 교문 밖으로 쫓겨났다(이런 사태를 새삼스러운 것이라고 볼 필요는 없다. 우리 나라도 중등 교육 기관에서는 흔한 일이었으니까). 독일 출신 저명한 신학자 본회퍼가 증언한 대로, 세계에서 학교 교육이 가장 잘 되어 있는 나라인 독일의 교육 현장에서 쫓겨나지 않고 자동인형으로 길든 그 나머지 아흔아홉 명은 국가가 하는 말은 다 옳은 말이라고 생각했다. 그리하여 나치가 집권한 뒤에 유태인들은 죽어 마땅한 인종이라고 떠들자 학교에서 배운 그대로 육백만 명이 넘는 유태인을 학살하는 데 서슴지 않고 앞장선 것이다(이와 연관해서 독일 학교 교육이 변형된 형태로 되풀이되고 있는 미국의 학교 교육이 무엇을 노리는지에 관심이 있는 사람은, 〈녹색평론〉 1993년 1, 2월 호에서 존 테일러 가토가 쓴 '학교 교육의 횡포'를 꼭 한번 읽어 볼 필요가 있다).

이승만이 통치하던 시절에 우리는 독재자 이승만을 국부(온 나라의 아버지)로 떠받들도록 가르침을 받아 왔다. 그런 가르침을 받고 자란 나와 우리 동료들은 학교 현장에 다시 투입되어 독재자 박정희와 그 후계자들을 위대한 지도자로 가르치면서도 양심에 거리낌이 크게 없었다. 삶의 진실과는 상관없이 교과서의 진리를 곧이곧대로 받아들이는, 야바위 놀음이 재생산되는 구조가 완비된 것이다. 이 악순환의 고리를 끊어 내려면 어떻게 해야 할까? 우리보다 훨씬 더 앞선 교육제도를 가졌다고 알려진 '사회주의권'에 드는 여러 나라도 자본주의가 지배하는 세계 질서의 틀 속에서 꼼짝없이 얽혀들 수밖에 없었으니⋯⋯.

그 엄청난 윤회의 사슬을 단칼에 끊어 낼 길은 어디에서 찾아야 할까?

어떻게 하면 우리 아이들에게 진실이 아닌 것은 온몸을 흔들어 거부하고, 진실에 바탕을 두지 않은 모든 것들은 가차 없이 허물어뜨리는 힘을 갖게 할 수 있을까? 나쁜 사회에서 없어져야 마땅한 것들을 가려내고 그것들을 없애는 일에 앞장서는 아이들. 좋은 사회가 되려면 꼭 있어야 할 것이 무엇인지를 찾아내서 그것을 땀 흘려 만들어 낼 수 있는 아이들. 이처럼 창조하고 건설할 수 있는 힘을 동시에 지닌 아이들로 길러 내려면 무엇을 어떻게 해야 할까?

내가 실험 학교(욕심 같아서는 이 학교가 '실험'에 그치지 않고 '공동체'로 자랄 수 있으면 좋겠다)를 꾸려 보려는 마음을 먹게 된 데에는, 그리고 실험 학교의 성격과 그 안에서 펼치게 될 교육에 대하여 '소설'과 같은 글을 쓰게 된 바탕에는 막연하나마 이런 문제의식이 있었다.

나는 어떤 형태를 한 실험 학교가 되었건 그 학교는 지역 공동체의 한가운데 있어야 한다고 믿는다. 외딴 곳에 연수원 건물 같은 것만 하나 따로 서 있거나 학원처럼 학생들을 수용하는 기능만 가져서는 안 된다는 뜻에서 나는 섬머힐 같은 실험 학교는 그야말로 '실험' 학교일 뿐이라고 여긴다. 실험 학교는 실험 기간이 끝나면 여러 지역 공동체와 인류 공동체 곳곳에 널리 퍼져 보편화한 공동체 학교로 탈바꿈해야 한다. 그러자면 우리 같은 경우 어디에 자리 잡으면 가장 좋을까 생각하다가 현재 상태에서 도시 공간은 알맞지 않다는 결론을 얻었다. 우리 나라 도시들, 더구나 대도시는 아이들에게 감각 훈련과 신체 단련, 실험과 관찰을 위한 자유로운 장소를 제공할 수 없다. 그 밖에도 도시 사회가 교육에 해로운 요소는 헤아릴 수 없이 많지만 '먹고' '싸는' 일만 살펴보더라도 문제가 한둘이 아니다.

마을 공동체의 구성원은 사람만이 아니다. 개, 돼지, 소, 닭, 고양이,

오리, 토끼 같은 짐승들도 같은 식구이자 공동체의 구성원이다. 따라서 마을 공동체에서는 버리는 음식 찌꺼기가 생길 수 없다. 사람이 먹다 남은 것은 개나 돼지나 고양이가 먹는다. 귤껍질은 말렸다가 달여 먹고 감자 껍질이나 사과 껍질은 돼지를 주고 달걀 껍데기는 다시 잘게 부숴 닭 주고……. 이렇게 자연에서 얻는 것은 모두 낭비 없이 이런저런 먹이의 통로나 사슬을 거쳐서 자연으로 되돌아간다. 공장에서 만들어 낸 것 말고는 쓰레기로 남는 것이 없다. 똥, 오줌도 마찬가지다. 그런데 도시에서는 아이들에게 이러한 자원 순환 과정을 실천을 통해서 제대로 가르칠 길이 없다.

실험 학교 입지 조건에 가장 좋은 땅은 가까이에 산과 바다가 있고 꽤 널찍한 들판을 끼고 있는 곳일 테다. 마을 앞으로 상당히 큰 개울이 흐르면 더 좋을 것이다(알다시피 우리 나라는 삼면이 바다이고 국토의 70퍼센트 이상은 산이다). 식량을 자급자족할 수 있어야 함은 두말할 나위도 없다. 자라나는 아이들을 훌륭한 민주 시민으로 길러야 할 뿐만 아니라 훌륭한 산마을 일꾼, 들마을 일꾼, 바다마을 일꾼으로도 키워야 한다(아이들을 훌륭한 일꾼으로 키운다는 말은 뛰어난 공장 노동자, 임업 노동자, 농업 노동자, 어업 노동자로 만든다는 말과 맥락이 다르다).

아이들은 어려서부터 산에서, 들판에서, 바닷가에서 햇빛과 바람과 물과 흙에 감싸여 자라야 한다. 먼저 자연이 큰 선생님이 되고 사람이 작은 선생님이 되어 아이들의 감각이 지닌 모든 가능성을 활짝 열어 놓는 교육이 이루어져야 한다. 살갗으로 느끼기부터 맛보기, 냄새 맡기, 듣기, 보기에 이르기까지 감각 훈련은 끊임없이 되풀이해서 넓어지고 깊어져야 한다. 도시 아이들은 대체로 감각이 죽어 있다. 살갗도 무디고 맛도 냄새도 제대로 분간하지 못한다. 뭉개진 기계 소리만 듣다 보니 음치가 대량으로 발생한다. 자극성 있는 인공 색깔과 형태에 시달려 눈빛은 어릴 때부터 생기를 잃고 흐리멍덩해진다.

실험 학교에서는 아이들에게 잃어버린 감각을 되찾아 주고, 그 감각을 일과 놀이와 학습에 효과 있게 통합하는 방법을 집중해서 연구하고 개발해야 할 것이다.

우리는 아이들을 도시 밖으로 자꾸 끌어내야 한다. 도시는 죽음의 원리에 바탕을 두고 있다. 역사상 모든 도시가 멸망한 데에는 이유가 있다. 도시에서는 감성과 이성, 신체와 정신을 균형 있게 발전시킬 수 없다. 도시에 들어서면 자연은 순환을 멈춘다. 자연의 일부인 사람도 마찬가지다. 이를테면 마을 공동체에 사는 노인들은 잘 익은 과일이나 늙은 호박처럼 연륜이 빚어 준 성숙한 아름다움을 보여 준다. 마을 공동체에서 노인들은 지혜의 원천이자 권위의 중심이다. 그러나 도시에서 노인은 폐기 처분된 낡은 기계 취급을 받는다.

도시 사회에는 자신을 재생산하는 구조가 빠져 있다. 도시에는 농사 지을 땅이 없다. 고기 잡을 바다도 없고 나무를 심을 산도 없다. 도시에서 사람이 살아남으려면 둘레에 있는 생산 공동체를 볼모로 삼아야 한다. 곡식도, 생선도, 땔감도 이웃 생산 공동체에서 가져와야 한다. 강제로 빼앗아 오지 않으면 야바위 놀음이라도 해서 훔쳐 와야 한다. 이웃에 있는 생산 공동체를 억압하고 착취하는 것만으로는 모자란다. 그 생산 공동체에서 생산에 교란이 일어나면 다른 데서라도 끌어와야 한다. 그러다 보니 단위 생산 공동체들을 흡수하려는 도시의 생산 전략은 제국주의 팽창 정책으로 나타난다. 이 점에서는 자본주의사회나 사회주의사회나 마찬가지다. 도시 사회에서는 거리나 건물들 모습처럼 삶의 내용이 비슷해진다. 사람들의 감각기관은 마비되고, 생각하는 폭이 좁아지고 깊이도 얕아짐에 따라 가치관도 욕망도 모두 닮은꼴이 된다. 세상을 보는 눈도 한편에 치우치거나 비뚤어지기 쉽다.

이러한 삶의 양식, 이러한 감수성, 이러한 신체 적응력, 억압과 착취를 내면화한 이러한 가치관과 이성으로는 새로운 변화를 맞을 수 없다.

아이들의 감각을 온전히 건강하게 일깨우는 교육과 더불어 온몸을 자유롭게 놀리도록 이끄는 신체 교육이 이루어져야 한다. 우리는 열심히 발을 '놀려서' 걷고 손을 '놀려서' 일한다. 몸을 자유롭게 '놀릴' 수 있어야 그만큼 일을 잘할 수 있다. 어려서부터 몸을 잘 '놀려서' 감각 능력과 신체 능력이 발달된 아이들은 나중에 공동체를 건강하게 일구는 사람들로 자랄 수 있을 것이다.

감각 능력과 신체 능력을 온전하게 개발하는 것과 함께 현실 문제를 파악하고 해결할 수 있는 능력도 길러 주어야 한다. 비판하고 창조하는 힘과 파괴하고 건설하는 힘이 바로 그것이다. 비판과 창조, 파괴와 건설은 서로 맞서는 힘이 아니다. 사람이 사람답게 사는 세상을 만들기 위해서는 하나로 뭉쳐야 하는 힘이다. 억압을 억압으로, 착취를 착취로 올바로 파악해서 그런 질서를 비판하고 파괴하도록 이끄는 것은 비교적 쉬운 일일 수 있다. 그러나 자유롭고 평등한 사회를 건설하기 위해서는 좀 더 힘겨운 과정이 남아 있다. 새로운 사회를 만들어 가는 길에 필요한 것들을 스스로 알아내고, 또 만들어 낼 수 있는 창조력을 발휘해서 폐허 위에 벽돌을 한 장 한 장 쌓아 올려야만 하기 때문이다. 우리 아이들을 그렇게 기르는 데는 무척 힘이 들겠지만 결코 이룰 수 없는 일은 아닐 것이다.

새 학교, 새로운 공동체

우리 나라는 삼면이 바다요 국토는 70퍼센트 넘게 산으로 이루어져 있다. 그리고 오랜 세월에 걸쳐 농업을 주업으로 삼아 왔다. 우리가 잘 사는 길은 자연이 베풀어 주는 여러 혜택을 제대로 누리면서 사는 길이다. 따라서 잘 살려면 '들 살림' '산 살림' '바다 살림'을 잘해야 한다. 그런데 지금 형편으로는 들 살림이 거덜 난 지경이고 산 살림과 바다 살림도 제대로 돌볼 사람이 없는 실정이다. 이 세 가지 살림 형태가 중요한 것은 다만 우리 나라에만 해당하지 않는다. 세계 어느 지역이나 이 세 가지 기본 살림이 튼튼하지 않으면 오래 살아남을 수 없다. 그러나 지난 300년 동안 기술 문명이 부추겨 온 '도시 살림'의 폐해는 이루 말할 수 없이 크다.

인류 역사에서 오늘날 도시 아이들처럼 불행한 환경에서 아이들이 자란 적이 없었다. 자연과 동떨어진 사람이 만든 외딴 섬에서 수많은 아이들의 감각과 의식이 잠들거나 죽어 가고 있다. 늘어나는 청소년 범죄는 아이들을 자연과 점점 격리시켜서 살벌한 시멘트 벽에 가두어 놓은 어른들의 범죄 행위에 대한 보복으로 보아야 한다.

아이들을 기르는 부모들이 잊어서는 안 되는 일이 몇 가지 있다.

첫째, 아이들의 감각을 제대로 일깨워 주어야 한다. 그런데 도시의 삶에서는 이 일이 거의 불가능에 가깝다. 갓 태어나서 살갗이 부드럽고, 입맛과 냄새를 생생하게 느끼고, 눈과 귀가 상하지 않은 아이들에게 감각을 제대로 일깨워 주는 일은 사람이 하는 일이 아니다. 그것은 자연만이 할 수 있는 일이다. 감각의 기초 정보를 자연에서 얻지 못하면 그 사람은 자라서도 자연 속에서 자연과 더불어 살 힘을 기를 수 없다. 유럽에 있는 오래된 도시들이 곳곳에 널찍한 공원을 만들고 아이들을 그 안에서 뛰어놀게 하는 것은, 살벌한 도시 안에서나마 아이들이 자연과 가까워질 수 있게 해서 감각이 비뚤어지지 않게 하려는 배려라고 보아도 좋다. 도시 사회를 건설한 우리 나라 지배 세력들 의식속에는 아이들에 대한 이와 같은 최소한의 배려도 없었다. 따라서 우리네 도시는 모두 죽음의 땅이 되어 버렸다. 이 죽음의 땅에서 벗어나는 길을 찾자는 것이 새 학교를 중심에 둔 새로운 공동체를 건설하려는 동기 가운데 하나라고 할 수 있다.

둘째, 아이들을 충분히 놀려야 한다. 아이들 문화는 놀이 문화다. 아이들은 노는 가운데 일할 힘을 기르고 공동체의 성원으로 자란다. 아이들 놀이는 혼자 방에 누워 빈둥거리는 것이 아니다. 가장 좋은 아이들 놀이터는 자연이다. 이 놀이터에서 아이들은 떼 지어 논다. 놀되 그냥 노는 것이 아니라 일정한 규칙을 만들면서 논다. 이 규칙은 어른들이 정해 놓은 것일 수도 있고 아이들 스스로 만들어 낸 규칙일 수도 있다. 그러나 어떤 경우이든 아이들이 자기네 것으로 받아들인 것이다. 따라서 이 놀이의 규칙을 따르는 것이나 만드는 것이나 고치는 것이나 모두 자기들 생각대로 한다. 노는 가운데 아이들의 감각과 신체 운동은 통일을 이루고 사회성도 저절로 기르게 된다.

노는 아이들을 보면 쉴 새 없이 손발을 '놀리고' 온몸을 '놀린다.' 이 과정을 통해서 손 따로 발 따로 몸 따로 놀던 운동 감각이 통일을 이루게 되고 생각에 따라 손발과 몸이 움직이게 된다. 일을 할 준비가 이루어지는 것이다. '부지런히 일한다'는 뜻으로 쓰이는 우리 말이 '손발을 열심히 놀린다'로 표현되는 것은 우연이 아니다. 손을 열심히 '놀리고' (놀게 하고) 발을 열심히 '놀리고'(놀게 하고) 온몸을 열심히 '놀려야'(놀게 해야) 일을 잘할 수 있다.

셋째, 끼리끼리 어울리게 해야 한다. 일정한 나이가 지나서도 혼자 노는 버릇이 있는 아이를 둔 부모는 그 아이를 눈여겨보아야 한다. 특수한 경우가 아니라면 자폐 증세가 있는 아이를 빼고는 혼자 놀려는 아이가 거의 없다. 아이들은 또래들이 함께 어울려 끼리끼리 논다. 함께 놀면서 말도 배우고 사회성도 기르고 올바른 행동거지가 무엇인지도 깨닫는다. 그리고 이기심을 억제하고 욕심을 줄이는 법도 배운다. 어른이 하는 금지 명령이나 설득은, 아이들이 말귀가 열리는 나이에 이르지 않으면 공염불일 뿐이다. 도리어 아이한테 가장 훌륭한 선생은 그 아이보다 한두 살 더 많은 언니나 오빠다. 아이들 세계와 어른들 세계는 다르다. 따라서 어른들 삶의 규범은 일정한 변형을 거치지 않으면 아이들에게 받아들여지지 않는다.

넷째, 자유롭게 느낌과 생각을 드러내도록 부추겨 주어야 한다. 아이들은 형태보다 소리에 더 민감하다. 처음에 개를 보고 네발짐승의 특징을 구별하기 시작한 어린애는 한참 동안 소를 보아도 개라고 하고 말을 보아도 개라고 한다. 그러다가 세세한 차이를 가려볼 나이가 되어야 비로소 말을 말이라 하고 소를 소라고 한다. 그러나 소리로 사물을 식별하는 능력은 훨씬 더 빨리 자란다. 그래서 개를 개라고 하는 것보다 '멍멍이'라고 하면 더 빨리 알아보고 고양이보다는 '야옹이'가, 닭보다는 '꼬꼬'가 훨씬 더 빨리 아이들에게 말과 사물의 관계를 깨우쳐 준다. 그리고 같은 사물이라도 움직이고 있는 모습이 움직이지 않는 모습보다 훨씬 더 아이들 눈에 잘 띈다. 그래서 의성어와 의태어, 그리고 여기에 따르는 소리 흉내와 몸짓 흉내가 아이들 놀이 문화에서 큰 부분을 차지한다. 노래하고 춤추는 것은 아이들이 자기를 둘러싼 자연 세계, 그 가운데서도 생명 세계에 동화하고 그 세계를 이해하는 자연스러운 경로라고 할 수 있다. 이 소리 흉내와 몸짓 흉내가 바탕이 되어 아이들의 신명이 자란다. 손의 특수 기능을 요구하는 그림 그리기는 아이가 손동작이 어느 정도 자유로워진 뒤에야 시작된다. 손동작이 자유로워진 뒤에도 손과 눈의 협응 관계는 귀와 입의 협응 관계보다 뒤늦게 이루어진다고 보아야 한다.

어쨌거나 아이들은 자기가 감각기관을 통해서 받아들인 만큼, 그리고 놀이를 통해서 손과 발과 몸을 자유롭게 움직일 수 있는 만큼 표현한다. 그런데 도시 환경은 아이들의 감각기관이 제대로 성장하는 데 큰 장애가 된다. 그리고 마음 놓고 뛰놀고 뒹굴 곳이 없는 도시 공간은 아이들의 몸동작을 크게 제약한다. 이런 악조건 속에서 자라는 아이들이 자유롭게 자기표현을 할 수 있기를 기대하는 것은 삶은 밤에 싹 나기를 기다리는 것이나 진배없다.

살갗도 혀도 코도 귀도 눈도 형태만 남아 있을 뿐 기능이 극도로 퇴화하고, 손발조차 제대로 놀리지 못한 채 같이 놀 동무 하나 없이 산송장이 되어 홀로 버려진 도시 아이들. 이 아이들에게, 새로운 삶터에서 새로운 삶의 방식(옛날에는 모든 아이들에게 어린 시절부터 허용된 자연스러운 것이었지만 요즈음에는 도시 밖 외딴 시골에서 자라는 몇몇 아이들만 누릴 수 있는 삶이 되어 버렸다)을 익히도록 하여 다음 세상이 이 아이들 손으로 건설되도록 하자. 그래서 인류를 도시 문명이 낳은 재난에서 구해 내자는 것이 새 학교, 새로운 공동체를 꿈꾸는 사람들의 염원이다.

꿈속에서 그리는 실험 학교

나는 앞으로 이런 일을 하고 싶다. 지금 나는 산과 바다가 가까이 있는 농촌 공동체에 들어갈 계획을 세우고 있다. 우선 계절 학교 형태로라도 실험 학교를 열어 아이들과 함께 일하고, 함께 놀면서 배우며, 가르치며 살고 싶다는 마음을 먹은 지도 꽤 오래되었다.

실험 학교 건물은 처음에는 문을 닫는 시골 분교 건물로도 충분할 것이다. 더 급한 것은 이 건물에서 누구에게 무엇을 어떻게 가르칠 것인가 하는 문제인데, 우선 서너 해에 걸쳐 이 문제를 내가 아는 교육 동지들과 머리를 맞대고 하나하나 풀어 나가려고 한다. 처음에는 계절 학교로 시작할 것이다. 학생들은 초등학생과 중·고등학생을 뒤섞어서 한데 받아들이되 가난한 집 아이, 장애아, 잘사는 집 아이를 골고루 섞을 것이다. 그리고 이 아이들의 죽어 버린 감각, 죽어 버린 신체 능력을 되살리는 일부터 시작하여 일과 놀이, 지성과 감성을 통일시키는 교육을 해 볼 생각이다. 어떤 구체 문제가 생기면 다 같이 힘을 모아 하나하나 해결해 나가는 교육을 통해 실험과 관찰, 추론과 표현, 감각과 운동, 사회와 역사 인식 같은 모든 감성적·인지적·도덕적 능력을 종합해서 발휘할 길을 열어 주려고 한다.

그러려면 먼저 어떤 준비를 해야 할까? 막연하게나마 꿈처럼 머릿속에 그려 온 것을 아래에 써 본다.

내가 꿈꾸는 '실험 학교'의 밑그림

아이들은 어려서부터 자연의 품에 안겨 일도 하고, 놀기도 하면서 삶의 지혜를 배워야 해. 우리 나라는 동쪽도 바다, 남쪽도 바다, 서쪽도 바다야. 또, 첩첩이 산도 많고 이 골짜기, 저 골짜기 사이에 뙈기밭부터 시작해서 널리 열린 들판까지 논밭도 적지 않아. 지금이야 바늘 꽂을 틈도 없을 만큼 좁은 도시 공간에 사람들이 미나리꽝에 곤자리 모이듯이 복대기며 살고 있지만, 또 어느 틈에 울타리 높게 쌓아 올린 공장이 마구잡이로 사람들을 빨아먹고 있지만 언젠가는 산으로, 들로, 바다로 흩어져 살 날이 올 거야. 그럴 날을 대비해서 미리 산과 들과 바다에서 사는 법을 다시 익혀야 할 것 같아. 그러려면 학교가 무슨 연수원처럼 건물만 하나 달랑 있는 곳이어서는 안 될 거야. 연습림도 있어야 하고, 실습 어장도 갖춰야 해. 농장도 마련할 곳을 찾아보자. 꽤 많은 학생들이 누울 잠자리도 있어야겠지. 다 같이 둘러앉아 밥 먹을 자리도 있어야겠고, 공작실과 실험 실습실은 교실보다 열 배, 스무 배쯤 넓어야 할 거야. 도서관도 필요하고 좀벌레부터 공룡 화석까지 진열할 수 있는 자연사 박물관도 마련하면 좋겠는데······.

혼자서 할 수 있는 일은 아닐 거야. 그렇다고 해서 행정관청이나 재벌 기업에 손을 벌릴 일도 아니고. 서부 개척 시대처럼 이곳저곳에서 사람들이 떼 지어 오기를 기다리는 것도 부질없지. 아직도 명맥을 유지하고 있는 마을 공동체에 눈을 돌려 볼까? 우선 문을 닫는 시골 분교라도 찾아보아야지. 낡은 건물을 고쳐서 실험 학교 건물로 쓰다가 차츰 기웃거리는 사람이 늘고 형편도 피면 해마다 빠진 것을 메워 가기로 하고(이 일을 하려면 내가 학교를 그만두어야 할지도 모르는데 그럴 수도 있지 뭐······).

명당자리를 물색해야 하겠는데, 최창조 선생 같은 분에게 쫓아가 볼까? 배산임수. 산이 소쿠리처럼 마을을 감싸 안고, 사시장철 맑은 내가 시원하게 흐르고, 걸어서 가까우면 10여 분, 멀어도 30분쯤이면 바다가 나오는 그런 곳을 찾아보자. 나중에는 마을에 공회당도 들어서야 할 테니까 터는 넉넉해야 하겠지.

처음부터 허가를 받은 정규학교가 되기를 바라는 건 무리고(그렇게 되면 학생들에게 교육부에서 정해 주는 교과서, 교과과정, 그 밖에 지금 우리 교육을 이 모양, 이 꼴로 만든 모든 불합리하고 끔찍한 규정들을 죄다 따라야 할 테니까), 계절 학교로 시작하면 어떨까. 가까이 사는 아이들을 모으고 잘사는 집 애들뿐만 아니라 어려운 이웃의 애들도, 허우대가 멀쩡한 아이들뿐만 아니라 몸에 장애가 있는 아이들도 함께 받아들이자.

실험 학교에 아이들을 맞이하려면 언제부터 무슨 준비를 갖추어야 할까? 첫해에는 아이들을 여름에 맞는 것이 좋을 것 같아. 적어도 한 해 앞서서 채비를 해야 하겠지. 먼저 유기물만 써서 가꾼 쌀을 마련하고 고추장, 된장, 간장 들도 미리 손에 넣어야겠어. 직접 모든 것을 가꾸어서 마련할 수 없으면 건강한 먹을거리를 만드는 곳에 부탁해서 따로 얻는 것도 좋을 거야. 또 학생들이 들어올 때를 맞추어 철에 맞는 남새를 비롯해서 이런저런 먹을거리가 가까이서 자라고 있어야 돼. 송아지, 돼지 새끼, 토끼, 강아지, 닭, 오리 들도 있어야 하고 물고기를 기르는 연못도 있어야 하고. 다 갖출 수 없으면 기본이 되는 것만이라도 갖추도록 해야지. 공작실에는 연장과 재료 들이 되도록이면 빠짐없이 있으면 좋겠어. 못, 망치, 대패, 끌, 톱 같은 것과 널판, 각목 같은 것들 말이지. 식당 설비도 빠뜨릴 수 없지. 되도록이면 접었다 폈다 할 수 있고 분해해서 다시 조립할 수 있는 원탁들을 직접 만드는 것이 바람직하겠고.

아이들을 가르칠 선생님들로는 어떤 분들이 알맞을까? 농사짓는 분한 분, 고기잡이 한 분, 목수나 공작 일에 익은 분 한 분(만들고 고치는 일에는 거의 못하는 것이 없어서 '이가이버'란 별명이 붙은 이효재 씨 같은 분 이 딱 좋은데), 산촌 생활에 익고 동식물 생태에도 밝은 분 한 분, 또 실 험 학교 교육 내용과 교과과정을 연구해 온 선생님들 정도면 될까? 우 리 모두 허드렛일도 열심히 할 수 있어야겠는데. 그릇을 굽는 가마도 있어야겠지. 도자기를 많이 구워 본 분도 선생님으로 모시면 어떨까.

처음에는 식당, 공작실, 강당, 그 밖에 모든 것이 가건물 형태를 띠겠 지? 언제든지 필요할 때 뜯어내거나 모양을 바꿀 수 있어야 할 테니까. 공동 식당에 둘 조리대는 여러 개로 나뉘어야 아이들이 스스로 조리를 할 수 있을 거야.

아이들이 제 손으로 먹고 싶은 반찬을 만들어 먹게 하려면 상추, 배 추, 무, 가지, 고추, 호박, 오이, 쑥갓, 감자, 근대, 우엉 들이 채마밭에서 고루 자라고 있어야 돼. 아이들한테는 밭에서 반찬거리를 골라 제 손 으로 뽑고, 따게 해서 스스로 반찬을 만들어 먹을 수 있는 법을 가르쳐 주고, 밥도 제 손으로 짓도록 해 보면 어떨까.

먹을 것과 잠자리 같은 것은 기본으로 갖추더라도 나머지는 임시변 통한 것일 테고, 실험 학교에 붙박이로 있는 것은 거의 없을 거야. 적어 도 처음에는. 필요한 것들은 모두 아이들과 함께 마련해야지. 아이들이 들에 나가 남새밭에 씨도 뿌리고, 거름도 주고, 김도 매고, 거두어들이 는 일까지 하도록 이끌어야 할 텐데. 농사일이 왜 중요한지, 유기농법 이 우리 몸의 건강뿐만 아니라 지구의 건강에도 얼마나 중요한지 일하 는 사이사이에 머리와 가슴에 깊이 박히도록 이런저런 이야기도 해 주 어야 할 테고.

저녁에는 비디오나 이야기를 통해서 농사일과 연관되는 자료들을 보여 주거나 들려주고, 토론을 거쳐 스스로 깨우치도록 하는 기회도 주면 좋겠지?

이를테면 이런 이야기를 들려주는 거야.

'어느 마을에 통조림 공장이 있었는데 처음에는 이웃집 아줌마들 일손을 빌려 과일 통조림을 만들었어. 모두들 부엌칼을 들고 가 과일 껍질을 깎았지. 껍질은 저마다 자기 집에 가지고 가서 돼지에게 먹이로 주었단다. 그런데 어느 날 공장 주인이 인건비를 아낄 길이 없을까 연구하다가 소다수로 과일 껍질 녹이는 방법을 생각해 냈어. 공장 주인은 당장에 그 생각을 실천에 옮겼단다. 그 뒤로 어떤 일이 일어났는지 아니? 이웃집 아줌마들은 물론 일자리를 잃었지. 돼지 먹이인 과일 껍질이 전부 소다수에 녹아 버렸으니, 돼지도 기를 수 없게 되었어. 그뿐만이 아니야. 공장 하수구에서는 과일 껍질을 녹인 소다수가 흘러나오기 시작했어. 그 물이 개울에 흘러들자 그처럼 맑던 시냇물이 고약한 냄새를 풍기면서 썩어 가기 시작했고, 그 때문에 물고기가 떼죽음을 당했지. 마을 사람들의 건강을 지켜 주던 소중한 먹이가 없어진 거야……'

아이들을 공작실로 데리고 가서 못질하는 법부터 나날이 살아갈 때 필요한 여러 가지 물건들을 만드는 일까지 두루 익혀 주는 것도 교육 과정에 포함되어야 할 거야. 아이들이 이런 일에 재미를 느끼면(반드시 그래야 해. '재미있는 공작 시간'이 되지 않으면 실패할 거라고 봐), 학교 둘레에서 나는 재료들을 써서 처음에는 간단한 것부터 스스로 지어 보도록 해야지. 흙벽돌을 만드는 일부터 시작해 볼까? 그런 일이 차차 손에 익으면 간단한 건축을 하도록 이끌어 보는 거야. 전에 이집트 건축가 하싼 화티가 쓴 책《가난한 사람을 위한 건축》을 보았거든. 가난한 마을 사람들이 자기가 사는 곳에서 나는 여러 건축 재료로 집도 짓고, 절도 짓고, 학교와 박물관과 극장, 공회당, 시장 같은 것을 지어서 공동생활을 하는 이야기가 담긴 책이지(우리 나라에서는 이와 비슷한 작업을 제주도에서 맥클린치 신부가 시험해 본 것으로 기억해). 민중의 아이들이 둘레에서 나는 풍부한 자원을 이용하여 자기들의 정서와 이상에 맞는 집을 스스로 지을 수 있는 힘을 기르는 것이 얼마나 중요한 일인지 잘 알 수 있는 책이었어.

아이들을 뒷산에 데리고 가서 산에 사는 동식물 생태를 살펴본 뒤에 그것을 채집하거나 그려서 기록하게 하는 것도 좋은 교육이 될 거 같아. 그전에 이 산에 어떤 동식물들이 살고 있는지 알려 주고 숲을 왜 보호해야 하는지, 숲이 파괴되면 좁게는 그 지역에 넓게는 지구 생태에 얼마나 나쁜 영향을 미치는지도 설명해 줘야 될 거야. 그러고 나서 식물채집과 곤충채집 하는 방법을 가르쳐 주고 채집을 하는 뜻도 들려준 다음, 꼭 필요한 식물과 곤충만 채집하도록 해야지. 또 산나물과 약초들도 많이 익히도록 하는 게 중요해. 산나물은 되도록 많이 뜯어 오게 해서 저녁 반찬거리로도 쓰면 좋을 거야. 하루쯤은 산에서 야영을 해도 괜찮을걸? 바다에서도 마찬가지고. 산과 바다에서 나는 자원들을 깊이 있게 알고, 그것들을 보호하면서 잘 쓰는 길을 어렸을 때부터 제대로 아는 것은 아이들에게 아주 중요하니까.

여기까지가 내가 오래전부터 꿈꿔 온 실험 학교의 밑그림이다. 이 실험 학교가 제도 교육이 이루어지는 일반 학교와 어떻게 달라야 하는지는 아직 충분히 토론해 보지 못했다. 다만 몇 가지 드는 생각들이 더 있어서 마저 적어 본다.

느낌
우리의 오관 가운데 외부 자극에 가장 먼저 반응을 보이는 것은 촉각이다. 촉각이 지닌 잠재력을 온전히 일깨워 내는 일부터 시작해 차례로 미각, 후각, 청각, 시각이 지닌 잠재력을 일깨우는 바른 길을 찾아내는 것은 감성 교육을 하는 데 있어 기초가 된다. 먼저 몸에 닿는 모든 것을 느낌으로 받아들이고, 그 느낌이 주는 차이를 여러 방식으로 표현하도록 이끌 필요가 있다. 손에 닿는 것, 발에 닿는 것, 몸 여기저기에 닿는 것, 심지어 솜털에 닿는 것들이 주는 느낌을 그림으로, 몸으로, 소리로(악기도 좋다) 나타내도록 하자. 글로 표현하는 것은 될 수 있는 대로 마지막으로 미루자. 맛과 냄새를 가리는 법도 마찬가지다. 아이들과 함께 온갖 풀을 씹어 맛을 느껴 보는 것도 한 방법일 것이다. 아이한테 고추나 생마늘을 씹어 보게 하는 훈련도 필요하다. 촉각이 '고통'이라는 느낌까지도 받아들이도록 해야 하는 것과 같은 맥락에서, 촉각과 미각은 몸에 맞닿아 있는 대상이 주는 느낌이다. 그만큼 직접적이고 개별적이다.

그러나 후각부터는 대상과 몸의 감각 사이에 거리가 생긴다. 이 거리가 무엇을 뜻하는지 헤아려야 한다. 하지만 냄새와 대상 사이에 놓인 관계는 아직 충분히 밝혀져 있지 않다.

청각이 지닌 잠재력을 일깨우는 방식은 여러 가지다. 이 감각을 건강하게 온전히 일깨워 내는 일은 무척 힘들다. 촉각이나 미각, 후각은 길을 잘못 들어도 큰 어려움 없이 되돌릴 수 있다. 그러나 청각은 쉽지 않다. 아이의 귀가 열리는 순간부터 청각을 통해 받아들이는 소리의 질서는 아이들이 자라는 환경에 따라 여러 모로 다르기 때문이다. 청각에 관해서는 많은 연구가 기다리고 있다. 다만 아이들에게 처음부터 일정한 질서를 지닌 소리들만 들려줘서 그런 소리에 길들게 하기에 앞서, 자연의 소리에서 인공의 소리에 이르기까지 될 수 있으면 많은 소리로 자극을 주는 것이 좋다. 그리고 그 소리가 주는 느낌을 선이나 색깔이나 몸놀림으로 드러내도록 하여, 아이들이 소리를 질서 짓는 방식을 먼저 꼼꼼히 살펴보는 일은 더 깊은 연구를 위해서 꼭 필요한 일이다. 자연이 들려주는 소리들을 주의 깊게 듣는 것에 덧붙여서 아무거나 두들기고 불고 문질러서 아이들이 스스로 소리를 불러내도록 하는 일도 필요하다. 그 소리가 불러일으키는 느낌을 앞에서 말한 여러 방식으로 드러내도록 이끄는 것도 두말할 나위 없이 중요하다.

마지막으로 시각인데, 시각에서 우리 몸과 대상의 거리는 엄청나게 늘어난다. 이 거리가 늘어날수록 그 사이에는 그만큼 많은 것이 끼어들기 쉽다. 이 시각이 지닌 잠재력을 온전히 일깨워 내는 일은 가장 어려운 일에 속한다. 이 작업을 교육과 연관하여 지금까지 가장 모범이 되게 해내고 있는 분은 아마도 이 땅에서는 한국글쓰기교육연구회의 이호철 선생님 정도일 것이다. 이 분야는 아직 걸어 보지 못한 사잇길과 가시덤불로 가득 차 있다. 많은 연구가 필요한 분야다.

몸놀림

나이가 들수록 우리의 몸놀림은 굳어지고 기계 동작을 닮는다. 학교 체육 시간은 이러한 경향을 더 강화한다. 게다가 올림픽 경기는 자본주의사회가 내세우는 경쟁 원리를 비추는 거울이기도 하다. 체육 교재에 나와 있는 거의 모든 운동경기도 마찬가지다. 이처럼 잘못 굳어진 모든 몸놀림을 풀어서 놀이나 일의 형태에 걸맞게 새롭게 바꾸는 일은 실험 학교가 해야 할 새로운 신체 교육에서 중요한 부분이다. 아이들이 힘을 합해서 끊임없이 새로운 몸놀림 형태를 창조해 내도록 돕자. 본보기가 될 만한 몸놀림 놀이를 소개한다. 이 모든 놀이는 연습을 하지 않고 그 자리에서 바로 하는 것이 좋다. 아이들 스스로도 이런 놀이는 얼마든지 만들어 낼 수 있을 것이다.

〈보기 1〉 크고 작은 사람, 장애아와 비장애아를 뒤섞어서 몇 명씩 발을 묶는다. 그다음 아주 조금씩 발걸음을 떼어 놓아 5미터쯤 앞에 있는 금을 가장 늦게 밟는 동아리가 이기는 것으로 한다. 이때 발걸음 숫자를 헤아리면서 걸어야 하고 제자리걸음이나 뒷걸음질은 하지 않는다.

〈보기 2〉 가운데에 놓인 웅덩이나 물통을 중심으로 같은 거리에 떨어져 서도록 한다. 그런 뒤에 눈을 가리고, 천천히 걸어서 앞으로 간다. 가운데 있는 웅덩이나 물통에 가장 가까이 가서 멈춘 사람이 제일 잘한 것으로 한다.

깨우침

아이들 교육은 구체 문제를 중심으로 여럿이 머리를 모으고 손발을 놀리면서 풀어 나가는 것이 중심이 되어야 할 것이다. 어떤 문제를 주고 그 문제를 풀어 나가는 과정에서 관찰, 실험, 토론, 연장의 사용, 추리와 판단 같은 모든 능력이 제대로 발휘될 수 있도록 해야 한다. 그야말로 느낌과 몸놀림과 깨우침이 어우러져 우리 아이들의 감상·실천·이성 능력이 극대화할 수 있도록 총체 교육이 이루어져야 한다. 이 문제는 앞으로 두고두고 깊이 연구해야 할 것이다.

실험 학교를 만드는 일은 혼자 힘으로는 할 수 없다. 그리고 혼자 하려는 것도 아니다. 첫걸음은 내디뎠다. 무엇을 어떻게 가르칠 것인가에 대한 실마리가 하나둘 마련되고 있고, 곧 있으면 실험 학교와 공동체가 자리 잡을 터도 마련될 것이다. 그리고 일이 그쯤 추진되면 나는 대학을 그만두고 실험 학교로 가서 학생들을 맞을 준비를 하게 될 터이다. 나에게 어울리는 직책은 아마 '소사'일 듯하다. 이 뜻이 우여곡절 끝에 조금씩 실현되면 스무 해나 서른 해쯤 뒤에 실험 학교는 우리 손으로 하나하나 쌓아올린 새로운 건물로 바뀌고, 학교 둘레 마을은 임업 시험장, 어업 시험장, 실습 농장, 가공 공장, 극장, 전시실, 자연사 박물관, 음악회장, 시장 따위를 갖춘 새로운 마을 공동체로 바뀔 것이다.

물론 이 실험 학교는 이상주의자들이 사는 외딴 섬에서 이루어지는 것은 아니다. 여기에서 실천을 통하여 검증된 교육 내용과 방법, 교육 이론은 널리 퍼져 나가야 한다. 마치 실습 농장에서 길러 낸 개량된 곡식이나 채소 품종이 어느 농가에나 보급되어야 하듯이……. 그러나 또 한편 생각하면 이 모든 실험은 사회 전체에 혁명적 변화가 없이는 그야말로 실험실에 갇혀 버릴 걱정도 없지 않다. 모든 꿈이 그렇듯이 이 꿈도 한여름 밤의 꿈으로 끝나지 않고 현실 속에서 구체로 뿌리내리려면, 이 작업 자체가 죽음의 원리에 맞서는 목숨을 건 치열한 투쟁을 동반할 것이다. 그리고 그 과정에서 이 사회를 변혁하고 세상을 뒤집는 힘을 끌어내야 한다. 실험 학교에 관심 있는 분들이 많은 비판과 도움말을 준다면 정말 고맙겠다.

"우리 공동체 학교에는 시작종과 끝종이 없었다. 수학을 싫어하는 애가 억지로 셈을 배워야 할 필요도 없었다. 흙 만지기 좋아하는 애가 하루 종일 옹기장이 할아버지 곁에 붙어 앉아 그릇을 빚었다 망가뜨렸다 하고 있더라도 나무라는 사람이 없었다. 책을 읽고 싶은 아이는 한나절이 넘게 도서관에 박혀 있어도 되고 목공 일을 좋아하는 애는 학교에 오자마자 목공소에 들어가 하루를 보내도 상관없었다. 노래를 부르고 싶어 하는 아이는 음악실에 가고 그림을 그리고 싶으면 화실에 가고, 불장난을 하고 싶은 아이는 대장간에 가서 못을 불에 벌겋게 달구어 대장간 옆 마당에 길게 놓여 있는 낡은 철도 레일을 모루 삼아 두들기면 되었다. 우리 학교 선생님들은 아이들에게 억지로 무엇을 가르치려고 들지 않았다. 무엇을 배울지는 아이들이 결정했다."

2부

실험 학교 이야기

삶터와 배움터가 하나인 교육 공동체

몸을 통해서 가슴으로,
가슴을 거쳐서 머리로

아이들을 살리는 감각 교육

몸을 통해서 가슴으로, 가슴을 거쳐서 머리로
아이들의 감각을 되살리려면
맨살로 만나는 세상
30센티미터 거리에 고정된 눈은 사람 눈이 아니다

몸을 통해서 가슴으로,
가슴을 거쳐서 머리로

1990년대 초 우리 나라 남녘땅에 조기교육 열풍이 불었다. 대도시 중산층 가정에서 일기 시작한 이 바람은 몇 년이 지나지 않아 남녘땅 전체를 휩쓸었다. 부모들은 이제 갓 말을 배우기 시작하는 아이들 코앞에 '지능 개발' 책을 디밀고 다섯 살도 안 된 아이에게 읽기와 쓰기와 셈을 가르쳤다. 또 외국어는 일찍부터 가르쳐야 한다는 소문을 듣고 너도나도 유치원 다니는 아이들에게 영어를 가르쳤다.

참교육에 관심이 있는 교사와 학부모들은 '영재교육' '조기교육'으로 알려진 이 돌림병이 집단 히스테리이자 유아 학대라는 것을 눈치챘으나 미래 세대를 망치는 이 망국병을 어떻게 고쳐야 할지 몰랐다. 그렇다고 우두망찰 지켜보고 있을 일은 아니었다. 공동체 학교를 통해서 새로운 생산 공동체와 자유로운 문화 공동체를 세우자는 뜻을 가진 사람들이 모여 이 문제를 집중 토론하기 시작했다. 1994년 여름이었다. 그해 여름은 유난히 더웠다. 아흔이 넘은 할아버지 할머니들도 이제까지 살아오면서 이런 더위를 겪기는 처음이라고 했다. 그 무더위 속에서 우리는 플라톤이나 루소의 고전부터 피아제, 슈타이너, 콜버그의 책들을 함께 읽었다. 또한 그 당시에 새로 나온 나이에 따르는 신체 발달, 감수성 형성, 그리고 두뇌 생리학의 최신 성과에 바탕을 둔 인지 발달 이론들까지 많은 책들을 검토하고 다음과 같은 결론을 얻었다.

아이들의 신체 발달

아이가 갓 태어나서 젖니가 빠지고 이갈이를 할 때까지, 그러니까 우리 나이로 일고여덟 살이 될 때까지 아이들의 삶의 힘은 거의 모두 몸을 발달시키는 데에 돌려진다. 이 나이 때 아이들에게 가장 필요한 것은 자연 속에서 마음껏 뛰노는 일이다. 자연은 어떤 안전한 인공 놀이터보다 더 안전하게 아이들을 지켜 준다. 특별한 경우가 아니면 어른이 아이들 놀이에 끼어드는 것은 바람직하지 않다. 아이들은 함께 놀면서 자기들끼리 놀이 규칙을 스스로 배운다. 그리고 이 아이들에게 가장 훌륭한 교사는 그 아이보다 한두 살 더 먹은 언니들이다. 다시 말해서 세 살배기 아이에게는 네 살배기나 다섯 살배기가, 다섯 살배기 아이에게는 여섯 살이나 일곱 살배기 아이가 가장 훌륭한 선생이다.

아이들을 지극히 사랑하는 어른들조차도 아이들 놀이에 불쑥 끼어 드는 것은 많은 경우에 아이들에게 좋은 영향을 미치기보다는 나쁜 영향을 미치기가 더 쉽다. 좀 심하게 말하자면 가장 훌륭한 어른과 노는 것보다 가장 심술궂은 언니와 노는 것이 아이에게 덜 해롭다. 그 까닭은 다른 데 있지 않다. 어른이 아이들과 놀려고 할 때 어른은 자기 키 높이로 아이를 안아 올리거나 아이 키 높이에 맞춰 주저앉게 되는데 그 어느 것도 자연스럽지 않다. 또 가장 슬기로운 어른조차도 아이들을 대할 때 어른 때를 벗기 힘들다. '어른 때'라는 것은 어른이기 때문에 어쩔 수 없이 갖게 된 여러 가지 어른스러운 느낌과 판단과 행동 들을 가리킨다.

아이들은 놀이를 통해 자연과 만나면서 자기 감각을 일깨운다. 유년 시절에 겪는 감각 경험은 머리에 저장되기보다는 몸에 저장된다고 보아야 한다. 실제로 어른들 가운데 일곱 살 이전에 보낸 어린 시절을 자세하게 기억하고 있는 사람은 드물다. 특별한 사람을 빼고는 일곱 살

이전에 겪은 일을 여남은 가지 넘게 기억하고 있는 사람이 잘 없는데 이것은 너무나 당연한 일이다. 이 나이까지는 아이들의 두뇌가 정보를 축적할 목적으로 형성되지 않는다. 심지어 성인 남자의 경우에 왼쪽 뇌에 자리 잡는 언어 중추가 이 나이 때까지는 꼭 왼쪽 뇌에 있다고만 보기도 힘들다. 일곱 살 전까지 외국에 살면서 유창하게 그 나라 말을 할 줄 알던 아이가, 그 나라 말을 안 쓰고 우리 나라에 산 지 몇 해가 안 지나 감쪽같이 그 나라 말을 잊어버리는 현상을 보면 알 수 있다.

어린이들이 언어를 배우는 과정은 아직도 많은 부분이 제대로 밝혀져 있지 않다. 하지만 아이들의 두뇌 구조와 기능이 어른과 무척 다르다는 사실은 지금 조금씩 밝혀지고 있다. 그 가운데 김 모 군의 예를 살펴보자. 김 군은 유년기에 세계에서 가장 지능이 높은 아이로 알려졌고 그 지능은 객관된 검증 과정을 거쳐서 증명되었다. 그러나 나중에 김 군은 평범한 지능을 가진 어른으로 바뀌었다. 잘못된 교육 탓이 아니다. 성장하면서 두뇌 구조와 기능에 전환이 일어난 것뿐이다.

유년기에 이루어지는 영재 교육과 재능 교육이 얼마나 부질없는 짓인지는 이로써 밝혀졌을 줄로 믿는다. 부질없다는 말로는 모자란다. 그 나이에는 균형 잡힌 신체 발달과 그에 따르는 균형 있는 두뇌 발달에 돌려졌어야 할 삶의 힘이, 정보 습득(나중에는 다 머릿속에서 지워져 버릴)에 돌려짐으로써 아이한테 더할 나위 없이 소중한 생명 에너지가 낭비되고 탕진되었다. 그리하여 그 아이는 신체 발달과 감수성 형성에 균형을 잃게 되고 더 나아가서 균형 있게 두뇌 발달이 될 기회마저 놓쳐 버리게 됐다. 모차르트 같은 경우에 볼 수 있는 예술적 천품을 예로 들어 반박할 사람이 있을지 모른다. 그러나 감각과 신체 활동에 결부된 예술적 자질을 일찍이 일깨워 내는 것과 형성기에 있는 왼쪽 두뇌를 혹사해서 망가뜨리는 것은 전혀 경우가 다르다.

젖니가 빠지기 전인 아이들에게 어른들이 의식해서 일부러 가르쳐도 좋은 것이 있다면 아마도 춤추고 노래하는 것 정도일 것이다. 어떤 부모들은 유치원 단계에서 아이들에게 무리하게 수학 공부를 시키려고 들기도 하는데 이런 조기교육에 들이는 노력은 아무 의미도 없다. 굳이 피아제 같은 아동심리학자의 말을 빌리지 않더라도 세 살배기 아이는 3까지, 네 살배기 아이는 4까지, 다섯 살배기 아이는 5까지만 직관으로 이해하고 다룰 수 있을 뿐이다. 어떤 아이에게 '둘 더하기 셋은?' 하고 물었을 때 '다섯'이라고 대답했다고 해서 그 아이가 셈을 이해했다고 보는 것은 착각이다. 그 아이는 다만 수에 연관된 말만 외운 것뿐이다.

아이들의 감수성 발달

젖니가 빠지고 새 이가 돋을 때부터 남녀 성징이 뚜렷해질 때까지, 다시 말해서 여자아이는 달거리가 시작되고 남자아이는 정액이 생겨날 때까지 아이의 발달에는 크게 보아 두 가지 특징이 두드러진다. 하나는 사회성이 발달하는 것이고, 또 하나는 그동안 신체 발달에 주로 돌려졌던 삶의 에너지가 이제는 감수성 발달에 치중된다는 것이다. 지금까지 혼잣말 비슷했던 아이들 말투는 이제부터 듣는 사람을 전제하는 말투로 바뀐다. 놀 때도 마찬가지다. 여럿이 함께 있어도 혼자 노는 놀이에 관심을 보이던 시기를 지나 더불어 노는 공동체 놀이에 더 큰 관심을 보인다. 아이에 따라 편차가 있지만 나이로 따질 때 일고여덟 살에서 열두서너 살 사이가 이 시기다. 그러니까 초등학교(기초학교)와 중학교 저학년 때까지가 이 시기에 든다. 피아제가 '구체적 조작기'라고 부르는 시기가 바로 이때다. 이 시기에 놓인 아이들은 감각에 와 닿는 구체 사물에서 생각할 수 있는 실마리를 이끌어 낸다. 추상 개념과 형식 명제에 바탕을 둔 논리 추론이나 판단을 이 나이 때 아이들은 거의 할 수 없다.

한때 '초등학교' 1학년 교과서 첫머리에 '태극기는 우리 나라 국기입니다' '무궁화는 우리 나라 꽃입니다' 따위로 된 문장을 실어 놓고 그것을 달달 외도록 한 적이 있었다. 이것은 아이들의 사고 발달 단계에 대해서 아무것도 모르는 사람들 머리에서 나온 이념 폭력이자 지극히 비교육적인 처사였다. 또 있다. 1990년대 중반에 초등학교 아이들에게 논리 학습을 시킨답시고 '형식적 조작기'(이것도 피아제가 한 말이다)에 들어서야 할 수 있는 학습 내용을 우격다짐으로 주입시키는 풍조가 크게 유행하기도 했는데 이것은 마치 꽃도 피지 않은 나무에 열매가 익기를 기다리는 것과 같다. 아이들은 신체 발달과 감성 발달의 경우와 마찬가지로 지적 능력이 발달할 때도 하나로 이어지는 성장 순서가 있다. 이 순서를 뒤바꾸어 놓거나, 어느 한 단계를 강제로 생략할 때 아이들은 신체로도, 정서로도, 정신으로도 심각한 장애를 경험하게 된다.

전통적으로 외국어 학습이 중등학교 시절부터 시작되는 데에는 까닭이 있다. 모국어 같은 경우에는, 그 언어의 쓰임을 규정하는 법칙인 문법을 따로 배우지 않아도 어느 정도까지 의사소통을 자유롭게 할 수 있다. 그러나 외국어는 문법을 알지 못하면 그 쓰임을 제대로 익힐 수 없다. 그런데 외국어는 다른 요소들은 제쳐놓고 명사를 나타내는 단어의 수준에서만 따진다 하더라도, 그 단어에 해당하는 구체적인 감각 대응물이 얼마 되지 않고 거의 모두가 추상 개념이다. 이 추상 개념들을 일정한 법칙에 따라 연관시키는 일은 초등학생 나이에 불가능하다. 억지로 시킨다면 문장들을 앵무새처럼 외우기는 할 것이다. 이것이 무슨 외국어 교육인가? 외국어 교육은 어제 오늘부터 시작된 것이 아니고 우리가 아는 역사 문헌에 의지해 말하더라도 이천 년이 넘는 역사를 가지고 있다. 그 긴 역사 속에서 일반론으로 이끌어 낸 경험의 법칙은 '외국어 교육을 시킬 적당한 나이는 열다섯 살 앞뒤'라는 사실이다. 다시 말해서 형식적 조작 능력이 생길 때까지 기다려서 외국어 교육을 시켜야 효과가 제대로 나타난다는 것이다.

태어나서 젖니가 빠질 때까지는 아이들이 놀이를 통해서 균형 잡힌 건강한 신체를 만들고, 그에 따라 균형 있는 두뇌 구조를 형성하는 데 생명 에너지를 온통 바치는 시기다. 그 뒤로 새 이가 나고 남녀 성징이 뚜렷이 나타나는 때까지는 균형 잡힌 두뇌 구조에 분화가 시작되는 시기라고 볼 수 있다. 이 시기에 오른 뇌와 왼 뇌가 조화 있게 협응하여 고루 잘 발달하면 감성과 이성이 균형 잡힌 온전한 사람으로 커 갈 터전이 마련된다. 그런데 앞서 이야기했듯이 이 시기에 이성은 감각의 대응물인 구체 사물을 발판으로 딛고 커 나간다. 따라서 이 시기에 무엇보다 중요한 것은 구체 사물을 종합해서 파악할 수 있는 폭넓고 깊이 있는 감수성을 기르는 것이다. 이 감수성이 제대로 길러지면 아이들이 감각으로 받아들이는 모든 외부 사물은 가슴을 거쳐서 머리에 저장된다.

'몸을 통해서 가슴으로, 가슴을 거쳐서 머리로.'

기초학교의 모든 교육은 이 지표에서 출발해야 한다. 살갗을 통해서, 손발과 몸놀림을 통해서, 입과 코와 귀와 눈을 통해서 받아들이는 자연과 사회의 모든 사물과 관계는 먼저 가슴에 닿아야 하고, 가슴에서 느끼는 여러 감각 경험과 더불어 머리에 이르러야 한다. 그래야 오른 뇌와 왼 뇌 사이에 활발한 상호작용이 일어나고 균형 있는 사고를 할 수 있다. 그러려면 기초학교 교육은 무엇보다 감성 해방 교육이 되어야 한다.

감성 해방과 표현 교육

해방된 감성은 예술 표현으로 제 모습을 드러낸다. 1994년까지 초등학교 교육 과정을 보면 체육도 가르치도록 되어 있고 음악, 미술도 가르치도록 되어 있다. 국어 교과서에 연극 대본도 실려 있는 것으로 알고 있다. 게다가 자녀 교육에 극성인 부모들은 학교에서 하는 이런저런 교육이 시원찮다고 여겨서 아이들을 피아노 학원에도 보내고 미술 학원에도 보내고 무용 학원이나 웅변 학원, 글쓰기 학원에도 보낸다. 그러나 그 성과는 지극히 보잘것없다. 왜 그런가? 어떻게 해서 그동안 이루어 놓은 모든 성과를 다 합해도 이호철 선생의 반 아이들이 집단으로 이루어 낸《살아 있는 글쓰기》,《살아 있는 그림 그리기》,《재미있는 숙제, 신나는 아이들》이라는 책들에 실린 성과만도 못하다는 인상을 갖게 하는가?

그 까닭은 다른 데 있지 않다. 그 모든 교육이 아이들이 구체로 겪는 감각 체험에서 출발하고 있지 않기 때문이다. 피아노 학원에 보내기 전에 아이에게 여러 악기들이 내는 소리를 직접 들어 보게 하고 그 가운데서 아이가 좋아하는 악기를 골라 배우도록 배려하는 부모가 몇이나 되는가? 가야금이나 피리를 배우게 하고 싶지만 근처에 가르치는 사람이 없다고? 플루트나 하프 같은 것은 너무 비싸지 않느냐고? 왜 그런 생각밖에 못 하는가? 음악을 훌륭하게 연주할 수 있는 값싼 악기는 얼마든지 있다. 그리고 그런 악기들을 다루는 법을 돈 안 받고 가르칠 사람도 적지 않다. 미술 학원 10년을 다닌 아이가, 교실에서 일 년 동안 공부하는 틈틈이 이호철 선생에게 그림 그리기를 배운 아이들보다 더 그림을 못 그리는 까닭은 어떻게 설명할 것인가? 무용 학원에 몇 년씩 다닌 아이가 방학 동안에 여름학교에서 탈춤 동작을 배운 아이보다 몸놀림이 더 유연하지 못한 탓은 어디에 있는가? 웅변 학원에서 가장 촉망받는다는 아이가 대중을 상대로 손을 휘저으며 크게 외치는 소리가, 수줍게 더듬거리는 소리로 자기 이야기를 하는 평범한 아이의 호소보다 더 감동을 주지 못하는 까닭은? 이유는 하나다. 그 모든 표현 활동 가운데 제 삶에서 우러나는 것이 하나도 없기 때문이다. 나와 상관없는 것을 마치 기계처럼 외우고 그리고 쓰고 말하기 때문이다.

슬픔에 잠겨 있는 아이에게 밝고 명랑한 노래를 부르라고, 그래서 기분을 풀라고 이야기하는 교사는 틀려도 한참 틀렸다. 우울증에 걸려 어둡고 갈앉은 색조로 된 방에서 어두운 청색 계열 옷을 걸치고 있는 아이를 치료한답시고, 방 안 벽지도 밝은 것으로 바꾸고 옷도 화사한 것으로 입혀야 한다고 처방하는 엉터리 정신과 의사나 다름없다. 우울증에 걸린 사람이 어두운 색을 선호하는 것은 그 나름으로 까닭이 있다. 그것은 자기 치료를 하는 한 방식이다. 어둡고 푸른 계열 색을 바라보다 흰 벽면을 문득 바라볼 때 그 벽면에 그려지는 잔상은 조금 전까지 보던 푸른빛이 아니라 밝고 따뜻한 주황색 계열이다. 외부에 있는 어두움을 응시하노라면 우리 내면에서 그 어두움을 이겨 내려는 밝음이 생겨나는 것이다. 마찬가지로 슬픔에 겨운 사람은 슬픈 노래를 부름으로써 마음속에 밝음이 자라나는 것이지 밝고 명랑한 노래를 억지로 부른다고 해서 슬픔이 가시지는 않는다.

이야기를 한 김에 학교에서 하는 체육에 대해서도 한마디 하자면 지금 이루어지고 있는 체육 교육에는 문제가 많다. 아이들이 노는 모습 가운데 가장 나쁜 것은 손발을 꼼짝도 하지 않고 혼자 빈둥거리는 것인데 이것은 놀이가 아니라 게으름이다. 정상인 아이라면 이런 게으름을 피우는 일이 없다. 다음으로 나쁜 것은 이미 규칙이 다 정해져 있는 놀이다. 이것은 어른들이 하는 운동경기를 흉내 내는 것으로서 신체 활동과 연관된 아이들의 창조력이나 자율성이 커 나가는 데 방해가 된다. 현재 학교 체육에 반영된 신체 활동의 테두리는 놀이보다는 경기에 쏠려 있다. 그런데 이 경기들은 거개가 상품경제 사회의 불공정 거래 관행을 닮고 있다. 그래서 고른 신체 발달을 방해할 뿐만 아니라 신체 활동을 통한 공동체 정신 육성이라는 교육 목적에도 맞지 않는 것들이다.

체육이 바뀌어야 한다. 아이들이 어린 시절부터 동무들이나 형들과 함께 놀면서 자연스럽게 몸에 익힌, 공동체 놀이의 전통을 이어받은 교과과정이 되어야 한다는 뜻이다. 그래야 아이들은 이 시간을 통해 함께 놀이 규칙을 세우고 상황에 따라 놀이 방법을 바꾸고 하면서 신체 활동을 통해 창조하는 능력을 기를 수 있다. 또한 민주 의식과 협동심을 지닌 공동체 일꾼으로 올곧게 자랄 수 있다.

우리들이 논의한 이러한 내용은 그 당시 참교육을 지향하는 교사들을 위한 잡지에 실리기도 했다. 그 결과 몇몇 뜻있는 교사들의 학급 운영에 참고가 되었고 그 잡지를 애독하는 '참교육 학부모'들에게 경각심도 불러일으켰다. 하지만 타성에 젖어 있는 교육 관료들이나 교육정책 입안자들의 생각을 바꾸어 놓기에는 역부족이었다. 우리는 '몸을 통해서 가슴으로, 가슴을 거쳐서 머리로'라는 공동체 학교의 교육 이념을 널리 퍼뜨릴 길을 여러 모로 찾기 시작했다. 그 뒤로 길고 험난한 과정을 거쳐서 여러 공동체 학교들이 지역 공동체 주민의 도움을 얻어 여기저기 자리 잡게 되었다. 그리고 이 학교들이 모범이 되어 많은 기초학교에서 신체 교육, 감성 교육, 표현 교육을 단순한 지능 교육보다 더 중요하게 여기게 되었다.

하지만 그동안 잘못된 교육으로 멍이 들 대로 들어 버려, 몸도 제대로 가누지 못한 채 메마른 가슴에 머리통만 기형처럼 커진 어른으로 자란 그 많은 90년대 아이들의 모습을 지켜보고 있자면 참 씁쓸하기만 하다. 그러노라면 참교육을 가로막음으로써 아이들을 망치고 끝내는 자기들도 역사의 죄인이라는 오명을 쓴 채, 지금은 한 줌 흙으로 돌아간 크고 작은 독재자들의 추한 얼굴이 주마등처럼 눈앞을 스쳐 간다.

아이들의 감각을 되살리려면

1990년대 중반에 어느 텔레비전 방송국에서 어린이날을 맞아 아이들에게 물었다.

"너는 엄마, 아빠한테서 무엇을 선물로 받고 싶니?"

"동화책이요."

"예쁜 모자요."

"인어공주 비디오테이프요."

아이들은 저마다 생각나는 대로 자기 소망을 늘어놓기 시작했다. 그런데 그중에 한 아이가 이런 말을 하는 것이었다.

"저, 저는요, 제가 마음대로 쓸 수 있는 시간을 선물로 받고 싶어요."

그때 그 말을 듣고 가슴이 미어지던 기억이 아직도 생생하다. 요즈음 아이들은 이 말에 어떤 뜻이 담겨 있는지 잘 모를 것이다. 이제 여기에 담긴 뜻을 미루어 이해할 수 있도록 그 무렵 초등학교에 다니던 학생이 쓴 글을 한 편 소개할까 한다.

엄마들은 매일 귀에 못이 박히도록 공부만 하라고 그러신다. 나는 커서 어른이 되면 그렇게 애들을 공부하라고 그러지 않을 것이다.

하루에 기상 6시 30분, 책 읽기 80분, 문제집 1시간, 일기 매일 쓰기, 피아노 40분, 영어책 40분, 영어 비디오 40분, 이빨 닦기, 매일 이 정도면 됐지 우리가 무거운 공부를 지고 가는 노예인가? 어쩔 때는 그렇게까지 생각된다. 그리고 하루에 저기 위에 있는 것 다 하고 남은 시간은 좀 놀려고 하면 그것도 안 된다.

그리고 나처럼 학원 많이 다니는 아이가 어디 또 있는지 모르겠다. 영어 학원 두 곳, 피아노 학원, 글짓기 학원, 문제집 학원, 벌써 네 곳이다. 그전에는 성악도 했는데, 그것도 두 곳인데 시간이 모자라 두 곳 다 끊었다. 좀 시간이 있으면 못 놀게 하는 것은 엄마가 아니고 학원이다.

문제집은 우리 집에서 현재 길잡이까지 합쳐서 15개이다. 그것은 문제집을 집으로 가져다주는 것이고, 문방구에서 산 것은 두 개이다.

어른들은 우리가 롤러스케이트처럼 굴리면 무조건 가는 건 줄 아나 보다. 나는 무조건 어른이 되면 강제라는 것은 모르는 사람이 되겠다. 그리고 어린이를 노예로 공부한테 팔지 않겠다.

이것은 한국글쓰기교육연구회 회보인 〈글쓰기 교육〉(1992년 9월 호)에 실린 어느 여자아이의 일기다. 이 글을 쓴 아이가 그때 초등학교 4학년이었으니 나이로 치면 열 살에서 열한 살 정도다. 이 아이가 자라던 시절은 우리 사회에 병든 교육열이 전염병처럼 퍼져 있던 때였다. 그 당시 도시 중산층에 속한 집 아이들은 거의 예외 없이 '공부'에만 매달려야 했다. 그 '공부'라는 것이 요즈음 기준으로 보면 아이들에 대한 끔찍한 학대 행위다. 어릴 때는 밖에서 다른 동무들과 함께 뛰어놀면서 사회성도 배우고, 활짝 열린 감각기관으로 '대자연이 주는 싱그러운 바람, 따뜻한 햇살, 풀 냄새, 나무 그늘, 고기비늘처럼 부서지는 잔물결, 부드러운 흙덩이의 감촉……' 같은 이런 모든 것을 마음껏 받아들여 감수성을 풍부하게 해야 한다. 한창 그럴 나이에 있는 아이들이 이 글에 나타난 바와 같이 어른들의 잘못된 교육열 때문에 생기를 잃고 빈사 상태에 놓이는 일이 비일비재했다.

이처럼 정신도 몸도 노예 상태에 빠져 있던 아이들이 어릴 적부터 어떤 음식 맛에 길들어 있는지를 보여 주는 흥미로운 기사가 있다. 다음에 소개하는 기사는 1990년대 중반에 가장 발행 부수가 많았던 한 신문에 실렸던 것이다.

초등학생이 제일 싫어하는 음식
"김치" 12.2퍼센트 1위, 돈가스·피자 좋아해…… 입맛 서구화

한국 초등학생들은 돈가스, 피자와 같은 서양 음식을 좋아하고 김치 같은 우리의 전통 음식은 갈수록 싫어하는 등 식성이 점차 서구화되고 있는 것으로 조사됐다. ××생명은 2일 전국의 남녀 초등학생 5백23명을 대상으로 '기호 의식'을 조사한 결과 가장 좋아하는 음식은 돈가스(22.6퍼센트)이며 다음으로 피자(19.6퍼센트), 불고기(17.9퍼센트)…… 순이었다고 발표했다. …… 이에 비해 가장 싫어하는 음식은 김치(12.2퍼센트)가 1위를 차지했고 채소류(10.1퍼센트), 파와 양파(각각 8.1퍼센트)…… 순으로 조사됐다.

아이들이 우리 전통 음식을 싫어하고 서양 음식을 좋아하는 쪽으로 입맛이 바뀌고 있다는 것을 알고 심경이 착잡했던 기억이, 이 순간 그때 느꼈던 무지근한 아픔과 함께 새롭게 떠오른다. 그 무렵에 나는 아이들을 위한 그림책에 관심이 많아 그림책을 만드는 출판사에서 일하고 있었다. 그때 아이들에게 어떤 그림책을 보여 줄 것인가를 두고 열띤 토론을 벌인 적이 있었다. 그 토론에서 우리가 내린 결론은 다음과 같다.

"아이들은 새로운 것에 대한 저항감이 없다. 따라서 아이들이 코끼리나 기린이나 하마 같은 동물에 호기심을 나타내고 좋아하는 것은 너무나 자연스러운 현상이다. 이러한 아이들 특성을 이용하여 이국적인 동물들로 가득 차 있는 그림책을 만드는 데만 골몰하는 출판사가 있는데 우리는 그러지 말자. 아이들이 어려서부터 그림책을 통하여 사물이 지닌 형태나 특성을 익히는 것은 자연 상태에서 익힐 수 있는 기회가 거의 없기 때문이다. 무엇이든지 자연 상태에서 보여 주는 것이 가장 좋다. 그것이 어렵다면 사진이나 그림으로 보여 주는 것도 교육 방편 가운데 하나가 될 수 있다. 이 경우에 마음을 써야 할 것은, 어렸을 때 그림책에서 보았던 것들이 아이들이 자라서 자기 힘으로 사물들을 파악해 나가는 데 직접 도움이 되어야 한다는 것이다. 어렸을 적에 그림이나 장난감으로 보고 만지면서 친근감과 애착을 느꼈던 것이 자기가 사는 현실 속에 없고 머나먼 이국땅에 있다는 것이 밝혀지는 순간, 현실에서 뒷받침을 얻지 못한 아이들의 상상력은 조만간 환상으로 바뀌기 쉽다.

'왜 내가 사는 곳에는 코뿔소나 캥거루 같은 멋있는 동물이 없고 개나 돼지 같은 못생기고 흔해빠진 것들만 있는가? 한없이 넓은 초원이 끝없이 펼쳐지고 그 안에서 사자와 얼룩말, 치타와 악어가 어울려 사는 아프리카로 가고 싶어라.'

이러한 동경은 이해할 수 있다. 누구나 한 번쯤 가져 볼 수도 있는 것이다. 그러나 문제는 그러한 초원이 이 세상 어디에도 있지 않다는 것이다. 이 말이 아주 이상하게 들릴지도 모른다. 왜냐하면 우리는 텔레비전 화면으로 이러한 초원이 있다는 사실을 몇 번이고 되풀이해서 확인하기 때문이다. 그렇다. 비밀은 바로 여기에 있다. 그 초원은 그 지역에 살고 있는 아프리카 원주민들 눈에 비치는 그대로 펼쳐지는 것이 아니다. 때로는 몇백 미터 상공에서 내려다보기도 하고, 때로는 일 초에 몇백 미터에 이르는 거리를 달리거나 날 수 있는 힘을 지니고 있으며, 마음 내키는 대로 고속 또는 저속으로 촬영할 수 있는 첨단 장비에 비친 자연일 뿐이다. 그러니까 그런 장비와 기술을 투입할 자본을 가진, 특수한 나라의 특수한 계층 사람들만이 볼 수 있는 자연인 것이다. 인공 장비로 변조된 이 자연을 눈에 보이는 자연으로 믿고 보는 순간 우리의 시각은 구체성을 잃고 현실에서 멀어진다. 기린이나 코끼리를 그림책에서 본 아이들이 개나 돼지를 그림책에서 보는 아이들과 마찬가지로 그 동물들을 우리 삶과 직접 연관시켜 파악할 수 있을까? 아니다. 기린이나 코끼리는 우리를 둘러싼 구체 자연으로 우리에게 다가서는 것이 아니라 주위에 있는 모든 것과 단절된 하나의 도려낸 그림으로 우리에게 던져질 뿐이다. 아이들이 그림책에서 보는 여러 이국적인 동물들이 사실은 그 나라에 사는 사람들 눈에 비치는 그대로 그려진 것이 아니라, 위에서 이야기한 대로 이른바 문명국에 사는 사람들 카메라에 비치는 대로 그려졌다는 사실을 꿰뚫어 보는 사람이 우리 가운데 몇이나 될까?

이 세상 어디에도 없는 풍경에 대한 동경은 환상을 낳고, 이 환상은 자칫하면 현실도피로 연결되기 쉽다는 점에서 경계를 해야 한다. 아이들에게 건강한 상상력을 키워 주고 이 상상력이 과학적 인식과 결합된 탁월한 창조력으로 바뀔 수 있게 하려면 아무리 흔해빠지고 못나 보일지라도 아이들이 자라면서 쉽사리 둘레에서 확인할 수 있는 개, 돼지 그림부터 보여 주는 것이 순서에 맞다. 또 아이들은 어른들과는 달리 코알라나 판다곰에만 반하는 것이 아니라 생명이 있는 모든 짐승의 모습에서 귀여운 구석을 찾아내는 뛰어난 감식안을 지니고 있다."

이렇듯이 우리 감각기관 가운데 가장 발달되고 가장 많은 외부 세계 정보를 받아들인다고 알려진 시각조차 깨닫지 못하는 사이에 우리 의식을 잘못된 길로 이끌기 쉽다. 그런 터에 하물며 가장 원초 감각 가운데 하나로 알려진 미각은 더 일러 무엇하랴!

나는 아이들이 가장 싫어하는 음식이 김치라는 기사를 본 그날로 그림책을 만드는 일보다 더 급한 일이 있다는 사실을 깨달았다. '이 아이들을 어찌할 것인가?'(이것은 그 당시 아이들을 살리는 교육에 앞장섰던 이오덕 선생님이 썼던 책 제목인데 그때 형편은 정말 이런 한탄이 절로 나올 정도로 심각했다) 하는 생각이 너무나 절실하게 들었다. 내가 실험 학교(밖에서는 이런 이름으로 널리 부르는 모양인데 우리는 그냥 공동체 학교라고 부른다)에서 아이들의 감각 훈련을 맡게 된 데에는 이러한 계기가 있었다.

우리 아이들은 돈가스나 불고기 같은 서구 중심 육식 문화에 물들어 가고 있으면서도 이런 입맛 변화가 무엇을 뜻하는지도 제대로 깨치지 못하고 있다. 김치와 된장찌개를 즐겨 먹는가, 돈가스와 불고기를 즐겨 먹는가는 단순히 기호에 따른 문제인 것 같지만 그 안에는 훨씬 더 심각한 의미가 들어 있다. 음식 가운데는 우리 몸에도 좋고 지구의 생태 환경을 지키는 데도 좋은 것이 있다. 이와는 반대로 우리 몸에도 나쁘고 지구를 위해서도 바람직하지 않은 것도 있다. 김치나 된장찌개, 야채 같은 음식은 앞에 속하고 돈가스나 불고기 같은 것은 뒤에 속하는 대표 음식이라고 할 수 있다.

현재 우리는 단백질 신화에 사로잡혀 있어서 단백질을 충분히 섭취하기 위해서는 소고기를 많이 먹어야 한다고 믿고 있다. 그래서 오늘날 고기를 많이 먹는 도시의 중산층 이상 가정에서 단백질이 과잉 섭취되고 있는데, 우리 몸은 단백질을 저장하지 않으므로 쓰이지 않은 단백질은 배설물로 버리게 된다. 미국을 예로 들면, 미국 사람들은 몸에 필요한 단백질 양보다 두 배가 넘는 양을 섭취하고 있다고 한다. 그러면 이제부터 육식 위주인 식사 습관 때문에 생태계에 어떤 부작용이 일어나는지 살펴보기로 하자. '작은 행성을 위한 식사'라는 책을 쓴 프란시스 무어 라페는 이렇게 말하고 있다.

물 낭비 – 스테이크 고기 1파운드(약 500그램)를 생산하는 데 물 2,500 갤런(약 9,500리터)이 쓰이는데 이것은 우리 식구가 한 달 동안 쓰는 물과 같은 양이다. 미국에서 가축을 생산하는 데 필요한 물은 외국에 있는 가축들에게 먹일 농작물에 쓰이는 물을 포함해서 미국 전역에서 소비되는 물의 약 절반을 차지하고 있다. 점점 더 많은 물을 지하에 있는 호수에서 뽑아내는데 그것은 비가 와도 크게 보충되지 않는 경우가 많다. 이미 텍사스 주 북부에 있는 관개용 수자원이 고갈되고 있다. 또 수십 년 안에 지하의 수자원도 크게 줄어서 현재 있는 관개 시설 가운데 3분의 1이 경제적인 관점에서 쓸 수 없게 되리라고 과학자들은 계산하고 있다.

토양 유실 – 이 나라의 주된 사료용 작물인 옥수수와 흰콩은 다른 어떤 작물보다도 더 심하게 토양을 유실한다. 어떤 지역에서는 토양 유실이 건조 평원 지대 형성기보다도 더 심하다. 현재 속도로 계속된다면, 토양 유실은 우리가 살아 있는 동안에 농경지 생산성에 치명적인 영향을 미칠 것이다.

에너지 낭비 – 고기 1파운드는 우리에게 식물 에너지 500칼로리를 준다. 그런데 그 고기 1파운드를 생산하기 위해서 화석연료 2만 칼로리가 소모된다. 이 화석연료는 주로 가축 사료용 농작물을 생산하는 데 소비된다.

한마디로 에티오피아와 소말리아, 비아프라(1967년 나이지리아에서 독립했으나 지독한 가난과 굶주림 때문에 1970년에 다시 나이지리아에 흡수된 나라) 같은 곳에서 수백만이 넘는 어린이들이 굶주리며 죽어 가고 있는 동안에, 어떤 나라 사람들은 고기 한 근(600그램)을 먹으려고 소에게 일곱 근이 넘는 곡식과 콩을 먹이고 있는 것이다. 그렇게 해서 먹은 고기도 반 넘게 배설물로 낭비하고 있는 형편이다. 그런데 이 땅에 사는 아이들도 그렇게 낭비가 큰 육식 습관에 젖어 들고 있다니! 그것도 건강을 연구하고 있는 전 세계 과학자들이 '죽음을 불러오는 열 가지 질병 가운데 여섯 가지가, 지방질과 설탕을 지나치게 많이 먹고 섬유질이 많은 채소류는 너무 적게 먹어서 생긴다'는 보고서를 앞을 다투어 내고 있는 판에.

이성에 호소해서 감각으로 몸에 익힌 습성을 되돌린다는 것은 어른들도 힘든 일이다. 더구나 어린 시절부터 육식에 길든 아이들 입맛을 어떻게 하루아침에 되돌릴 수 있겠는가. 김치나 야채나 두부 같은 것을 아무리 먹음직스럽게 그리거나 사진을 찍어서 보여 준다 한들 고칠수 있는 것이 아니다. 그렇다면 다른 길을 찾아야 한다.

이것이 내가 이 시골로 내려와서 아이들에게 감각 교육을 하고 있는 까닭이다.

맨살로 만나는 세상

오늘은 아이들과 함께 산에 올라가 약초를 캤다.

"약초를 캘 때는 잔뿌리를 상하지 않게 해야 한다."

매번 이렇게 이르지만 소용이 없다. 더욱이 도시에서 자란 아이들이 캐낸 약초를 보면 뿌리가 만신창이가 되기 일쑤다. 손을 잡아 보면 하얗고 말랑말랑해서 감각이 예민할 것 같은데 그렇지 않다. 도시 아이들의 촉각은 거의 죽어 있는 것이나 마찬가지다. 시골 아이들 손이 햇볕에 그을고 일에 다져져서 까맣고 딴딴하고 거칠어 감각이 둔해 보일 것 같으나 뜻밖에 몹시 예민한 감각을 지니고 있는 것과는 딴판이다. 게다가 도시에서 자란 아이들은 대체로 참을성이 없고 성급하다. 약초를 캘 때 될 수 있으면 뿌리 둘레를 넓고 깊게 손삽으로 파고 난 뒤에, 잔뿌리가 다치지 않게 손으로 흙을 조금씩 털어 내듯이 조심스레 뿌리를 캐야 한다고 아무리 일러 주어도 소용이 없다. 뿌리 둘레를 너무 좁게 파는 바람에 잔뿌리가 모두 잘리고, 우악스럽게 뽑아 올려 곁뿌리가 끊기는 일이 비일비재하다.

함부로 캐서 상한 약초 뿌리를 한옆으로 제쳐 놓았더니, 그걸 캔 아이가 입이 뾰로통해져서 묻는다.

"할아버지, 제가 캔 건 왜 버리세요?"

"응, 잔뿌리가 너무 상해서 약초로는 쓸 수가 없구나."

"큰 뿌리만 있어도 되잖아요?"

"그렇지 않아."

아이들을 모아 놓고 지금까지 다른 아이들에게 여러 차례 해 주었던 이야기를 되풀이해 들려주었다. 얼추 다음과 같은 이야기였다.

"커다란 나무를 볼 때 우리는 흔히 그 나무를 살리는 힘이 아름드리 밑동이나 땅속 깊이 파고든 굵은 밑뿌리에 있다고 믿기 쉽지. 용비어천가 첫머리에 나오는 '불휘 기픈 남간 바라매 아니 뮐쌔, 곶 됴코 여름 하나니……'(뿌리 깊은 나무는 바람에 흔들리지 않으므로 꽃이 좋고 열매가 많으니……) 같은 구절은 이러한 편견이 낳은 산물이라고 할 수 있어(이 시는 틀림없이 나무에 대해서 제대로 아는 것이 없는 도시내기가 썼을 것이다). 그러나 정작 그 커다란 나무를 살리는 힘은, 허리가 굵어서 어지간한 폭풍에도 끄떡없는 줄기에서 나오는 것도 아니고 그 거대한 몸뚱이를 지탱해 주는 깊이 내린 뿌리에서 나오는 것도 아니야. 그 힘은 어지간히 예민한 촉각을 지니고 있지 않으면 만져도 확인이 안 되는 잔뿌리, 그리고 그 잔뿌리에서 다시 가지 쳐 나간 눈에 보이지 않는 부드러운 실뿌리에서 나오고, 어린 나뭇잎을 덮고 있는 뽀얀 솜털에서 나온단다."

이런 이야기 끝에 아이들에게,

"너희들 가운데 호밀 한 포기에 잔뿌리가 몇 개나 달려 있는지 아는 사람 있니?"

하고 물었다.

"글쎄요, 한 서른 개쯤 되나요?"

한 아이가 대답했다. 그래서,

"자그마치 1300만 개쯤 되는 잔뿌리가 있단다. 이 잔뿌리들을 하나하나 모두 잘라서 한 줄로 늘어놓으면 서울에서 부산 가는 길이보다 더 긴 600킬로미터쯤 된단다.”

이렇게 이야기해 주었더니, 모두 못 믿겠다는 듯이 눈이 휘둥그레졌다. 그 표정들이 재미있어서 조금 짓궂은 생각이 들었다.

“그럼 호밀 한 포기에 달려 있는 실뿌리는 얼마나 될까?”

“한 일억 개쯤 되나요?”

어떤 아이가 이렇게 되물었다.

“아니, 훨씬 더 많아.”

“그럼, 한 10억 개쯤 되나요?”

“그보다도 더 많아. 실뿌리가 140억 개쯤 된다는데, 이걸 한 줄로 늘어놓으면 거의 남극에서 북극에 이르는 길이만큼 된단다.”

“와!”

아이들은 탄성을 올렸다.

내가 아이들에게 들려주고 싶었던 것은 식물의 감각에 대한 이야기였다. 식물의 감각에 관한 연구는 지난 세기 말 이래 오늘에 이르기까지 빠른 속도로 깊어졌다. 우리 공동체의 생약 실험실과 임업 연구소도 이 연구가 발전하는 데 큰 몫을 했다. 그래서 지금은 다른 감각은 몰라도 적어도 촉각만은 동물뿐만 아니라 식물도 일반으로 공유하고 있는 보편된 감각이라는 학설이 정설로 자리 잡게 되었다. 나는 담쟁이와 호박의 덩굴손, 끈끈이주걱, 미모사 같은 것을 예로 들어 식물의 촉각에 대해서 이야기해 주고 난 뒤에 이렇게 내 말을 마무리 지었다.

“우리가 생각하고 있는 것만큼 사람과 식물의 차이가 큰 것은 아니란다. 우리는 사람이야말로 모든 생명체 가운데 가장 뛰어난 존재라고 생각하기 쉬운데 거꾸로 식물들이야말로 어떤 생명체보다 더 안정된 삶을 누리고 있는 부러운 존재라고 주장하는 사람도 있지. 식물이 한곳에 뿌리를 내리고 꼼짝하지 않는 것은 움직이지 않아도 살 수 있는 능력이 있기 때문이라는 거야. 그러니까 동물들이 몸을 움직여 여기저기 자리를 옮기는 건 한자리에 머물러 살 능력이 없기 때문이라는 거지. 그런데 사람은 어떠니? 식물처럼 움직이지 않거나 동물처럼 몸만 놀려서도 살 수 없는 게 사람 아니니? 늘 머리를 굴려서 이것저것 생각하지 않으면 살 수 없으니까. 그렇게 따지면 사람이야말로 이 세상에서 가장 살기 힘든 조건 속에 놓여 있는 생물이라고 볼 수도 있다는 거야."

"에이, 할아버지도! 그럼 진화론은 엉터리 이론이게요?"

한 아이가 내 말에 토를 달았다.

"글쎄다. 진화하는 동기를 살아가는 조건이 점점 어려워지는 데서 찾는 이론이라고 보면 안 될까?"

약초를 캐서 돌아오는 길에 지난 세기 인류 공동체가 철모르는 아이들한테까지 강요했던 갖가지 비극 상황이 머릿속에 두서없이 떠올랐다 사라졌다.

지난 세기는 전쟁의 세기라고 불러도 좋을 만큼 많은 전쟁이 있었는데 그 전쟁에서 가장 큰 피해자들은 거의 예외 없이 아이들이었다. 많은 고아들도 생겨났는데 이 가운데는 젖먹이 아이들도 적지 않았다. 어머니를 잃고 보육원에 수용된 젖먹이 아이들은 꽤 편한 잠자리와 영양가 있는 음식을 주는 시설에 있는 경우에도 2년쯤 지나면 심한 발육 부진 현상을 보였다. 정신이 성장하는 것도 중단되어 거의 백치 상태에 머무는 일도 많았다. 그리고 그런 아이들은 웬 잔병치레가 그렇게 많고 질병에 대한 저항력은 왜 그리도 약했는지! 아이들은 충분한 잠과 기름진 음식으로 자라는 것이 아니라 그 아이들을 사랑으로 감싸 안는 품속의 촉감으로 자란다는 사실이 밝혀진 것이다. 어머니가 아이들을 늘 품에 안거나 등에 업어 키우는 이른바 '후진국'보다 아이들을 젖먹이 때부터 딴 방에 격리시켜 키우는 '선진국'에서 영아 사망률이 훨씬 더 높다는 것도 이 사실을 뒷받침한다.

그러고 보니 실험실의 원숭이 생각도 떠오른다(20세기 생물 과학자들은 생명의 비밀을 밝힌다는 명분 아래 가장 생명에 반하는 실험도 눈 하나 깜짝하지 않고 잔혹하게 해치웠는데, 아기원숭이 실험도 그 가운데 하나였다). 실험자들은 아기원숭이가 갇혀 있는 우리 속 한구석에 딱딱한 플라스틱이나 석고로 된 어미원숭이 모형과 나무 막대에 넝마를 둘둘 말아서 만든 허수아비를 놓아두고, 아기원숭이가 생명에 위협을 받고 있다고 느끼는 순간에 어느 쪽으로 가서 매달리는지 실험했다. 위협은 강렬한 음향과 빛으로 주어졌다. 그러자 아기원숭이는 실제 엄마를 본떠 만든 딱딱한 플라스틱이나 석고로 된 엄마보다는 부드러운 넝마를 덮어씌운 허수아비에게 달려가 거기에 매달렸다. 어쩌다 처음에는 딱딱한 엄마 모형에게 쫓아갔던 아기원숭이도 두 번째로 위험에 닥친 순간에는 어김없이 부드러운 넝마에서 피신처를 찾았다. 1960년대 즈음 미국 심리학자 해리 할로우가 이와 비슷한 실험을 한 적이 있고 이런 실험은 다른 여러 학자들 손에서도 계속 이루어졌다.

이 얼마나 신비로운 현상인가! 내 나이 마흔이 넘어서까지도 나는 사랑하는 남녀가 서로 사랑을 확인하고자 할 때 하필이면 왜 사람 몸 가운데서 가장 부드러운 부분을 서로 맞대는지 그 까닭을 잘 몰랐던 때가 있었다. 뒤늦게 식물들을 관찰하면서 비로소 그 비밀에 눈을 떴다. 나무나 풀이 뿌리 가운데서도 가장 하잘것없어 보이는, 그래서 보통 사람 눈에는 거의 띄지 않는 실뿌리의 부드럽고 예민한 끝 부분으로, 어둠 속에서 물과 흙의 부드럽고 미세한 알맹이들과 기쁨으로 하나가 됨으로써 예쁜 꽃을 피워 올리듯이. 그리고 잎사귀에 돋아난 보송거리는 털로 지나가는 실바람을 쓰다듬고, 아침 햇살에 담겨 있는 눈부신 빛의 알맹이들을 살포시 껴안음으로써 덩두렷하게 열매를 맺듯이. 그리하여 그 더듬거리는 촉각이 내미는 한없이 부드러운 손길로 생명의 문을 살그머니 열어젖히듯이……. 그렇게 서로 사랑하는 사람도 부드러운 부분을 한데 맞댐으로써 더불어 살아갈 길을 찾아 나서는 것이다. 이로 비추어 보건대 아기 원숭이가 겉모습만 자기를 닮은 차갑게 얼어붙은 플라스틱이나 석고를 마다하고 생명의 원천에 훨씬 더 가까운 부드럽고 온기가 밴 넝마에 의지하는 것은 너무나도 당연한 일이 아닌가!

지난 수십 년 동안 자본주의 상품경제가 온 세계를 지배하면서 자본주의 물결에 맞서 왔던 공동체 사회들이 급속도로 허물어져 내렸다. 제 땅에서 뿌리 뽑힌 사람들이 도시로 밀려들면서 세계에 있는 거의 모든 도시들이 공룡처럼 커다란 거대도시로 자라났다. 협동에 바탕을 둔 공동체의 유대 관계는 이해관계로 맺어진 개인주의 거래 관계로 바뀌고, 낯익고 다정한 이웃사촌은 낯설고 싸늘한 남남으로 바뀌었다. 나와 너 사이에 거리가 멀어지고 육체 접촉이 끊어지면서 어제까지 껴안고 함께 뒹굴던 사람들도 이제 멀리서 눈인사만 주고받게 되었다. 냉랭한 남들에 둘러싸여 사는 동안 될 수 있으면 필요 없는 접촉을 끊고 사람과 거리를 두는 것을 현명한 삶의 지혜로 여기게 되었다. 이렇게 해서 서로 고립된 삶이 피할 수 없는 생존 방식으로 채택되면 모든 감각 가운데 시각이 중추 기능을 하게 된다. '눈 감으면 코를 베어 가는' 세상이니까 눈은 똑바로 뜨고 있어야 하고 행여나 코를 벨지도 모르므로 신체 접촉은 피해야 한다.

그리하여 자본주의 거대도시에 사는 사람들한테 집단 접촉 기피증이 생겨나게 되고 이 접촉 기피증은 그 보상으로 전대미문의 시각 문화를 발전시킨다. 이 접촉 기피증과 시각 문화는 도시 아이들에게 상속된다. 도시 아이들은 어려서부터 될 수 있으면 무엇이든지 함부로 만지지 못하도록 길들게 된다. 상품경제 사회에서 도시에 있는 거의 모든 물건은 상품이고, 이 상품에는 소유자가 따로 있다. 어떤 물건이든지 잘못 만지면 소유권을 침해하게 되어 도둑 누명을 쓰거나, 훼손을 하게 되어 손해 배상을 해야 할 걱정이 있다.

살아 있는 생명체는 만져도 닳지 않지만 죽은 노동의 산물인 상품은 생명이 없으므로 만지면 닳는다. 살아 있는 생명체라고 해도 함부로 만져서는 안 된다. 도시에 사는 생명체는 거개가 사람인데 도시 사람들은 '남은 곧 적'이라는 의식에 사로잡혀 있기 때문에 남이 자기 몸에 손을 대는 것에 엄청난 적개심을 느낀다.

피부 접촉이 극도로 제한된 상황에서 자라는 도시 아이들은 어려서부터 사물을 시각으로만 파악하는 버릇을 익히기 쉽다. 그러나 눈으로만 보아서는 옷이 젖어 있는지 말랐는지, 물이 뜨거운지 차가운지, 떡이 딱딱하게 굳어 있는지 부드럽게 말랑거리는지 모를 때가 많다. 더 일반화해서 말하자면 시각 문화에 길든 도시 아이들은 생명에 위협이 닥친 상황에서 실험실의 아기원숭이와는 반대로 부드럽고 따뜻한 넝마 대신에 석고나 플라스틱으로 만든 가짜 어머니를 껴안기 쉽다.

도시에 퍼진 시각 문화가 아이들로 하여금 사물과 직접 접촉하는 것을 막기 때문에, 도시 아이들이 사물을 이해하는 방식이 대단히 관념과 추상에 치우친 것으로 바뀐다는 사실을 아는 어른이 몇이나 될까?

오늘 잔뿌리 하나라도 다칠세라 약초 뿌리 둘레를 지나치다 싶으리만큼 넓고 깊게 판 뒤에, 오랜 시간에 걸쳐서 마치 약초 뿌리를 갓난아기 어루만지듯이 조심조심 다뤄 흠간 데 없이 들어 올린 이 마을 출신 아이가 있었다. 그 동무의 굼뜬(?) 손놀림을 비웃으면서 그 아이가 한 뿌리를 캐는 동안 후딱후딱 네댓 뿌리 약초를 무 뽑듯이 뽑아낸 도시 아이는 어쩌면 꽤 오랫동안 자기가 그 짧은 시간에 무슨 짓을 저질렀는지 깨치지 못할지도 모른다.

그러나저러나 이 땅 모든 아이들에게, 더 나아가서 이 세상 모든 아이들에게 플라스틱이나 석고로 된 가짜 엄마 대신에 진짜 엄마를 찾아 줄 길은 어디 있을까? 만지면 만질수록 사랑이 샘솟는 어루만짐으로 몸도 마음도 튼튼하게 자라는 그런 아이. 접촉 기피증에 걸린 상품경제 사회에서 병든 시각 문화 숭배자가 아니라 촉각 문화에 바탕을 둔 통합 문화의 계승자가 되는 그런 아이. 어디에서나 사람을 보기만 하면 아무리 먼 곳에 있더라도 한달음에 달려가, 다만 자기와 같은 모습을 지닌 살아 있는 사람이라는 이유 하나만으로 얼싸안으며 기뻐서 눈물을 흘릴 그런 아이로 우리 아이들을 길러 낼 길은 과연 어디에 있을까?

30센티미터 거리에 고정된 눈은
사람 눈이 아니다

"눈 감기 시작!"

잘못해서 눈을 뜰까 봐 수건으로 눈을 가려서 묶었다. 찾을 물건은 첫째, 연필깎이 둘째, 옷걸이 셋째, 쓰레기통 넷째, 전화기 다섯째, 의자다.

연필을 깎으려면 칼로 깎아야 되는데 손을 벨 수 있기 때문에 연필깎이에 넣어 깎으려고 찾았다. 책상 위를 더듬다가 끝이 뭉툭한 것을 찾았다. 곁으로 조금 더듬다 보니 손잡이가 있었다. 잡아서 연필을 끼우려고 하는데 기울어져서 안에 있는 연필 가루를 쏟을 뻔하였다. 그래서 연필을 두고 위쪽을 잡고 연필 끼울 곳을 당겼다. 위에 그냥 잡고 있던 손은 넓은 손바닥으로 꼭대기를 눌러 쥐고 손가락으로 연필 끼울 곳을 벌려서 연필을 끼워 깎았다. 그런데 다 깎은 연필을 빼다가 그만 끝을 똑 부러뜨려 버렸다. 그래서 힘들게 깎은 것을 다시 깎았다.

조금 더워서 윗옷을 벗었다. 그런데 그냥 방바닥에 놓아둘 수 없어 옷걸이를 찾기로 했다. 더듬더듬 우리 방으로 갔다. 할머니께서 계셨는데 옷걸이를 찾다가 그만 할머니의 발을 밟고 말았다.

"아이고 아야! 눈에 둘렀는 거는 뭐고? 에고, 그래가 내 발 성하겠나?" 하셨다. 말을 알아들었지만 어디 계신지 몰라서 아무데나 보고

"할매, 괜찮나? 미안, 할매. 어디 있노?"

"에고, 에고. 니는 뒤에 보고 말해 재끼나?"

하며 껄껄 웃으셨다. 할머니께서 옷을 뺏으셨다.

"할매, 내 옷 왜 가지고 가노?"

"옷걸이에 걸어 놨다. 그게 어떻노?"

하셨다. 옷걸이를 찾는 것은 실패하였다.

감기가 걸려 콧물이 나왔다. 엄마 화장대로 엉금엉금 기어가다 화장대에 박았다. 휴지를 뽑아서 콧물을 '핑' 풀었다. 그런데 이것이 문제로다. 쓰레기통을 찾아야 하는데 방향감각이 있어야지. 오른쪽으로 기어가니까 벽이 있고 그 반대쪽으로 가니까 텔레비전이 있었다. 그래서 오른쪽으로 조금 가서 앞으로 가니까 물통이 있었다. 옆으로 가니까 쓰레기통이 있었다. 시간이 너무 많이 걸렸다. 난 서서 박으면서 부딪치면서 소파에 앉았다.

전화기가 '따르릉 따르릉' 울렸다. 전화는 탁자에 있어서 금방 찾을 수 있었다. 그런데 문제점이 좀 있었다. 뭐냐 하면 말하는 곳이 귀 쪽으로 간 것이다.

"여보세요? 여보세요?" 하니까 대답이 없어 다시 "여보세요?" 하고 크게 소리쳤다. 그런데 밑에서 "소리가 잘 안 들려요. 여보세요?" 하였다. 이제 소리가 안 들린 이유를 알고 뒤집어서 말했다.

"여보세요?"

"예, 거기 재윤이네 집이죠?"

"재윤이 엄마 있습니까?"

"없는데요."

"예."

하고 끊겼다. 눈이 없으니까 전화를 받아도 위쪽인지 아래쪽인지 모르겠다.

나는 더듬어서 엄마 방으로 들어가 의자를 찾아 앉으려고 했다. 의자 윗부분을 찾아서 앉았는데 그만 엉덩방아를 찧었다. 수건을 풀어서 보니까 내가 앉았던 반대쪽 방향으로 의자가 놓여 있었다.

눈이 없으니까 엉덩이도 아프고, 머리는 더 아프고, 손까지 새가매졌
다. 눈이 없는 것은 정말 상상하기조차 싫다.

경산시 경산 중앙 초등학교 6학년 원수영의 글

이 글은 이호철 선생님의 책《재미있는 숙제, 신나는 아이들》에서 그
대로 옮긴 것이다. 이 책은 1994년 삼월에 처음 출간된 뒤 지금까지도
판을 거듭하고 있는 '이호철 선생의 교실 혁명' 둘째 권이다.《살아 있
는 글쓰기》,《살아 있는 그림 그리기》,《살아 있는 교실》,《엄마 아빠, 나
정말 상처받았어》와 함께 우리 나라 초등 교육에 혁명을 일으킨 유명
한 책이다. 내가 공동체 학교에서 아이들 감각 교육을 맡게 된 데에는
다른 무엇보다도 이 책들이 준 영향이 컸다.

내가 공동체 학교에서 처음 감각 교육을 할 무렵, 아이들 가운데 열
에 아홉은 도시에서 자라고 있었다. 도시에서 생활하는 아이들은 거개
가 눈뜬장님이나 다름없었다. 그 아이들은 사람이 살아가는 데 눈이
얼마나 중요한지 거의 깨치지 못한 채 자라고 있었다. 그 아이들 가운
데 거의 절반은 중학교에 입학하기 전에 안경을 써야 할 만큼 눈이 나
빠졌다. 그도 그럴 수밖에 없었다. 사람 눈은 인류가 지구에 나타난 뒤
로 수십만 년 동안 자연 변화에 적응하면서 진화해 온 것이다. 그런데
도시에 갇혀 사는 사이에 아이들 눈은 먼 하늘, 넓은 들판, 높은 산, 끝
없이 펼쳐진 초원이나 숲을 보면서 생기를 얻는 대신에 거의 모든 시
간을 30센티미터 안팎에 펼쳐진 책이나 컴퓨터 화면, 1미터에서 5미
터 안팎에 놓여 있는 텔레비전이나 비디오, 몇 개나 몇십 개밖에 안 되
는 사물에 고정되어 끊임없이 혹사를 당할 수밖에 없었다. 이러니 아
무리 천리안을 타고난 아이라 할지라도 이런 도시 환경에서 살다 보면
머지않아 눈에서 총기가 사라질 것은 뻔한 일이었다.

아이들에게 눈이 얼마나 소중한지 일깨워 주려면 먼저 눈이 없으면 얼마나 불편한지 아이들 스스로 느끼게 해 주어야 한다. 이호철 선생님이 '눈 감고 다섯 가지 물건을 찾아보기' 같은 숙제를 내준 것도 바로 이런 목적에서일 것이다. 공동체 학교에서 감각 교육에 참여한 아이들은 여러 가지 놀이를 하면서 눈의 중요성을 알게 되는데, 이제 그 가운데 두 개만 소개할까 한다.

두더지 음식 찾기

먼저 두꺼운 띠로 아이들 눈을 가린다. 넓은 마당 한쪽에 있는 상 위에 냄새가 나는 음식을 올려놓는다. 아이들이 음식을 찾아가는 길목 군데군데에 장애물을 세워 놓는다. 가다가 걸려도 다치지 않을 만한 장애물이라면 어떤 것이라도 좋다. 새끼줄을 쳐 놓거나 물이 담긴 양동이를 놓아도 되고 사람이 누워 있어도 된다. 장애물은 다양할수록 더 좋다. 아이들은 이 음식이 어디에 있는지 정확하게 모른다. 먼저 냄새로 음식이 있는 방향을 찾아야 한다. 도마에 칼질하는 소리나 그릇이 부딪히는 소리를 곁들여도 좋다. 장애물 위치는 계속 바뀔 수 있다.

이 놀이에 참여한 아이들은 그 아이들대로, 또 옆에서 지켜보는 아이들은 그 아이들 나름으로, 놀이하는 과정에서 많은 것을 느끼고 배운다. 놀이에 참여하는 아이들은 눈이 보이지 않는 상태다. 아이들은 저도 모르게 네발짐승이 된다. 최대한 몸은 땅에 밀착되고 모든 동작은 느려지고 잘게 쪼개진다. 보통 때 같으면 일 분도 걸리지 않고 한달음에 다다를 수 있는 거리다. 그런데 눈이 보이지 않는 상태에서 음식이 있는 곳을 확인하고 거기에 이르는 길에 놓여 있는 장애물들을 피하려다 보니 어떤 아이들은 30분도 넘어서야 겨우 음식이 있는 곳에 이르게 된다. 아이들은 이 놀이를 통해 시각 장애인 처지를 이해하는 것을 넘어서서 장구벌레나 두더지 같은 작고 하찮아 보이는 생명체들이 살아가는 모습도 어느 정도 이해하게 된다.

내 동무는 내 힘으로

이 놀이는 기초 감각 교육이 어느 정도 잘 이루어진 뒤에 하는 것이 좋다. 깜깜한 밤에 산속에서 하는 놀이인 만큼 준비를 잘 갖추어야 한다. 먼저 여러 가지 풀벌레 소리, 새 소리, 짐승들 울음소리가 담긴 녹음기를 지닌 사람들이 산속 여기저기에 미리 가 있는다. 이 사람들은 정해진 시간과 신호에 따라 녹음기를 틀어 미리 약속된 소리를 들려준다. 놀이에 참가한 아이들은 숲 여기저기에 몇 명씩 또는 하나하나 따로 떨어져서 대체로 이런 지침을 받는다.

'지금 네 동무가 깜깜한 어둠 속에서 어느 바위 밑에 쪼그리고 앉아 네가 구하러 오기만 기다리고 있다. 그 아이는 이 숲길을 모르기 때문에 한 발자국도 떼어 놓을 수 없다. 이제부터 네가 그 동무를 찾아내서 구해 와야 한다. 이 숲에는 괴물이 살고 있어서 제대로 길을 찾지 못하면 언제 잡아먹힐지 모른다. 이제부터 내가 하는 말을 잘 듣고 그대로 따라 해라.

먼저 이 숲에는 많은 나무가 있는데 손으로 만져 보고, 비벼서 냄새도 맡고, 혀끝으로 맛보고 해서 졸참나무 잎사귀를 찾아낸 다음 입에 물어라. 그다음 여러 풀벌레 울음소리를 잘 듣고 귀뚜라미가 우는 방향으로 길을 나서라. 10미터쯤 가다 보면 둘레가 50센티미터쯤 되는 오리나무가 있을 터인데, 어루만져서 오리나무임이 확인되면 거기 앉아서 베짱이 울음소리를 내라. 그러면 산짐승들 울음소리가 들릴 것이다. 호랑이 울음소리, 늑대 울음소리, 여우 울음소리……. 그 소리들을 잘 듣고 노루 우는 소리가 나는 쪽으로 15미터쯤 가라. 거기서 둘레가

80센티미터쯤 되는 고욤나무를 찾으면 딱따구리가 나무를 쪼는 소리를 내라. 그러면 여러 산새들이 잠에서 깨어 저마다 울어댈 텐데 귀 기울여 잘 듣고 소쩍새 우는 방향으로 가라. 거기에 둘레가 2미터쯤 되는 큰 소나무가 있을 것이다. 그 소나무 밑에서 하늘을 보면 동서남북이 구별될 것이다. 만일에 구름이 끼어서 별이 안 보이면 나뭇가지가 자란 방향을 더듬어 보고 구별해라. 그 소나무에서 북쪽으로 10미터쯤 가면 바위가 있고, 그 바위 밑에 흰 보자기들이 보일 거다. 보자기 위를 손으로 더듬어서 네 동무 얼굴이 확인되면 구해 오너라.'

놀이가 아이들에게 힘겨울 것 같으면 더 단순하게 만들어도 좋고, 너무 싱겁다고 생각되면 더 복잡하게 해도 된다.

아이들이 이런 놀이에 익숙해지면 다음에는 낮이나 밤에 눈으로 흔적을 찾아서 여러 가지 벌레나 새나 짐승 이름을 알아맞히기, 사는 곳 찾아내기 들처럼 다양한 다른 놀이로 연결시킬 수 있을 것이다. 이를테면 발자국이나 똥, 깃털 같은 동물들의 자취를 하나하나 눈여겨보아서 그 동물이 어떤 것인지를 알아내는 놀이 같은 것 말이다.

새삼스러운 이야기지만 사람의 두뇌는 태어날 때까지 엄마 배 속에서 거개가 형성되고 나머지 뇌 세포도 태어난 뒤 몇 주나 몇 달이라는 짧은 기간에 세포 분열을 멈춘다고 한다. 그래야 안정된 상태에서 학습이 이루어질 수 있기 때문이다. 뇌 세포가 근육조직이나 피부 세포들처럼 분열한다면 같은 기간 안에 똑같이 많은 세포가 죽게 되고 이 세포들이 죽을 때 그 안에 저장된 학습 정보들도 함께 사라지게 될 것이다. 세포가 분열할 때 유전자 본체인 디엔에이(DNA)에 저장된 유전정보들은 계속해서 남아 있게 되지만 새로 덧붙여서 학습된 것들은 정보로서 남아 있게 되지 않기 때문이다. 그렇게 되면 태어난 뒤에 바로 얻게 된 정보는 머릿속에서 사라지고 말 것이다. 그러나 이런 초기 정보는 우리가 맨처음 만나는 감각들 그러니까 촉각, 미각, 후각, 그리고 느낌들을 통해서 유전정보들과 아주 비슷하게, 나중에 우리가 의식해서 기억해 내는 대부분의 것들보다 더 깊게 아로새겨진다. 말하자면 우리는 이미 갓난아이 때 발달시킨 바로 그 세포들을 가지고 거의 모든 일을 하는 셈이다. 구체로 예를 들면 태어난 뒤 4주와 12주 사이에 안대로 눈이 가려진 채 자란 새끼 고양이는 그 뒤로 안대를 풀어 놓아도 물체를 볼 수 없다. 뇌 세포 발달을 결정짓는 시기 동안에 빛을 보지 못한 새끼 고양이는 시력이 돌이킬 수 없는 상태로 되는 것이다. 사람도 어떤 이유로든지 태어난 뒤 최초로 다가오는 기간에 시각으로 인상을 받아들이지 못할 때는 이와 비슷한 시각 장애가 평생 동안 계속되는 것으로 알려져 있다.

우리 조상들이 아이가 태어난 뒤부터 백 일 동안 대문에 금줄을 쳐놓고 바깥 사람들 출입을 통제했던 데에는 까닭이 있었던 것이다. 비록 중요성에서 이 시기에 미치지는 못한다 하더라도 유년 시절과 청소년 시절에 받는 제대로 된 감각 교육은, 그 아이가 자라서 제대로 사물을 인식하고 올바른 판단력을 지니면서 진정한 가치관을 형성하는 데 기본 바탕이 된다.

아이들은 온몸으로 배운다. 따라서 외부 자극을 받아들이는 감각기관들은 그것이 촉각이든 미각이든 후각이든 청각이든 시각이든, 어느 것을 가릴 것 없이 생생하게 살아 움직여야 한다. 그 가운데서도 사람의 시각 중추는 두뇌를 절반 넘게 차지할 만큼 사람의 사람됨을 결정짓는 것이라고 할 수 있다. 아이들의 시야를 30센티미터에서 몇십 미터로 고정시켜 놓고도 사람답게 기를 수 있다고 믿었던 사람들 대열에서 내가 벗어나 있다는 것이 얼마나 다행한 일인지 모르겠다.

눈과 귀와 코와 혀와 살갗으로 배운다

죽어 있는 감각 되살리기

살갗으로 느끼기

나는 대도시에서 자랐다. 실험 학교에 가기 전까지 나는 나 자신을 지극히 정상인 아이로 알고 있었다. 그러나 얼마 지나지 않아 나는 내가 겉모습만 멀쩡하다는 것을 속속들이 깨칠 수 있었다. 지금부터 내가 이야기하려는 것은 실험 학교에서 익힌 '살갗'에 관련된 새로운 경험이다.

내가 처음 들어갔을 때 실험 학교는, 그 자리에 새로 선 지금 공동체 학교와는 아주 달랐다. 입학할 아이들이 없어서 문 닫은 시골 분교가 그때 실험 학교 건물이었다. 그리고 지금 공동체 학교처럼 건물과 실험 실습실, 공작실 같은 것이 잘 갖추어진 상설 학교도 아니었다. 그 허름한 분교 건물을 지키고 있는 '할아버지'와 '목수 아저씨' 한 분이 붙박이로 살고 있을 뿐, 학생들은 방학 때만 모여드는 이른바 '계절 학교' 였다. 나중에 들은 이야기지만 실험 학교를 처음 시작한 분들은 이 장소를 고르려고 애를 많이 썼다고 한다. 학교가 자리 잡은 마을 뒤에는 꽤 큰 산이 있어야 하고, 마을 앞으로는 널찍한 시냇물이 사시장철 흘러야 하고, 마을 앞으로 펼쳐진 들판은 삼천에서 오천 세대쯤은 먹여 살릴 만큼 커야 하고, 한 30분쯤 걸어 나가면 바닷가에 도달할 수 있어야 하는 땅을 고르자니 생각만큼 손쉬운 일은 아니었던 모양이다.

학교는 생산 공동체 중심에 있어야 하고, 또 생산 공동체의 중심이 되어야 한다는 것이 처음 실험 학교를 꿈꾼 분들이 지닌 뜻이었던 것 같다. 나는 이분들이 실험 학교 설립 초기부터 이 학교를 중심으로 펼쳐질 공동체의 구조와 기능에 대해서 상당히 구체 복안을 가지고 있었다는 것을 뒤늦게 알았다. 그 가운데 이미 마련된 것도 있고 지금 이루어지고 있는 것도 있으며 앞으로 마련할 것도 있다. 전통으로 이어져 내려오는 건축 양식과 둘레에서 가장 흔히 나는 건축 재료들을 써서 공동체 주민들 손으로 지은 가정집. 그리고 다양한 기능을 갖춘 임업 시험장, 어업 시험장, 실습 농장, 자연사 박물관, 전시실, 극장, 연희 마당, 생약 실험실까지…… 이 모든 건물들과 그에 곁들인 삶의 공간들이 처음부터 설립자들의 머릿속에 청사진으로 들어 있었던 것이다.

지금은 여러 생산 공동체들이 저마다 지닌 특성에 맞춰 일구어 낸 공동체 학교가 전국 곳곳에 자리를 잡고 있다. 하지만 내가 다닌 그 실험 학교가 문을 열 때까지만 해도 학교가 지역 공동체의 생산 기능과 밀접하게 연관되어 있는 사례는 찾아보기 힘들었다. 그런 상황에서 실험 학교 초기 설립자들이 가졌던 생각은 대략 이런 것이 아니었던가 싶다.

'우리 나라는 삼면이 바다로 둘러싸여 있고 국토는 70퍼센트 넘게 산지로 이루어져 있다. 온 세계 인민들이, 박애와 인도주의 정신에 충만한 인류 공동체의 일원으로 살아갈 만큼 각성되지 않은 상태에서 식량 자급자족은 자주성을 지키기 위해 반드시 필요한 것이다. 그러므로 우리가 이 땅에서 가장 잘 사는 길은 산과 바다와 농토를 제대로 살리는 데서 찾아야 한다.'

바로 이런 뜻이 반영되어 산과 바다와 들이 어우러진 곳을 실험 학교를 세울 터로 선택했고, 실험 학교에서 이루어지는 모든 교육은 자연스럽게 생산 공동체의 다양한 요구와 결합되었다.

실험 학교를 다니면서 내가 경험했던 것을 이야기하기로 작정하고 이 글을 쓰기 시작했는데, 이런 글을 처음 써 보는 탓에 서툴러서 쓸데없는 말들을 이것저것 곁다리로 늘어놓고 있는 것 같아서 죄송스러운 마음이 든다. 그럼에도 내 이야기로 들어가기 전에 한 가지만 더 이야기하고 싶다. 그것은 내가 처음 입학했을 때 보았던 실험 학교 뒷간 이야기다. 실험 학교가 문을 열면서 가장 먼저 새로 지었던 것이 이 뒷간이라고 한다. 이 뒷간은 내가 어렸을 적에 시골 할아버지 댁에서 보았던, 항아리에 널쪽 두 개를 얹어 놓은 그런 무시무시한 모습을 지닌 것도 아니고 그렇다고 해서 도시 '화장실'과 비슷한 것도 아니었다. 장애인이나 어린이들을 위해서 특수하게 만들어진 의자 같은 것도 있고 야트막한 동이를 엎어놓은 듯한 모양을 가진 것도 있었다. 그런데 내 기억에 남는 것은 그런 겉모습이 아니라 뒷간을 그렇게 짓게 된 데에 얽힌 뒷이야기였다.

설립자 가운데 한 분이자 실험 학교가 있는 마을에 맨 처음 뿌리내리고 살게 된 '외지인'이었던 '할아버지'는 뒷간이 그곳에 쌓이는 똥오줌을 고스란히 쓸 수 있으면서도 냄새나지 않고 깨끗한 곳이 되게 하려면 어떻게 해야 하나 무척 고심을 하셨다고 한다. 이 문제를 해결하려고 '할아버지'는 전국 각지에 있는 전통 뒷간들을 답사했다. 절집부터 옛날 대갓집 사랑채에 곁들인 뒷간에 이르기까지 하나하나 찬찬히 조사하면서 그야말로 전국에 걸쳐 똥 냄새는 다 맡고 다니신 모양이었다. 그렇게 해서 지금 모습으로 실험 학교 뒷간을 지은 것이다. 이 뒷간은 크기가 다른 통풍구가 동서남북으로 나 있고, 세 칸으로 칸막이가 되어 있어서 첫 번째 칸에 똥오줌이 반쯤 차면 자연스럽게 다음 칸으로 옮아가게 되어 있는 구조다. 그래서 냄새도 나지 않을 뿐만 아니라 마지막 칸에 있는 똥과 오줌은 아주 곱게 곰삭아서 맑고 깨끗한 양질

거름으로 쓸 수 있다. 기왕 시작한 김에 '목수 아저씨' 이야기도 하고 싶지만 그건 나 말고도 할 사람이 많을 것 같아서 생략하기로 하겠다.

이제 내가 실험 학교에서 글자 그대로 피부로 느꼈던, 그러니까 살 갗으로 느꼈던 것들에 대해서 이야기할 차례가 된 것 같다. 알다시피 내가 어릴 적인 1990년대 중반까지만 해도 도시에서 자라는 아이들은 살갗이 바람이나 햇빛에 드러나는 일이 거의 없었다. 더구나 발바닥 같은 데는 잠잘 때를 빼놓고는 거의 하루 종일 양말과 신발에 갇혀 지 내야만 했다. 발바닥 아래에 고무 밑창을 대고, 그 위는 양말이라는 발 싸개로 감싸서 아스팔트와 시멘트 거리를 걸었던 아이들에게 발바닥 으로 세상을 알기를 기대하는 것은 그야말로 삶은 밤에 싹 나기를 기 대하는 것과 진배없는 일이었다.

'살갗으로 느끼기', 다른 말로 접촉 반응은 우리 감각 가운데 가장 기 본이 되는 것인데도 도시에서 자란 우리에게는 '만져도 되는 것'이 거 의 없었다. 어릴 적부터 도시에서 자라난 우리 둘레에는 '만져서는 안 되는 것'투성이였다. 어떤 것은 만지면 다칠 염려가 있으니까, 어떤 것 은 만지면 건강에 안 좋으니까, 또 어떤 것은 만지면 불결하니까, 심지 어 어떤 것은 '어쩐지 께름칙하니까' 만져서는 안 되었다. 우리는 찬바 람이 우리 살갗을 만지지 못하도록 옷을 겹겹이 껴입고, 더운 바람이 우리 살갗에 닿지 못하도록 에어컨을 켜고, 햇볕이 우리를 만지지 못 하게 양산이나 모자를 쓰고, 빗방울이 우리 몸을 만질까 봐 우산을 쓰 거나 비옷을 입어야 했다.

도시에서 자라는 우리들 대부분은 살갗이 죽어 있었다. 우리가 살갗 으로 느껴서 알 수 있는 것은 거의 없었다. 우리가 만져 보고 알게 된 것이 몇 가지나 되었던가. 집안이 넉넉하고 교양 있는 집에서 자란 아 이들일수록 만져 본 것들 숫자가 더 적었다. 심지어 엄마 젖가슴도 만져 보지 못하고 자란 아이들도 있었다. 그런데도 우리는, 그리고 나는 우리 몸 가운데 가장 중요한 부분이 잠들어 있고 그 잠에서 얼른 깨어나지 못하면 그 부분이 죽는 것은 물론이요 우리 삶의 알맹이도 함께 죽어 버리고 만다는 사실을 잘 몰랐다. 적어도 그 실험 학교에 가서 살갗으로 느끼는 일이 얼마나 중요한지를 깨우치기 전까지는.

슬픔에 가득 차 있을 때나 두려움에 떨고 있을 때 우리를 달래 주는 것은 무엇인가? 백 마디 말이 필요 없다. 꼭 안아 주는 팔 힘과 맞닿은 볼 사이로 흘러내리는 눈물을 느끼는 것이 가장 큰 위안이 된다. 왜 그런가? 왜 사랑하는 사람은 마침내 살갗을 서로 맞댐으로써 사랑을 확인하고 완성하는가? 더 나아가서 사랑하는 사람들이 서로 애타게 찾는 입술, 서로 맞닿고자 본능적으로 애쓰는 성기는 왜 사람 몸 가운데 가장 부드러운 부분인가? 왜 사람은 가장 부드러운 살갗을 맞대는 것으로 가장 큰 사랑을 확인하려고 드는가?

내가 실험 학교에서 거친 교육과정은 한마디로 '껍질을 벗는 과정'이었다. 이것은 은유가 깃든 표현이 아니다. 실제로 나는 마침내 벌거벗고 자연의 모든 힘과 만남으로써 살갗으로 만나기 교육을 끝마칠 수 있었다. 내가 도시에서 살 때만 해도 피둥피둥하고 하얀 살갗이 정상이고 아름다운 줄만 알았다. 하기야 우리 아버지만 해도 '도시 햇살이 건강에는 나쁠지 몰라도 피부 미용에는 좋다'면서 진담인지 농담인지 모를 말씀을 가끔 하셨으니까. 그러나 살갗으로 느끼기 교육을 집중해서 받고 난 뒤로 내 생각은 180도로 바뀌었다. 나는 그동안 곱게 곱게 양말과 신발에 감싸여 평탄한 아스팔트 길만 걷던 내 발이 뽀얗고 부드럽고 하얘서 귀티가 나는 것으로 착각했다. 잠들어 있고 죽어 가는 내 발의 감각을 나는 존귀한 것으로 잘못 알고 있었던 것이다.

내 발로 내가 딛고 선 땅의 특성을 알기까지 얼마나 큰 의식 변화를 감당해야만 했던가. 나는 그때까지 발가락 사이가 흉하게 벌어진 데다가 발등은 짙은 갈색으로 그을고, 발바닥에는 공이가 박힌 '촌놈'들의 발을 경멸해 마지않았다. 그 발은 둔하고 무식해 보였다. 그러나 거꾸로였다. 둔하고 무식한 발은 내 하얀 발이었다. 맨땅을 디뎌 본 적이 없는 내 발은 처음에는 두려움에 싸여 그것이 모래땅인지 진흙인지, 바위인지 풀밭인지 아무것도 구별하지 못했다. 더럽혀졌다는 느낌, 헛디딜지 모른다는 두려움, 다칠지 모른다는 공포…… 이런 것들이 뒤범벅되어 실제로 겹질리기도 하고 풀잎이나 조개껍질에 베기도 하고 돌부리에 걸려 멍들기도 했다. 그런 내 발이 완강하면서도 미세한 흙의 변화를 알아차릴 만큼 섬세해질 때까지는 꽤 오랜 시간이 흘러야만 했다.

나는 이제 무엇이나 살갗으로 만나는 데 두려움이 없다. 두려움이 사라지는 대신에 조심성이 생겼다. '옻나무를 잘못 만지면 온몸이 가려워진다' '억새풀이 우거진 곳을 함부로 가로지르다가는 종아리를 벤다' '배가 찬 공기에 지나치게 오래 노출되면 배탈이 난다'…… 이런 자질구레한 것들부터 '사물이나 사람이나 살갗으로 만나지 않으면 세상을 바꿀 수 없다'는 일깨움에 이르기까지, 나는 내 몸을 발가벗겨 죽어 가는 내 감각을 되살려 놓은 실험 학교 교육과정을 잊을 수 없다.

여기에서는 실험 학교에서 배운 '살갗으로 느끼기' 가운데 기억에 남는 몇 가지 놀이만 소개하기로 하겠다.

먼저 술래잡기 놀이가 있다. 두 눈을 수건으로 가린 술래가 잡힌 사람을 손으로 만져서 알아맞히는 놀이이다. 얼굴부터 손발, 옷, 신발까지 다 만져서 잡힌 사람이 누구인지 알아맞히는데, 못 알아맞히면 다시 술래가 되어야 한다. 이때 잡힌 사람은 될 수 있는 대로 아무 소리도 내지 않도록 해야 한다.

다음으로 풀잎 알아맞히기 놀이다. 평소에 자주 보아서 이름을 알고 있는 풀잎들을 눈 감고 만져서 알아맞히는 놀이다.

세 번째로 생활용품 알아맞히기 놀이가 있다. 집 안이나 학교에서 흔히 보는 물품들을 손으로 만져서 알아맞히는 것이다.

네 번째는 보물찾기다. 진흙, 모래, 자갈, 가랑잎, 풀밭같이 여러 가지 다른 특성을 지닌 땅을 밟고서 일정한 곳에 놓인 물건을 눈 감고 찾아내는 놀이다. 눈을 가리기 전에 보았던 것을 발바닥으로 확인해서 목표물을 찾아야 한다.

오래 견디기 놀이도 있다. 촛불에서 일정하게 떨어진 거리에 손바닥을 대고 오래 참거나, 얼음 조각을 팔뚝에 올려놓고 오래 참기 내기를 한다.

마지막으로 도토리 까기다. 이빨과 손톱을 써서 도토리를 까는데, 알맹이에 아무런 손톱 자국이나 이빨 자국이 없이 짧은 시간에 가장 빨리 까는 사람이 이기는 놀이다.

내가 처음 실험 학교에 들어갔을 때보다 지금은 '살갗으로 느끼기 놀이'가 훨씬 더 많이 개발되었다. 그렇게 된 데에는 건강한 뜻을 펼치는 교육 잡지들 공이 아주 컸던 것으로 알고 있다. 그 당시 전국 곳곳에는 아이들의 잠들어 있는 신체 감각을 일깨워 주려고 애써 온 선생님들이 여럿 계셨다. 그분들이 펼쳤던 여러 시도를 한데 모아 실험 학교에 관심을 가진 선생님들에게 전달해 주는 몫을 그 교육 잡지들이 해냈다. 그 결과로 해마다 실험 학교에서 집중 검증을 거친 감각 훈련은 다른 교육 현장으로 널리 퍼져 나갈 수 있었다.

우리들의 지렁이 시절

많은 바람이 내 살을 어루만져 나를 키웠다. 나는 그 바람에 하나하나 이름을 붙여 줄 수 없어서 안타깝다. 사람들은 바람의 이름을 얼마나 알고 있을까? 동풍, 서풍, 남풍, 북풍, 아니면 샛바람, 높새바람, 하늬바람, 마파람, 아니면 부드러운 바람, 쌀쌀한 바람……. 나도 처음에는 바람의 이름은 그 정도로 충분한 것으로 알았다. 내가 그 이상한 학교에 가 보기 전까지는.

벌써 햇살이 여러 차례 바뀌었다. 바람길도 바뀌고 풀숲에 드리운 그늘도 바뀌었다. 그래도 내 마음속 살결에는 이상한 학교에서 겪었던 일들이 잘 익은 앵두 알처럼 알알이 새겨져 있다.

나는 도시에서 태어나 도시에서 자랐다. 어쩌다 잿빛 담벼락 사이를 비집고 들어온 바람이 갈 길을 잃고 네모난 공터 안을 맴돌다가, 먼지를 뒤집어쓰고 캑캑거리면서 더러운 휴지를 타고 좁은 골목을 빠져나갔다. 그리고 병든 햇살이 힘겹게 잠깐 벽에 달라붙어 떨고 있다가 까만 껌딱지로 이울 무렵이면, 제 빛을 잃은 어둠이 구석구석에 몸을 숨긴 채 여기저기서 엇갈리는 불빛들을 겁먹은 눈으로 바라보는 그런 을씨년스러운 모습이 어렸을 때부터 내 머릿속에 새겨 넣은 삶의 풍경이었다. 신경증을 앓고 있는 듯한 보랏빛 버스가 까만 아스팔트 길을 가래 끓는 목소리를 내며 달리고, 저마다 자신을 드러내려고 거만한 옷차림을 한 건물들이 칼끝을 겨루는 사이로 소리와 소리가 부딪쳐서 서로 비명을 지르며 나뒹그러지는 꼴을 보고 자라다 보니 내 모든 감각은 만신창이가 되어 버리고 말았다.

그해 여름 내가 그 이상한 학교에 가게 된 것은 순전히 우연이었다. 세상 뒤집는 일에 앞장섰다는 이유로 어머니와 아버지가 하루아침에 사라져 버리고 난 뒤로 나는 혼자 달랑 남아 있게 됐다. 그런 나를 달리 둘 곳이 없어서 이웃집 아저씨가 같은 또래인 아들과 함께 나를 그 학교에 당분간 맡기기로 결정한 것이다.

이제부터 내가 하려는 이야기는 그 학교가 나에게 준 것 가운데 첫 번째 선물인 '살갗으로 느끼기'에 관련된 것이다.

스무 해 전 어느 날, 우리를 실은 버스가 세 시간쯤 달리자 젊고 튼튼한 산이 힘센 어깨를 출렁거리면서 우리를 감싸 안았다. 그 산자락 안에는 허리 굽은 할머니 산이 이제 뭉긋하게 태어나는 손자 산을 안아 키우고 있었고, 들녘에서는 부지런히 일하다 잠깐 쉬고 있는 아버지 산과 어머니 산의 이마를 바다 쪽에서 불어오는 바람이 쓸어 주고 있었다.

버스가 동구 밖에 서자 웬 할아버지 한 분이 버스에서 내리는 우리들을 한 사람 한 사람 꼭 껴안고 눈을 들여다보았다. 너무 구워서 버석버석 금이 간 빵처럼 짙은 갈색 얼굴에 베적삼 사이로 내민 손은 갈퀴 같았다. 게다가 맨발이었는데 발가락 사이가 모두 떠서 발가락 열 개가 땅을 꽉 움켜쥐고 있는 것처럼 보였다. 나는 그 할아버지가 싫었다. 나를 번쩍 들어 안는데 겨드랑이 사이에 낀 손아귀 힘이 너무나 세서 옆구리가 아팠고 두 손으로 볼을 감싸고 눈을 들여다볼 때는 거칠거칠한 손바닥이 몹시 불결해 보였다. 그리고 장난꾸러기처럼 반짝이는 눈빛은 내가 도시에 살면서 만난 할아버지들 눈빛과 너무나 달랐다. 다른 애들도 나와 비슷한 느낌을 가졌던 모양이다. 마지막으로 버스에서 내린 소영이라는 애가 그 할아버지를 보자 "할아버지!" 하고 제 편에서 먼저 펄쩍 뛰어 품에 안기더니 보송보송한 볼을 할아버지 볼에 부벼대는 걸 보고 모두 어안이 벙벙해졌으니까.

"자, 오느라고 힘 많이 들었지. 이제부터 속옷만 남기고 입은 옷을 죄다 벗자. 너희들 살갗을 해님도 만져 보고 싶어 하고 바람님도 쓰다듬어 보고 싶어 하니까. 부끄러워 말고. 자, 소영이부터 벗을래?"

할아버지 말이 떨어지기 무섭게 소영이라는 애는 부끄러움도 모르고 옷을 홀랑홀랑 벗었다. 별수 없었다. 우리는 서로 힐끔힐끔 쳐다보면서 마지못해 옷을 벗기 시작했다. 속옷 차림으로 잔뜩 웅크리고 서 있는 우리를 보고 할아버지는 너털웃음을 터뜨렸다.

"이런 녀석들, 겁을 잔뜩 먹었구나. 신발도 벗어. 양말도 벗고. 모두 차곡차곡 챙겨서 배낭에 넣어라. 그리고 할아버지가 시키는 대로 하렴."

우리는 할아버지를 앞장세우고 '어디까지 왔니' 놀이를 하면서 학교까지 갔다. 할아버지만 눈을 뜨고 우리는 모두 눈을 감은 채 소영이가 할아버지 허리를 잡고 내가 소영이 허리를 잡고 갑식이가 내 허리를 잡고……. 처음에는 소영이만 신나게 꽥꽥 소리를 질렀다.

"어디까지 왔니?"

"산모퉁이까지 왔다."

할아버지가 큰 소리로 대답했다.

"어디까지 왔니?"

나중에는 신이 나서 모두 고래고래 소리를 질렀다.

"개울까지 왔다."

할아버지 목소리도 점점 커졌다.

이렇게 해서 우리는 땅님과 물님과 풀님 들에게 우리 발바닥과 정강이와 배와 궁둥이까지 마음껏 만져 볼 수 있는 기쁨을 주었다. 발을 헛디디거나 돌부리에 차여서 한 사람이 넘어지면 모두 넘어지곤 했으니까. 우리는 모두 눈 한 번 뜨지 못하고 갑자기 눈 먼 사람처럼 되어 자갈길도 걷고 개울도 건너고 풀숲도 지나서 학교에 왔다. 그 사이에 일어난 일은 이야기하지 않으련다. 울고불고 소리 지르고. 지금 생각해도 얼굴이 붉어진다.

　"발톱 까진 애도 있지? 무르팍 깨진 애도 있을 거야. 풀에 정강이를 벤 애도 있고. 피만 보면 괜히 무섭지? 엉덩이와 허벅지에 멍든 애도 있구나. 괜찮아. 땅님이 정말 좋아하니까 그런 거야. 좋아하는 애들과 놀 때는 그렇게 짓궂은 장난을 많이 하거든."

　나이 든 아주머니 한 분이 우리를 모두 냇가에 데리고 가서 씻어 주면서 한 말이었다. 발톱이 까진 주평이는 오이 덩굴 뿌리를 찧은 것으로 발가락을 싸매 주고 무르팍이 깨진 승연이는 오징어 뼈로 만든 하얀 가루를 발라 주었다. 억새에 장딴지를 벤 민화는 부추에 소금을 넣어 찧은 것을 붙였다. 다칠 때는 죽는 줄 알고 울고불고하던 애들이 약을 바르고 어찌나 으스대는지 나도 다칠걸 하는 생각이 들 지경이었다. 그 뒤로도 환자가 생길 때마다 비슷한 방법으로 모두 낫게 만드는데 참 신기했다. 모기한테 물려 볼이 부풀어 오른 상진이는 감자 가루와 소금 갠 것을 붙여서 낫고, 넘어져 멍이 많이 든 누리는 복숭아나무 잎을 짓찧어 소주에 갠 것을 붙이고 나았다. 또 헤엄을 치다가 귀에 물이 들어가 귀앓이를 하는 한결이는 선인장을 찧어서 붙이고, 햇볕에 등을 너무나 태워서 잘 때 괴로워하는 단비는 껍질 벗긴 감자를 채판에 갈아 빈대떡처럼 만들어 붙였다.

　할아버지가 "땅에서 나는 온갖 풀은 다 약이다" 하고 말씀하셨는데 정말 그 말이 맞는 것 같았다. 언젠가 이런 이야기는 따로 길게 써야겠다.

이상한 학교의 할아버지와 아저씨, 아줌마들이 우리한테 처음 일깨워 주려고 했던 것은 '살로 만나기'였다.

"갓 태어난 동생을 꼬집어 본 사람 있니?"

이상한 학교의 누나가 짓궂게 물었다. 우리 엄마보다 나이가 더 많아 보이는데도 자기는 시집을 안 갔으니 누나라고 부르라는 아줌마 같은 누나였다. 아무도 대답을 안 하니까 다시 물었다.

"아무도 그런 개구쟁이는 없는 모양이구나. 그럼 다시 물어볼까? 갓 태어난 아이를 꼬집으면 그 아이는 아파할까, 안 아파할까?"

"아파해요. 아파서 울어요."

우리는 자신 있게 대답했다.

"그럼 여름에 갓 태어난 애는 더위를 느끼고, 겨울에 갓 태어난 애는 추위를 느끼겠네?"

그야 당연하지. 바보 같은 질문이었다.

"그런데 말이야. 애를 갓 낳으면 우리 나라에서는 포대기에 따뜻하게 감싸서 눕혀 놓지만, 몽고 지방에 사는 유목민들은 겨울에도 얼음을 깨고 찬물에 담근다거든. 왜 그럴까?"

어어, 점점 까다로워지네. 우리는 입을 다물었다.

"남자애들 가운데 갓 태어났을 때 병원에서 포경수술한 사람 있으면 손들어 봐."

서로 돌아보면서 킥킥 웃고 있는데 주형이가 바보같이 물었다.

"포경수술이 뭔데요?"

몇 애가 '와' 하고 웃었다.

"응, 그것은 남자 자지를 보면 껍데기가 감싸고 있거든. 그 껍데기를 잘라 내서 없애는 거야. 그러면 위생에 좋으니까."

또 '와' 하고 웃었다. '저 누나는 부끄러움도 모르나 봐.' 나는 속으로 이렇게 생각했다. 내가 손을 들지 않았던 것도 부끄러워서였는데.

"갓 태어난 아이는 바깥세상과 처음 만나니까 추운지 더운지 모르는데. 물론 아픔도 못 느끼지. 그래서 따뜻한 포대기에 감싸거나 얼음물에 넣거나 그게 그거야. 그리고 낳은 지 사흘 안에 포경수술을 해 주는 게 좋은 것도 그 때문이래. 이제 알겠니? 덥고 춥고 아프고 간지럽고 슬프고 기쁘고 하는 느낌은 태어나고 난 뒤에 바깥세상과 만나고 나서 나중에 생기는 거야."

왜 이런 이야기를 하는지는 나중에 밝혀졌다.

아, 그 끔찍함이라니! 두려움과 역겨움과 무서움과 노여움과 그 밖에 말로 드러낼 수 없는 온갖 싫은 느낌을 주던 지렁이. 그 싫은 느낌을 이겨 내고 우리가 지렁이들을 정겹게 손바닥에 놓고 꼼꼼히 들여다보기도 하고, 작은 지렁이를 손톱으로 토막 내서 아직도 꿈틀거리는 놈을 낚싯바늘에 꿰어 웅덩이에 던지는 걸 아무렇지도 않게 느끼기까지는 꽤 긴 시간이 흘러야 했다.

"너희들 지렁이 우는 소리 들어 본 적 있니? 없지? 잘 들어 봐. 저게 지렁이들이 우는 소리야. 지렁이 못 본 사람도 있지? 내일 지렁이를 보여 줄게. 지렁이는 허리뼈가 없다고 해서 무척추동물이라고도 하고 몸에 고리가 많다고 해서 환형동물이라고도 하는데 진화의 역사로 보면 아메바나 플랑크톤에서 멀리 떨어져 있지 않은 아주 원시적인 동물이야. 그렇다고 해서 하잘것없는 동물이라는 말은 아니고. 이 세상에서 하잘것없는 생물은 아무것도 없으니까. 지렁이가 얼마나 고마운 동물인지는 나중에 다른 아저씨가 이야기해 줄 거야. 지렁이가 먹어 치운 흙은 모두 거름으로 바뀌어서 땅을 기름지게 하거든."

이런 이야기를 실마리 삼아 우리는 지렁이를 만날 마음 준비를 갖추기 시작했는데, 이야기로 들은 지렁이와 눈으로 보는 지렁이는 그야말로 하늘과 땅 차이였다. 그리고 그것을 손에 들고 우리 앞에 불쑥 내민 순간 소영이라는 그 깜찍한, 아니 끔찍한 계집애만 빼고 우리는 모두 그 자리에서 까무러쳤다.

　"자, 소영아, 손바닥에 있는 이 굵은 지렁이 보이지? 이 지렁이는 진달래나 채송화처럼 암수가 한 몸이고, 눈이나 귀도 따로 없어. 그래서 무얼 보거나 듣는다고 할 수는 없지만 빛이나 그 밖에 몸에 닿는 것을 아주 예민하게 느낄 수 있단다. 지렁이는 냄새도 잘 맡고 입맛도 까다로워서 단맛이 있는 먹이를 가장 좋아한대. 우리 이제부터 지렁이 놀이를 해 볼까?"

　누나의 꼬임에 빠져 우리는 며칠 사이에 지렁이로 퇴화해 갔다. 아니, 지렁이보다 훨씬 더 원시적인 아메바 상태로 퇴화했다고 하는 것이 더 맞는 말인지도 모른다. 우리는 누나를 따라 몇 날 며칠을 이런 노래를 부르면서 돌아다녔다.

　"눈도 깜깜,
　귀도 꽉꽉,
　코도 빡빡,
　입도 음음.
　모두 다 꼭꼭 막혔네.
　어떻게 살아갈까?
　어떻게 살아갈까?
　손바닥, 발바닥, 뱃바닥,
　온몸으로 살갗으로
　더듬더듬 만져 보며,

문지르며, 비벼 보며,

굴러 보며, 눌러 보며,

느낌으로 느낌으로

살아가지요.”

처음에는 눈에 가리개를 하고 솜뭉치로 귀도 틀어막고 입은 꾹 다문 채로 모든 것을 살갗으로만 만나고 느껴야 한다는 게 그렇게 불편할 수가 없었다. 누나는 한술 더 떠서,

“너희들 콧구멍도 막아 버렸으면 좋겠는데, 그러면 숨을 쉴 수 없잖 아.”

하고 깔깔댔다.

“무엇이든지 다 만져도 돼. 아니야, 다 만져야 해. 손으로만 만지지 말고 온몸으로 만져야 돼.”

누나가 한 말이었다.

우리는 둘레에 있는 모든 것과 살갗으로 만나기 시작했다. 살갗이 닿아서 생기는 느낌을 말로 나타내려고 해서는 안 되었다. 그 느낌을 연필이나 크레파스로 종이에 그리고, 목소리로 나타내고, 몸짓으로도 표현했다. 그것도 굵고 가늘고 여리고 강한 선이나, 여러 가지 느낌을 드러내는 색깔이나, 높고 낮고 길고 짧은 콧소리나, 여러 가지 느낌이 드러나는 몸짓이어야 했다. 구체로 어떤 모습을 떠오르게 하는 것이어 서는 안 되었다. 왜냐하면 지금 우리는 눈도 귀도 코도 입도 없는 아메 바 상태에 있으니까. 이렇게 해서 우리는 풀과 나무와도 만나고 쐐기 벌레와 송충이와도 만나고 바람과 물과 햇볕과도 만났다. 그리고 우리 둘레에 있는 갖가지 살림살이와도 만났다.

그동안 사고도 많았다. 이를테면 누리는 꽃들과 만나다가 찔레 가시 에 찔렸다. 우리들 가운데 유일한 ‘사람’인 누나가 누리 손을 입으로 쪽

쪽 빨아 주면서 이렇게 말했다.

"누리야, 너 왜 찔레나 장미나 아카시아 같은 나무에 가시가 있는지 아니?"

누리가 뾰로통하게 고개를 흔들자 누나는 찔레 순을 꺾어 누리 입에 넣어 주면서 꼭꼭 씹어 보라고 했다.

"꼭꼭 씹어서 혀로 맛본 다음에 꿀꺽 넘겨. 처음에는 맛이 이상할지 모르지만 그건 네 혀가 퇴화해서 맛을 잘 모르기 때문에 그러는 거야. 풋풋하고 단맛이 있지? 아니야, 이 말도 잘못된 거야. 그냥 찔레 순 맛이 나는 거니까. 나중에 잊지 말고 장미 순 맛도 보고 아카시아 순 맛도 봐. 그러면 왜 이런 나무에 가시가 달리는지 알게 될 거야."

나중에 누나는 우리 모두에게 그 순들을 맛보게 했다. 그러고 나서 누나는 '엄마 일 가신 길에 하얀 찔레꽃'으로 시작되는 노래를 불러 주면서 가시가 있는 나무의 순은 맛이 부드러워서 소도 말도 노루도 토끼도 다 좋아한다고 설명했다. 그러니까 '그 가여운 것'들은 자기를 지키려고 가시를 몸에 지니게 되었다는 것이다. 과학에 바탕을 둔 이야기인지 아닌지는 잘 몰라도 그럴싸했다.

살갗으로 만나는 일이 계속되는 동안에, 그 느낌을 그림으로 목소리로 몸짓으로 나타내는 일이 되풀이됐다. 그러면서 우리는 말로 우리 느낌을 나타내려는 노력이 얼마나 부질없는지를 차츰차츰 깨닫게 되었다. 나팔꽃 잎사귀와 채송화 잎사귀가 다른 점을 어떻게 말로 나타낼 수 있을까? 사진으로 찍어 놓는다고 해도 그 느낌은 살아나지 않는다. 우리가 '살갗으로 만나기'에서 맛본 기쁨 가운데 오랫동안 손끝에 간직되어 잊히지 않는 것은 '서로 얼굴을 만져서 누군지 알아맞히기'였다. 처음에는 징그럽다고 손을 뿌리치기도 하고 간지럽다고 낄낄거리기도 해서 부산을 떨어 댔지만 나중에는 모두 진지해졌다. 우리는 서로 열심히 얼굴을 만졌다. 냄새도 맡았다. 손에 닿는 느낌만으로 누군지 알아맞혔을 때 느낀 기쁨은 이루 말할 수 없었다.

나중에는 우리가 가만히 있어도 온갖 것들이 다 우리를 만나러 왔다. 햇살도 우리를 만나러 오고 구름도 우리를 만나러 오고 빗방울도 바람도 우리를 만나러 왔다. 새벽도 우리를 만나러 오고 밤도 우리를 만나러 왔다. 한결이 발에는 소똥이 만나러 왔다.

한결이가 놀라서 징징거리자 누나는 소똥을 손에 집어 한결이 코 앞에 갖다 댔다.

"자, 냄새 맡아 봐. 그렇게 나쁘지 않지?"

우리는 누나한테서 할아버지들이 우리 또래였을 때 정월 대보름날이면 마른 소똥에 불을 붙여서 쥐불놀이를 하던 이야기를 재미있게 들었다.

우리도 점점 그 이상한 학교의 할아버지를 닮아 갔다. 하얗고 탄력 없던 얼굴과 몸이 구릿빛으로 반들반들해지고 맨발로 뛰어다니는 동안 발가락 사이가 벌어졌다. 장딴지와 종아리에는 격렬한 여러 만남으로 생긴 딱지, 종기 자국, 상처 같은 훈장이 주렁주렁 매달렸다. 그리고 무엇보다도 눈망울에 장난기가 가득 넘쳐흘렀다.

바람이 조심스레 코끝을 들이대면, 가장 여린 나무의 가장 가녀린 가지에 달린 가장 어린잎부터 좋아서 온몸을 열어 바람에 몸을 비빈다. 저 바람은 내 살갗에 돋아난 솜털을 만지작거려 숨구멍에서 피어나는 즐거움을 어린잎에 옮겨 주고 있는 중이다. 어린잎이 장난스러운 눈으로 나에게 손짓한다. 내 눈빛도 바람을 타고 길을 떠난다. 그 이상한 학교에 들어간 지 스무 해. 크고 작은 바람들이 내 눈빛을 키워 냈다.

불쌍한 내 혓바닥

"엄마 젖 먹고 자란 사람 손 한번 들어 봐."

우리들은 서로 쳐다보면서 우물쭈물했다.

"엄마 젖이 무언지도 모르니?"

아줌마가 이렇게 이야기하면서 익살스러운 표정을 짓더니 자기 젖가슴을 두 손으로 슬쩍 들어 올려 보였다. 우리는 와르르르 웃었다.

"어디 손 들어 봐."

소영이와 준기가 손을 들었다.

"건욱이는 뭘 먹었어?"

"전 우유 먹고 자랐대요."

"우유가 뭔데?"

"소젖이요, 소젖."

두레가 커다랗게 이야기하자 다시 모두들 와르르르 웃었다.

"송아지도 아닌데 왜 소젖을 먹고 자랐어?"

아줌마가 짓궂게 따지고 들었다. 우리는 또 웃었다.

"저, 엄마가 그러시는데요, 병원에서 절 낳았는데요, 병원에 사흘 동안 입원해 계셨는데요, 병원에서 엄마한테 젖을 못 주게 하고요, 우유를 먹였나 봐요. 그 뒤로 엄마가 아무리 젖을 먹이려고 해도 제가 안 먹더래요. 그래서 할 수 없이……."

건욱이가 웃지도 않고 또박또박 말하자 덩달아 아줌마 얼굴에서도 웃음기가 사라졌다.

"수정이는?"

"저는요. 엄마가 직장에 나가셨걸랑요. 그래서 할머니가 기르셨는데요."

수정이도 소젖을 먹고 자랐다. 장난꾸러기 빛이랑이 아줌마에게 물었다.

"아줌마는 엄마 젖 먹고 자랐어요?"

그러자 뜻밖에도 아줌마는 살래살래 고개를 저었다.

"아줌마도 소젖을 먹고 자랐단다. 부끄러운 이야기지만 우리 어머니가 아줌마를 낳았을 때는 아이들에게 우유를 먹이는 게 훨씬 더 아이에게도 좋고 엄마에게도 좋다는 엉터리 이야기를 하는 사람들이 있었대. 그 사람들이 텔레비전에 나와서도 떠들고 라디오에서도 떠드는 바람에 일부러 소젖을 먹여 키웠다지 뭐니?"

아줌마는 우리에게 그 밖에도 여러 가지 이야기를 들려줬다. 아줌마의 할머니가,

"순영이가 소 새끼냐, 소젖을 먹이게."

하고 아줌마의 엄마를 나무랐지만 아줌마의 엄마는 분유에 영양이 골고루 들어 있어서 분유를 먹고 자라는 아이들이 모유를 먹고 자라는 아이들보다 훨씬 더 튼튼하게 자란다고 끝까지 우겼다는 것이다. 그러면서 미국이나 유럽 애들이 그렇게 키도 크고 몸집도 우람한 것은 모두 우유를 먹고 자라서 그렇다고 하면서 마지막으로,

"순영이 젖을 먹이다 제 젖가슴이 흉하게 늘어지면 어떻게 해요?"

하고 대들었다는 것이다. 그런데 알고 보니 이른바 선진국의 엄마들이 모두 아이들에게 우유를 먹여서 키운다는 이야기도 사실이 아니고 우

유 먹고 자란 아이들이 엄마 젖을 먹고 자란 아이보다 더 건강하다는 말도 거짓말임이 밝혀졌다는 것이다.

"너희들 보기엔 어떠니? 아줌마가 튼튼한 것 같니?"

"아니요!"

우리는 아줌마의 조그마한 키와 비쩍 마른 몸을 보면서 모두 합창하듯이 대답했다.

"너희들이 태어날 때는 더 심했단다. 그전에는 분유 회사들이 엄마들한테만 선전을 해서 분유를 팔아먹었지만 너희 엄마들이 너네들을 낳았을 때는 병원과 짜고 엄마가 아이들에게 젖 먹이는 걸 일부러 막았지 뭐니?"

아줌마 이야기에 따르면 아이가 태어나서 가장 먼저 가릴 줄 알게 되는 것은 '맛'이란다. 그러니까 사람 몸 가운데 가장 먼저 발달하는 것이 혀의 감각이란 말이다. 아이들은 어찌나 예민하게 맛을 가리는지 병원에서 사흘만 우유 맛을 들여 놓으면 그 맛에 길들어서 그 뒤로 엄마가 아무리 젖을 먹이려고 아이 입에 젖꼭지를 대 주어도 한 번 맛보고는 고개를 돌려 버린다는 것이다. 또 어떤 애들은 맛도 보기 전에 밀쳐 버리는데, 그것은 우유통에 달린 젖꼭지와 엄마 젖꼭지가 입에 닿는 느낌이 달라서 그렇다고 했다.

"젖먹이 애들을 잘 살펴봐. 손에 잡히는 건 아무거나 닥치는 대로 입에 가지고 가서 빨지? 처음에는 손가락만 빨다가 다음에는 딸랑이를 빨고 땅에 내려놓으면 흙도 집어서 입에 넣고, 어디 그뿐이니? 입에 닿는 것은 무엇이나 혀로 맛부터 보려고 해."

아줌마가 우리들을 모아 놓고 왜 그런 이야기를 했는지는 나중에야 밝혀졌다. 우리는 이제부터 며칠 동안 혀로만 이 세상을 탐험해야 할 판이었다.

처음에는 제법 무슨 과학 실험 같은 것을 했기 때문에 우리는 그다음에 무엇이 기다리고 있는지 잘 몰랐다.

"자, 이제부터 왼쪽 사람은 모두 띠로 눈을 가려요. 아무것도 보이지 않게 옆 사람이 띠를 꼭꼭 묶어 주세요. 그다음에 엄지손가락과 집게손가락으로 코를 꼭 쥐어 막으세요. 혀도 내밀어요. 쭉 내밀어요. 옆에 눈을 뜨고 있는 사람은 식탁에서 아무거나 하나씩 집어서 눈 감고 있는 사람 혓바닥에 올려놓으세요. 이제 무엇인지 알아맞혀 보세요. 옆 사람은 눈을 가린 사람이 한 대답을 공책에 적으세요."

우리는 모두 이 실험을 했다. 우리 혀 위에는 조그마한 깍두기 크기로 자른 사과, 당근, 양파, 고구마, 감자, 당근, 무, 가지, 오이, 수박 같은 것이 올려졌다. 혀 위에 놓인 것 가운데 맛을 알 수 있는 것도 있었지만 알 수 없는 것이 더 많았다. 세상에! 눈을 뜨고 보니 이제까지 먹어 보지 않았던 것은 하나도 없었다. 그런데도 맛을 몰랐다니. 모두들 고개를 갸우뚱거리고 있자, 아줌마가 설명해 주었다.

"그동안 너희들이 사탕이나 얼음과자나 그 밖에 인공 조미료가 든 음식을 너무 먹어서 혀가 무디어진 탓에 맛을 잘 모르기도 하지만 그 밖에 다른 이유도 있어. 너희들 감기 걸려서 코가 막히면 입맛이 떨어지지? 왜 그럴까? 그건 냄새와 맛이 함께 어우러져서 우리 입맛을 돋우는데, 코를 막고 있으면 냄새를 맡을 수 없어서 그러는 거야. 또 다른 까닭도 있어. 이로 음식을 꼭꼭 씹어서 침에 버무려 혓바닥 전체로 맛을 보면 맛을 더 뚜렷하게 가릴 수 있는데 그냥 살짝 올려놓고 맛보게 했기 때문이기도 해."

이어서 우리는 다른 실험도 했다. 컵 네 개와 설탕, 소금, 아스피린, 식초가 준비되었다. 아줌마는 컵에다 따로따로 준비된 재료를 풀더니 우리를 식탁 앞으로 다시 데리고 갔다.

"자, 여기 손수건들이 있으니까 하나씩 들고 가서 옆에 있는 친구 혀를 닦아주세요. 침이 하나도 없게 깨끗이 닦아야 해요. 그다음에 여기 솜으로 끝을 싼 보릿대가 있지? 그걸 먼저 소금물에 살짝 담가서 꺼내세요. 컵 가장자리에 물기를 가시게 해서 물방울이 다른 데 떨어지지 않게 해요. 혀를 쭉 내밀어요. 젖은 솜을 혀끝에 대 보세요. 그다음에는 혀 가운데, 그다음에는 혀의 양옆에, 이번에는 목구멍 가까운 데 대 보세요. 가장 짜게 느껴지는 부분이 어디지요?"

짠맛, 단맛, 신맛, 쓴맛, 그야말로 골고루 맛본 셈이었다. 우리는 실험을 하는 동안에 고추나 마늘을 맛보지 않은 것을 참 다행으로 생각했다.

다행이라니? 참 어리석기도 했지. 우리는 우리 혀가 그쯤 대접받는 것으로 맛에 대한 학습은 끝나는 줄로 잘못 알고 있었던 것이다.

불쌍한 내 혓바닥! 시련은 이제부터였다.

"자, 이제부터 우리 모두 행복했던 젖먹이 시절로 돌아가기로 해요."

아줌마는 꿀 발린 콧소리로 우리를 유혹했다. 말만 비단 같다더니 행복했던 젖먹이 시절이라고? 정말 주책이었다. 아줌마는 두 손으로 기훈이의 머리통을 잡더니 눈 깜짝할 사이에 혀를 길게 내밀어 기훈이의 볼을 쓱 핥는 것이었다. 기겁을 하는 기훈이를 보고 우리는 모두 배를 잡고 웃었다. 기훈이는 더럽다는 듯이 손으로 볼을 닦고 또 닦았다. 닦으면서 아줌마를 징그러운 짐승 보듯이 흘겨보았다. 그 꼴이 우스워서 우리는 더 큰 소리로 웃었다. 아줌마도 덩달아 웃었다.

"기훈아, 내 혀가 더럽게 느껴지니?"

아줌마가 물었다. 기훈이는 뾰로통한 채로 아무 대답도 안 했다.

"옛날에 우리 어머니들은 아이들 팔이나 궁둥이에 종기가 나면 입으로 고름을 빨아서 낫게 해 준 일이 많았단다. 지금도 못에 찔리거나 칼에 베인 상처는 입으로 빨아 주는 게 좋아. 왜 그렇겠니? 그건 깨끗한 혀로 더러운 상처를 빨아 주면 소독이 되기 때문이야. 그것뿐이니? 우리 침에는 바깥에서 침입하는 나쁜 세균을 죽이는 힘이 있단다. 내가 지금 기훈이 볼을 혀로 핥아서 기훈이가 더럽게 느끼는 모양인데, 따지고 보면 더러워진 건 기훈이의 볼이 아니야. 아줌마 혀지. 안 그래?”

우리는 잠자코 있었다. 그래도 어쩐지 기훈이 볼에 더러운 침이 묻었다는 느낌을 지울 수가 없었다.

“아줌마 어렸을 때 이야기 좀 할까? 우리 어머니는 굉장히 깔끔하신 분이었어. 지나치게 깔끔하셨지. 그래서 어쩌다 아줌마가 손톱을 물어뜯거나 먼지 낀 물건을 만지거나 맨발로 땅을 밟으면 질색이셨단다. 더러워진다는 거지. 비위생적이라는 거야. 그러니까 건강에 해롭다고 생각하신 거지. 그런 집안에서 자라다 보니까 무얼 보아도 전에 그래 보았던 것이 아니면 맛보거나 손대거나 할 엄두가 나지 않았단다. 그런데 그렇게 위생적인 환경에서 자랐는데도 아줌마는 늘 몸이 약해서 골골거렸어. 아주 뒤늦게야 아줌마는 어머니 생각이 틀렸다는 걸 알았단다. 너희들도 아마 비슷할걸. 젖먹이 때가 지나서까지 아무거나 입에 넣거나 만지면 엄마들이 질색을 하셨을 거야.”

이야기를 멈추는 사이사이 아줌마는 엄지손가락을 입에 넣고 빨았다. 두레가 빛이랑의 옆구리를 쿡쿡 찔렀다. 저런, 그 더러운 손을 저렇게 빨고 있다니! 아줌마는 조금 전에 우리랑 흙장난을 하고 난 뒤 씻지도 않은 손가락을 태연히 빨고 있는 것이었다. 아줌마도 우리가 아줌마 입에 들어간 엄지손가락에 더 주의를 기울이고 있다는 사실을 눈치챈 모양이었다.

“아, 이거? 어때. 맛있는걸. 너희들도 한번 빨아 봐.”

아줌마는 장난스러운 눈빛으로 우리를 둘러보더니 이번에는 옆에 있는 기훈이의 왼손을 덥석 잡아 엄지손가락만 빼놓고 네 손가락을 모두 자기 입으로 가져가는 것이었다. 아줌마는 기훈이의 네 손가락을 맛있다는 듯이 쪽쪽 빨았다. 불쌍한 기훈이! 오늘은 기훈이가 수난을 당하는 날이었다.

"기훈이 손가락도 참 맛있네. 자, 너희들도 한번 자기 손가락을 빨아 봐. 한 사람도 빼지 말고."

아줌마는 부드럽게 말했지만 우리는 엄두가 안 났다. 그러나 우리는 이 학교에 와서 지내는 동안 이것도 공부라는 걸 알았다. 그래서 모두 마지못해 쭈뼛쭈뼛 엄지손가락을 입 안에 넣었다. 승진이는 조심스럽게 손수건을 꺼내더니, 엄지손가락에 침을 뱉어 닦아 내고 빨았다.

"에이, 아무 맛도 없는데, 아줌마는 순 거짓말쟁이야."

중호가 투덜거렸다. 정말이었다. 나도 빨아 보았는데 손가락에서 찝찔한 맛이 날 뿐 하나도 맛이 없었다. 그 찝찔한 맛도 맛은 맛이라는 걸 우리는 나중에야 깨달았다. 손가락을 빠는 건 그래도 약과였다.

그 뒤로 우리는 혀를 길게 빼물고 이것저것 닥치는 대로 맛보아야 했다. 나는 수도꼭지가 손으로 만질 때보다 혀끝에 닿을 때 훨씬 더 차게 느껴진다는 걸 처음 알았다. 또 아무것도 칠하지 않은 나무 기둥에 혀를 댈 때는 아무렇지도 않더니 니스 칠을 한 방문에 혀를 댈 때는 혀끝에 아린 맛이 우러나온다는 것도 알아냈다. 우리는 별의별 것에 다 혀를 갖다 댔다. 그리고 한없이 침을 뱉었다.

심지어 세수 비누에까지 혀를 갖다 대 보았지만 그래도 그것은 약과였다. 다음에는 온갖 풀과 나무의 꽃이나 잎, 뿌리 따위를 씹어 보아야 했다. 이 모든 혀의 탐험에서 대장은 아줌마였다.

"자, 이건 꼭꼭 씹어서 삼켜도 돼요. 그런데 이건 살짝 혀끝만 대 보

고 침을 뱉어요. 그리고 이건 씹고 나서 뱉고 입을 헹구어야 해요. 삼
켜서는 안 돼요."

이 탐험을 통해서 우리는 많은 것을 배웠다. 과일이나 채소나 나물
을 빼놓고도 먹을 것이 무척 많다는 것도 알았다. 우리는 잔디 뿌리도
맛보고 소나무 속껍질도 씹었다. 무릇은 독이 있기 때문에 삶아서 물
에 우려냈다가 먹어야 하지만 까치무릇은 껍질을 벗겨서 그냥 먹어도
된다는 것도 알았다.

탐험하는 사이사이 아줌마는 우리에게 많은 이야기를 들려주었다.
아침저녁으로 우리 밥상에 올라오는 갖가지 음식이나 몸이 아플 때 먹
는 약초들은 거의 모두가 이런 '혀의 탐험'을 거쳐서 발견한 것이라는
이야기였다. 큰 가뭄이 들거나 홍수가 나서 농작물이 다 결딴이 나 버
려도 우리 조상들이 떼죽음을 당하지 않고 살 수 있었던 것도 다 혀의
감각을 예민하게 발달시켜 놓았기 때문이라는 말도 했다.

'우리 조상들은 혀로 온갖 풀과 나무의 잎과 줄기와 껍질과 열매와
뿌리를 맛보아서 어떤 것이 먹을 수 있는 것이고 어떤 것이 먹어서는
안 되는 것인지, 어떤 것을 먹으면 배가 부르고, 어떤 것을 먹으면 몸
어디가 좋아지는지를 하나하나 가려냈다. 그렇게 해서 벼, 보리, 밀, 귀
리, 조, 옥수수, 수수, 감자, 고구마 같은 곡식이나 무, 배추, 상추, 쑥갓,
당근, 호박, 오이, 고추 같은 남새나 사과, 배, 자두, 살구, 감, 밤 같은 과
일을 따로 가려서 기를 수 있었다. 또 헤아릴 수 없이 많은 약초의 효과
를 밝혀내느라 무척 고생을 많이 했고 어떤 때는 독이 있는 것을 잘못
먹어 죽어 가기도 했다. 그런 조상들 덕에 오늘 우리는 이렇게 살아남
을 수 있는 것이다.'

아줌마의 주장이었다. 덧붙여서 아줌마는 이런 말도 했다.

"너희들이 직접 보아서 알겠지만 우리 나라는 온갖 풀과 나무가 자

라고 있는 복 받은 땅이야. 지금은 비록 이런 공부가 괴롭고 힘들겠지만 참고 익히다 보면 너희들도 후손들을 위해서 새로운 먹을거리나 약초를 찾아내는 훌륭한 조상이 될 수 있는 거란다.”

그런 이야기를 들을 때면 왠지 모르게 내 등줄기가 꼿꼿해지는 느낌이 들었다. 심지어 못 말리는 장난꾸러기인 두레마저 그럴 때는 한눈팔지 않고 아줌마의 조그맣고 까만 얼굴을 열심히 올려다보는 것이었다. 나는 불현듯이 아줌마의 더럽고 상처투성이인 팔을 핥아 주고 싶은 생각이 들었다. 내 혀가 아줌마 팔에 닿는 것을 신호로 아줌마를 둘러싸고 있던 아이들이 모두 ‘와’ 하고 아줌마에게 달려들었다.

“복수해야지.”

기훈이가 아줌마 코를 쓱 핥았다. 두레와 빛이랑은 저마다 아줌마의 종기투성이인 종아리를 하나씩 붙들고 핥아 댔다.

“얘들이 왜 이래.”

아줌마는 숨이 넘어갈 것처럼 웃으면서 호들갑을 떨었다.

“너희들 다 혀 내밀어 봐.”

아줌마가 호령을 했다. 우리들 장난이 지나쳤나?

우리는 서로 얼굴을 쳐다보다가 하나 둘 길게 혀를 빼물었다. 아줌마는 우리들 혀를 하나하나 꼼꼼히 들여다보고 나서 활짝 웃었다.

“너희들 다행히 다들 건강하구나.”

“혀만 보고 어떻게 알아요?”

소영이가 물었다. 그랬더니 아줌마는 우리 몸에 병이 생기면 혀에 이끼가 끼거나 혀 모습이 바뀌기도 하고, 색깔이 달라지거나 마르기도 해서 혀만 보고도 어디가 어떻게 나쁜지 아는 수가 있다고 이야기했다.

혀 탐험이 끝날 무렵(아줌마 말로는 일생 동안 끊임없이 탐험을 계속해야 한다고 했지만) 아줌마는 우리한테 이런 숙제를 냈다.

"어른들 이야기 들으면 가끔 '살맛 난다' '살맛이 없다'는 말씀을 하시지? 왜 이런 말씀을 하시는지 곰곰이 생각해서 발표하자. 그리고 눈이나 코나 귀나 살갗은 밖에 드러나 있는데 왜 혀는 입 안에 감추어져 있는지, 혀가 하는 일에는 무엇 무엇이 있는지도 알아보자."

아줌마 말이 끝나자마자 두레가 촉새처럼 쏙 나섰다.

"아줌마, 전 왜 혀가 입 안에 감추어져 있는지 알아요. 지금 이야기해도 돼요?"

"그래, 어디 한번 얘기해 봐."

"혓바닥이 밖에 나와 있으면 말을 할 수 없잖아요? 자, 보세요. 제가 '아줌마' 하고 부르고 싶은데 '에벰메' 이렇게 되잖아요?"

두레가 혀를 길게 내밀고 익살을 부리는 바람에 우리는 모두 우스워서 숨이 넘어갈 것 같았다.

"요런 장난꾸러기 녀석!"

아줌마가 두레에게 꿀밤을 먹였다.

고구마깡과 개구리 뒷다리

"여러분들이 이제까지 먹어 본 것 가운데 생각나는 것을 빠짐없이 써 보세요."

이렇게 말하면서 아줌마는 우리에게 종이를 나눠 주셨다.

"과자 이름을 써도 돼요?"

내가 물었다.

"경수는 과자를 참 많이 먹은 모양이지?"

아줌마가 웃으면서 말했다. 나는 왠지 모르게 부끄러운 생각이 들었다. 나는 종이 위에 코를 박았다. 밥, 사탕, 빵, 초콜릿, 아이스크림, 통닭, 짜장면, 라면, 햄버거, 소시지, 김치, 된장국, 고추, 시금치⋯⋯. 우리가 써낸 종이를 본 아줌마는 배를 잡고 웃었다.

"문소영, 너는 무슨 깡을 그렇게 많이 먹었니? 양파깡, 새우깡, 감자깡, 고구마깡⋯⋯. 온통 과자 이름뿐이로구나."

"하하하하."

우리도 덩달아서 따라 웃었다.

"이것저것 많이 맛보았다고 해서 꼭 좋은 것은 아니란다. 자, 여기 순옥이가 쓴 것을 한번 읽어 볼까? 밥, 된장국, 김치, 간장, 고추장, 호박나물, 가지나물, 수박, 참외, 토마토, 옥수수, 사과, 배, 밤, 까치무릇, 삘기, 오디, 번데기, 밀, 메뚜기, 띠뿌리, 송기, 머루, 개암, 쑥떡, 깨강

정, 개구리 뒷다리……."

"하하하하."

우리는 또 웃었다.

"왜 웃지?"

아줌마가 물었다.

"징그러워서요."

내가 대답했다.

"왜 징그럽지?"

"번데기도 먹고 메뚜기도 먹고 개구리 뒷다리까지 먹는다니 징그럽
잖아요."

"그럼 소도 먹고 닭도 먹고 돼지도 먹는 것은 징그럽지 않니?"

맛에 대한 우리의 탐험은 이렇게 시작되었다.

"순옥이와 소영이, 한번 일어서 볼래?"

아줌마는 순옥이와 소영이를 불러 일으켜 세웠다.

"너희들 눈에는 순옥이와 소영이 가운데 누가 더 튼튼해 보이니?"

"순옥이요."

우리는 모두 합창하듯이 대답했다.

"너희들 눈에도 그렇게 보이지? 건강은 타고나는 것이기도 하지만
무엇을 먹느냐에 따라서도 달라진단다. 도시에서 자라는 아이들이
먹는 여러 가지 과자나 즉석식품은 화학 첨가물이 많이 들어 있어서
몸에 해로운 경우가 많지. 이제부터 나와 함께 지내는 동안 너희들
은 이제까지 먹어 보지 못했던 많은 것들을 맛보게 될 거야."

정말이었다. 그 순간부터 우리들 혀는 새로운 맛에 눈뜨기 시작했다.
우리 동아리에서 맛 탐험 대장은 순옥이였다. 우리는 순옥이가 그 많
은 나무와 풀들 이름을 다 알고 있다는 데에 놀라서 입이 딱 벌어졌다.

우리는 순옥이한테 많은 것을 배웠다. 우리가 그동안 늘 먹던 과일이나 채소나 나무를 빼놓고도 먹을 수 있는 것이 헤아릴 수 없이 많다는 것도 알았다.

그해 여름에 우리를 기다리고 있던 마지막 혀의 탐험은 다음과 같은 것이었다. 우리는 하루 종일 스스로 먹을 것을 찾아 나서야 했다. 아줌마가 한 제안에 따라서 우리는 한 동아리에 다섯 명씩 해서 모두 동아리 네 개를 이루었다. 각 동아리마다 하루 동안 해서는 안 되는 일이 정해졌다.

첫째, 아무리 목이 말라도 물을 마셔서는 안 된다. 다만 물기를 머금고 있는 나무의 잎이나 줄기나 뿌리는 아주 많이 먹어도 된다. 그러나 이 경우에는 먹는 풀이나 나무에 독이 없는지 여러 가지 방법으로 확인해야 한다.

둘째, 아무리 배가 고파도 집에서 기르는 곡식이나 채소나 고기(소고기, 돼지고기, 닭고기 같은 집짐승의 고기) 음식을 먹어서는 안 된다. 그 밖에 눈에 띄는 것은 아무것이나 먹어도 된다. 그냥 먹어도 되고 삶아 먹거나 구워 먹거나 우려먹거나 아무렇게나 먹어도 된다. 이 경우에도 음식에 독이 있는지 없는지 미리 확인해야 한다.

나는 순옥이와 한동아리였다(우리는 나중에야 아줌마가 동아리를 꾸릴 적에 일부러 공동체 마을에서 자란 아이들을 한 동아리에 한 명씩 끼워 넣었다는 것을 알았다). 우리는 이 탐험 과정을 통해서 순옥이를 다시 보게 되었다. 사실 이 일을 겪기 전까지 우리 도시내기들은 순옥이 같은 시골 아이들을 속으로 은근히 깔보고 있었다. 아이스크림 맛도, 초콜릿 맛도 모를 뿐더러 양파깡과 감자깡 맛이 어떻게 다른지도 경험해 보지 못했을 이 애들이 우리 눈에는 지극히 원시적이고 야만스럽게 느껴졌다. 그러나 그날 하루 종일 우리가 겪었던 시련은 우리들 사고방식을 완전히 바꾸어 놓았다.

우리는 그야말로 먹을 것도 마실 것도 없는 상태에서 산속에 하루 종일 내팽개쳐졌다. 만일에 우리 동아리에 순옥이가 없었더라면 우리는 어떻게 되었을까? 아마 하루 종일 목마름과 굶주림 속에서 허덕였을 것이다. 만일에 이 탐험 과정이 하루 만에 끝나지 않고 일주일이고 열흘이고 계속되었더라면 또 우리는 어떻게 되었을까? 우리 동아리에 순옥이가 없고 도시에서 자란 아이들만으로 동아리가 꾸려졌다면, 그 상태에서 우리가 일주일 동안 산속에 내버려졌다면 아마 틀림없이 모두 떼죽음을 당했을 것이다(이것도 나중에 들은 이야기지만 공동체 학교에서 오랫동안 감각 훈련을 쌓은 중, 고등학교 형이나 누나들은 실제로 나중에 두 주일도 넘게 우리와 똑같은 조건 속에서 생활하게 되는데, 이런 훈련 과정에서 낙오하거나 무서워서 탐험 길에 나서기를 꺼리는 사람은 하나도 없다고 했다).

처음에는 우리 가운데 아무도 순옥이를 대장으로 생각한 사람이 없었다. 순옥이도 전혀 그럴 생각이 없는 듯했다. 순옥이는 우리 탐험대의 뒷전에 서서 수줍게 우리가 하는 짓을 지켜보기만 했다. 순옥이가 앞에 나서기 시작한 것은 한나절 동안 우리가 아무것도 입에 넣지 못하고 갈증과 허기에 허덕일 무렵이었다.

맨 먼저 소영이가 나가떨어졌다. 소영이가 목말라 견딜 수 없다고 하면서 주저앉자 순옥이는 다람쥐처럼 재빠르게 숲 속을 이리저리 누비더니 연한 새순을 몇 개 꺾어 와 소영이 앞에 내밀었다. 그리고 목마른 아이들이 많아지자 고로쇠나무를 찾아 껍질을 벗기고, 떡갈나무 잎을 따서 거기에 고로쇠나무 즙을 받아 목을 축이게 했다. 아줌마가 몇 번씩 확인하면서 우리 배낭에 챙겨 준 칼과 삽과 곡괭이 같은 연장이 어디에 어떻게 쓰이는지를 우리에게 꼭 필요할 때 필요한 곳에서 알려

준 사람도 순옥이였다. 그 조그마한 순옥이 몸속에 그렇게 큰 힘이 깃들어 있으리라고는 아무도 생각하지 못했다. 순옥이는 말없이 앞장서서 가시덤불을 헤쳐 나가는가 하면 풀잎들을 따기도 하고 곡괭이로 땅을 파서 풀이나 나무뿌리들을 캐기도 하고, 이 나무 저 나무에 달린 순을 꺾기도 했다.

오후 늦게 우리가 다시 모이자 아줌마는 웃음 띤 얼굴로 이런 이야기를 들려주었다.

"오늘 모두들 고생이 많았지? 이건 내 생각인데, 정말 소중한 배움에는 늘 고생이 따른단다. 오늘 너희들이 했던 것과 같은 고생을 통해서 우리는 진짜 필요한 산지식이 어떤 것이고 아무짝에도 필요 없는 죽은 지식이 무엇인지를 가려볼 수 있는 눈을 지니게 되는 것 같아.

이를테면 지난번에 너희들이 그동안 먹었던 것 가운데 기억나는 것을 쓰라고 했더니, 소영이는 공장에서 화학 약품을 써서 맛을 낸 과자 이름을 잔뜩 쓰고 순옥이는 자연 식품들 이름만 썼잖아? 내 생각에는 소영이가 알고 있던 그 많은 과자들 이름은 알아도 그만이고 몰라도 그만인 별로 쓸모없는 지식이야. 그와는 반대로 순옥이가 알고 있는 것들, 그러니까 어떤 풀이 먹어도 되는 풀이고 어떤 풀이 먹으면 안 되는 풀인지, 어떤 것은 뿌리를 먹고 어떤 것은 줄기를 먹고 어떤 것은 잎을 먹는지, 또 어떤 것은 그냥 먹어도 되고 어떤 것은 삶아서 우려먹어야 하는지……. 이런 지식들은 우리가 살아남는 데 갖추지 않으면 안 되는 정말 소중한 산지식인 것 같아."

마지막 탐험이 있기 전에 아줌마가 이런 이야기를 했다면 아마 우리는 받아들이지 않았거나 받아들였더라도 건성으로 듣고 말았으리라. 그러나 오늘 탐험이 이루어지는 동안 소영이가 보여 준 모습과 순옥이가 보여 준 모습을 견주어 본 나는 나도 모르게 고개를 끄덕이지 않을 수 없었다. 다른 아이들도 같은 생각인 듯했다.

다음은 내가 '맛의 탐험' 시간에 아줌마한테 들은 마지막 말이다.

"날마다 우리 밥상에 올라오는 모든 음식들, 또 우리 건강을 지켜 주는 온갖 약초들은 오늘 여러분들이 그랬던 것처럼 우리 할아버지 할머니들이 목숨을 걸고 수천수만 년 동안 계속해 온 맛의 탐험을 통해서 애써 찾아낸 소중한 유산들이야. 이 유산을 낭비하거나 탕진만 하는 게으른 후손이 되어서는 안 되겠지? 우리도 이 훌륭한 조상들의 탐험 정신을 이어받아 우리 조상들이 우리에게 물려준 이 유산들에 못지않은 많은 유산들을 후손들에게 물려줄 수 있도록 지금 이 순간부터 새로운 자세로 맛의 탐험에 나서자."

구린내와 꽃향기

코 코 코,
누구 코가 제일 예쁠까요?
남태평양에서는 아마존에서는 더운 지방에서는
납작코 빈대코 코빵빵이 코가 제일 예쁘지요.

코 코 코,
누구 코가 제일 예쁠까요?
북유럽에서는 코카서스에서는 추운 지방에서는
덜렁코 뾰쪽코 우뚝 솟은 코가 제일 예쁘지요.

코 코 코, 코 코 코
우리 반에서는 우리 반에서는
누구 누구 코가 제일 예쁠까요?
들창코 주먹코 뾰쪽코 빈대코
딸기코 매부리코 내 코 네 코
모두 모두 다, 모두 모두 다 예쁘지요.

이것은 우리 반에서 지은 '코' 노래다. 우리 반은 한 달에도 여러 번
사람이 바뀐다. 이번에는 고등학교에 다니는 형들부터 초등학교 1학

년 아우들까지 '비빔반'이 되었다. 우리 반에서는 코와 냄새에 관한 교육을 받으면서 반 노래를 짓기로 했는데 노래 가사가 이렇게 된 데에는 까닭이 있다. 우리 반에 코가 유난히 낮은 초등학교 5학년짜리 여자애가 있었는데 짓궂은 머슴애들이 빈대코라고 놀려 대는 바람에 걸핏하면 울음을 터뜨리기 일쑤였다. 선생님이 이 사실을 알고 토론을 붙였다. 토론 제목은 '어떤 코가 세상에서 가장 예쁜 코일까?'였다. 이런 문제를 놓고 토론한다는 것을 우습게 여기는 사람이 있을지도 모른다. 그러나 우리 학교에서는 옛날부터 학생들이 심각하게 생각하는 문제가 가장 중요한 문제라고 여기는 전통이 있었기 때문에 이 문제가 조금도 우습게 다가오지 않았다.

토론 과정에서 고등학교 2학년 선배 하나가 '예쁜 코와 미운 코는 객관적으로 존재한다'고 주장했다. 그러면서 그 증거로 역사 이야기를 보기로 들었다. 이를테면 '클레오파트라의 코가 조금만 더 낮았더라면 세계의 역사가 바뀌었을 것'이라는 말이 있는데 만일에 누군가가 타고 나면서부터 객관적으로 예쁜 코를 가지고 있지 않다면 어떻게 이런 말이 나왔겠느냐는 것이 그 선배의 주장이었다. 그 선배 주장을 지지하는 쪽에서는 성형수술을 보기로 드는 사람도 있었다.

'우리 나라 여자들 가운데 코를 높이는 성형수술을 하는 사람들이 있다고 한다. 만일에 그렇게 해서 자기가 예뻐진다고 생각하지 않았다면 많은 돈과 시간을 버려 가면서 그런 짓을 했을 까닭이 없다. 어디 우리 나라뿐이냐? 멀지 않은 과거에 전 세계에서 인기가 높았던 미국의 한 흑인 유행가 가수가 넓적하고 펑퍼짐했던 코를 작고 오뚝하게 수술하여 그 바뀐 얼굴 모습으로 많은 사람들한테 호감을 산 적도 있다. 그런 사례로 보더라도 모든 사람에게 예뻐 보이는 코가 따로 있고 모든 사람에게 미워 보이는 코가 따로 있다고 볼 수밖에 없다.'

너무나 그럴듯한 설명이었기 때문에 토론 결과는 뻔해 보였다. 서로 얼굴만 쳐다보고 있는데 책벌레로 소문난 내 동무 '돼지코'가 손을 들었다.

"저는 형 의견이 옳지 않다고 여기는데요. 제가 읽었던 어떤 책에 이런 이야기가 나옵니다. 추려서 말하자면 사람의 코는 여러 가지 일을 하는데, 먼저 들 수 있는 것은 다들 잘 알다시피 냄새를 맡는 일이겠지요. 그 밖에도 코는 눈두덩 위에 솟아난 뼈나 광대뼈와 함께 눈을 보호하는 기능을 맡고 있기도 하고 우리 목소리를 울려 주는 공명통 구실을 하기도 합니다. 물론 사람의 코가 다른 짐승들 코에 견주어 얼굴 한가운데 유난히 불쑥 튀어나온 것은 바람에 날리는 먼지를 막으려고 그렇다는 학설도 있고 심지어 하늘에서 떨어지는 빗방울을 막으려고 콧구멍이 아래로 나 있다고 우기는 사람까지 있습니다.

코는 이런 일 말고도 또 한 가지 중요한 일을 맡아 하고 있는데 그 일에 대해서 지금부터 간단하게 말씀을 드릴까 합니다. 사람들에게 잘 알려져 있지는 않지만 코는 공기를 조절하는 아주 중요한 일을 맡아 하고 있습니다. 이것을 이해하려면 이 콧구멍 속을 잘 들여다보아야 합니다."

이렇게 말하면서 '돼지코'가 뻥 뚫린 제 콧구멍을 새끼손가락으로 후벼 보였기 때문에 우리는 모두 와그르르 웃음을 터뜨리지 않을 수 없었다. 남이야 웃거나 말거나 아랑곳없다는 듯이 '돼지코'는 진지한 표정으로 말을 이었다.

"콧구멍을 거쳐서 우리 몸 안에 들어온 공기가 그냥 허파로 내려보내도 좋을 만큼 알맞은 온도와 습기를 지니고 있는 경우는 거의 없다고 보아도 됩니다. 우리 허파는 아무 공기나 함부로 받아들이지는 않습니다. 허파는 섭씨 35도에 습도 95퍼센트, 게다가 먼지가 하나도 없는 맑은 공기만 받아들이겠다고 고집을 피웁니다. 다시 말씀드리자면 허파는 따스하고 눅눅하고 깨끗해서 허파에 있는 섬세하고 부드러운 안쪽 막을 마르게 하거나 다치게 할 염려가 없는 공기만 받아들인다는 것이지요. 코는 하루 종일 쉴 새 없이 규칙적으로만 사천 리터가 넘는 깨끗한 공기를 공급해야 하는 중요한 일을 맡고 있는 셈입니다.”

우리는 '돼지코'의 말솜씨에 홀려서 입만 벌리고 있는데 아까 '클레오파트라의 코는 만인의 사랑을 받는다'는 논리를 폈던 잘생긴(?) 코를 가진 형이 말허리를 잘랐다.

“결론을 듣고 싶습니다.”

'돼지코'가 고개를 끄덕였다.

“좋습니다. 코에 대한 편견을 없애서 다시는 그 나름으로 잘생긴 내 코를 놀림감으로 삼지 못하도록 하기 위해서라도 지금부터 제 이야기의 결론을 맺기로 하겠습니다.

무덥고 습기 찬 열대지방 같은 곳에서는 76퍼센트 언저리로 습기가 바깥에서 공급되고 코는 나머지 24퍼센트쯤만 습기를 마련해 주면 됩니다. 그러나 춥고 메마른 곳에서는 허파로 들어가는 공기 속 습기 가운데 1퍼센트 언저리만 바깥 대기에서 주어지고 나머지 99퍼센트는 코의 내막이 도맡아서 마련해야 합니다. 그러니까 만일에 어떤 사람이 춥고 메마른 곳에서 산다면 그 사람은 덥고 눅눅한 곳에서 사는 사람보다 더 크고 불쑥 튀어나온 코를 가져야 한다는 결론이 나옵니다. 실제로 코의 생김새와 크기를 조사한 인류학자들이 보고한 내용에 따르면, 예컨대 덥고 습기가 많은 지역인 서아프리카에 사는 흑인들이 건조한 동아프리카에 사는 흑인보다 훨씬 더 코가 납작하고, 또 상대적으로 더 메마르고 추운 곳에 사는 백인들은 따뜻한 곳에 살고 있는 백인들보다 코가 더 좁고 오뚝하고 뾰쪽하다고 합니다. 따라서 어떤 사람 코가 높으냐 낮으냐, 크냐 작냐, 오뚝하냐 납작하냐, 들창코냐 매부리코냐 하는 것은 우리 조상들이 어디에 살면서 어떤 공기를 마셨느냐를 나타내는 것일 뿐 선천적으로 예쁘다 밉다, 판단을 내릴 아무런 근거도 없는 가짜 문제라고 봅니다."

'돼지코'가 말을 마치고 자리에 앉자 아까 결론을 재촉했던 선배가 제자리에서 두 손을 번쩍 들더니 큰 소리로 이렇게 외쳤다.

"졌습니다!"

그 모습이 얼마나 어린애 같고 우습던지 우리는 배꼽을 쥐고 웃지 않을 수가 없었다.

나도 평소에 코 생김새에 열등감이 있었기 때문에 '돼지코'가 토론에서 고등학교 선배를 꼼짝 못하게 한 것이 여간 고소하지 않았다. 그러나 꼭 같은 운명이 나를 기다리고 있을 줄이야!

그로부터 며칠 지나지 않아 우리는 또 토론에 휘말려 들었다. 이번 토론은 주제가 '똥은 더럽게 여겨지고 냄새가 고약한데, 꽃은 왜 아름답게 여겨지고 냄새가 향기로운가?'였다.

이 토론 주제를 정하기 전에 우리는 선생님에게 냄새와 연관된 여러 가지 새로운 정보를 들었던 터였다. 이제부터 그 정보를 간단히 정리해 볼까 한다.

'살아 있는 모든 것은 다 저 나름으로 냄새를 지니고 있다. 물론 시궁창이나 휘발유같이 살아 있지 않은 것 중에도 냄새를 지니고 있는 것이 많다. 더구나 지금은 화학공업이 크게 발달해서 도시에서 사는 사람들이 맡는 냄새는 거의 모두가 인공 화학 물질에서 나는 것이다. 아마 도시 사람들이 먹는 음식도 제 맛을 지니고 있는 것이 거의 없을 것이다. 우리가 어렸을 적에는 얼음과자나 청량음료 같은 데, 또 즉석 식품 종류에 인공 화학 물질을 덧붙이는 일이 많았다. 그래서 아이들은 태어나서 얼마 지나지 않아 포도는 한 알도 들어 있지 않지만 포도 맛이 나는 얼음과자, 사과즙은 한 방울도 들어 있지 않으면서도 사과 맛을 내는 주스 맛에 길들었다. 우리 마을은 예외였지만 우리처럼 자연에서 나는 음식 맛만 고집하는 예는 아주 드물었다. 이런 시시껄렁한 이야기는 그만두고 이제부터 본론으로 들어가기로 하자.

발이 지네보다 더 많은 벌레 가운데 노래기라는 놈이 있다. 만일에 누군가 이놈들에게 신발을 사 신도록 설득할 수 있다면 신발 장사들은 떼돈을 벌 것이다. 이놈들은 냄새가 지독하다. 노래기는 누군가 건드리거나 자기들이 사냥을 나서거나 할 때 고약한 냄새를 뿜어 대는데 만일에 노래기가 사람만큼 크다면 그 냄새를 맡고 그 자리에서 죽을 사람이 많을 것이다. 왜냐하면 노래기가 뿜어내는 것은 그동안 전쟁광들이 개발을 해서 적군을 몰살시키는 데에 써 왔던 시안화가스이기 때문이다. 노래기는 따로 떨어져 있을 적에는 아무 해가 없는 화학 물질 두 개를 몸 안에 숨겨 가지고 있다가 일이 벌어지면 섞어서 몸 밖으로 쏘아 낸다. 이것이 양이 많을 적에는 치명적인 시안화가스로서 성분이 청산가리와 같은 것이다.

이처럼 생물들은 짝이나 먹이를 찾기 위해서 뿐만이 아니라 적으로부터 자기 몸을 지키거나 적을 잡아먹기 위해서도 냄새를 풍긴다. 냄새로 적을 쫓아 버리는 동물은 그 밖에도 헤아릴 수 없이 많다. 노린재가 그렇고 호랑나비 애벌레가 그렇고 스컹크가 그렇다는 사실은 널리 알려져 있다. 그러나 자기 몸 냄새를 맡고 잡아먹으려고 쫓아오는 상어를 피하기 위해서 내뿜는 오징어의 먹물 냄새에 상어가 구역질을 한다는 사실은 널리 알려져 있지 않다. 동물 몸에서 나는 냄새는 암컷과 수컷을 짝지어 주는 사랑의 묘약이 되기도 하지만 냄새 탓에 새끼를 못 갖는 일도 있다.

새로운 정보라고 볼 수는 없으나, 영국 런던에 있는 국립 의학 연구소의 실험 생물학 분과에서 했던 다음과 같은 실험은 주목할 만한 것이다. 이 연구소의 파커와 브루스라는 공동 연구자는 쥐를 교미시킨 다음에 그 암컷을 같은 종류에 속하는 다른 수컷 쥐와 한 우리 속에 넣어 두었다. 그랬더니 평소 같으면 새끼를 뱄을 확률이 높았을 이 암컷이 새끼를 배지 않는다는 사실을 발견했다. 혹시 이 두 쥐 사이에 신체 접촉이 있어서 그런지도 모른다고 생각하고, 우리 속에 따로 철사로 된 상자를 만들어 수컷을 떼어 놓았다. 그래도 여전히 새끼를 배지 않았다. 이런 결과가 되풀이되자 자기 짝이 아닌 수컷에서 나는 어떤 냄새가 암컷의 자궁에 배란된 난자가 자리를 잡고 앉는 것을 방해하지 않는지에 생각이 미쳤다. 좁은 지역에 쥐들이 들끓으면 심각한 식량 부족 현상이 일어날 수밖에 없는데 이런 상황에서 새끼를 낳는다는 것은 자살 행위나 다름이 없을 것이다. 따라서 이 경우에 냄새가 쥐들이 늘어나는 것을 막는 자연스러운 산아조절 장치로 작용했다고 볼 수 있다.'

이런 이야기를 하자면 한이 없을 것 같다. 이쯤에서 그치고 내가 망신당했던 이야기로 돌아가자. 나는 똥 냄새가 고약하고 꽃향기는 좋다는 것을 너무나 당연하게 여겨서 따로 토론할 건덕지가 없다고 생각했다. 그래서 '우리가 떫거나 신맛을 아무리 말로 설명해 보아야 부질없는 것이나 마찬가지로 이런저런 냄새에 대해서도 왜 그러냐고 따지는 것은 어리석은 일이다. 할 일이 없으면 그늘에 가서 낮잠이나 자자. 지난번에 돼지코가 적절하게 잘 말했듯이 이 문제는 가짜 문제다' 하고 주장했던 것이다. 나는 이 말로 쓸데없는 토론을 싹부터 잘랐다고 마음속으로 으스대고 자리에 앉았다. 그런데 웬걸! 내가 평소에 흠모하고 있던 고등학생 누나가 대뜸 딴지를 걸고 나서는 게 아닌가. 그 누나의 주장은 이런 것이었다.

"아이가 마당에 똥을 누어 놓으면 강아지가 냉큼 달려가 그 똥을 맛있게 핥아 먹는 것을 가끔 보는데, 그 강아지한테도 우리처럼 아이 똥이 역겨운 냄새를 풍길까? 나는 그렇지 않다고 본다. 강아지한테 아기 똥 냄새는 아주 구수할 것이다. 그러면 왜 같은 똥이 강아지한테는 구수한 냄새를 풍기고 사람한테는 고약한 냄새를 풍기는 것일까?

생각을 바꾸어서 사람 똥이 사람에게 역겨운 냄새를 풍기는 대신에 구수한 냄새를 풍긴다고 가정해 보자. 그러면 아까 이 문제를 두고 가짜 문제라고 주장했던 아이와 같은 철모르는 아이들은 강아지가 달려오기 전에 제 똥을 냉큼 집어먹게 될 것이다. 그런데 똥이란 무엇인가? 그것은 동물이 자기에게 필요한 영양을 다 섭취한 뒤에 찌꺼기로 몸 밖에 내버린 것으로, 어떤 동물이 싼 똥은 적어도 같은 종류에 속하는 동물에게는 영양가가 없을 뿐만 아니라 몸에 해로운 유기물이 그 안에 섞여 있는 것이다. 따라서 구린내는 '철모르는 아이들아, 혹시라도 다시 먹지 않도록 주의를 따로 주지 않을 터이니 이 냄새로 판단해라' 하는 전갈('메시지'라고들 하는 사연)을 담고 있다고 보아야 한다.

이로써 왜 똥이 더럽게 여겨지고 고약한 냄새를 풍기는지는 어느 정도 설명했다고 보고 이제부터 왜 꽃이 아름답게 여겨지고 향기로 운지(몇몇 예외는 있지만) 따져 보려고 한다. 좀 언짢기는 하지만 앞에서 가정했던 것과 같은 방식으로 꽃에서 구린내가 난다고 치자. 그러면 어떤 일이 생길까? 아마 사람들은 너나없이 꽃에서 멀어지려고 애를 쓸 것이다. 그런데 꽃이란 무엇인가? 쉽게 복사꽃 살구꽃 사과 꽃 배꽃 같은 과일나무 꽃을 머릿속에 떠올려 보자. 그것은 우리가 미래에 먹게 될 열매들이 아니던가? 우리가 먹고 살아남을 열매들한테 거리를 두어야 한다는 것보다 우리에게 더 불행한 일이 어디 있겠는가? 나는 이런 구체적인 삶의 필요가 우리에게 어떤 사물에 대해서는 좋은 냄새를, 또 어떤 사물에 대해서는 나쁜 냄새를 느끼도록 만들었다고 본다. 걱정스러운 것은 지금 많은 사람들이 무기물로 합성한 인공물의 맛과 냄새에 길들어, 어떤 맛과 냄새가 정말 우리 몸에 좋고 어떤 맛과 냄새가 나쁜지를 감각을 통해서 직관으로 판단할 힘을 아주 빠르게 잃어 가고 있다는 것이다."

그 누나의 이야기를 듣고 내 뺨에서는 복사꽃이 피었다. 정말 땅속으로 기어들어가고 싶은 마음이 굴뚝같았다.

밤에 보는 세계, 낮에 보는 세계

"나 어렸을 때 얘기 해 줄까?"

할아버지가 말씀하셨다.

"예."

우리는 모두 주둥이 노란 참새 새끼들처럼 입을 짝 벌렸다.

"내가 살던 마을은 밤골이란 곳이었는데 언덕 너머 담안이라는 마을에 큰누님이 살고 있었단다. 어쩌다가 누님 집에 놀러 갔다가 늦어지면 공동묘지가 있는 언덕을 넘어서 우리 집에 돌아와야 했는데 그 공동묘지가 참 무서운 곳이었어. 마을에 돌림병이 돌면 사람들은 죽은 어린아이들을 짚에 싸서 큰 소나무 가지에 매달았는데 짚에 싸여서 대롱거리는 아이들 시체가 눈에 띄기도 했지. 또 초분이라 해서 죽은 사람을 커다란 항아리에 넣은 뒤에 짚으로 이엉을 이어서 땅위에 놓아두기도 한 것이 여기저기 뵈는 곳이었어. 그러니까 밤늦게 그 고개를 넘어오면 애처로운 아이 울음소리가 들려오기도 하고 누군가 소리를 죽이고 흑흑 느껴 우는 소리가 여기저기서 들렸지.

밤이 늦으면 큰누님은 나보다 나이가 많은 조카를 시켜서 나를 고개 너머까지 바래다주라고 했지만 그 조카가 나를 고개 너머까지 데려다 준 적은 한 번도 없었어. 동구 밖에까지 와서 조카는 늘 나한테 '삼촌, 잘 가. 바래다주지 못해서 미안해' 하고는 뺑소니를 치곤 했지. 어쩔 수 없이 나 혼자 산길을 걸어서 공동묘지를 거쳐 집으로 돌아오곤 했는데 그때마다 아기 울음소리나 누가 흐느껴 우는 소리가 들렸어. 그리고 숲에서 무엇인가 부스럭거리다가 허연 것이 눈앞을 스쳐 가는 모습을 보면 몸이 뻣뻣해지곤 했단다. 그때 어린 내 머릿속에는 공동묘지에 버려진 살아 있는 아기의 모습과 물에 빠져 죽은 처녀 귀신, 그리고 재주를 한 번 넘으면 예쁜 색시로 둔갑한다는 꼬리가 아홉 개 달린 여우의 모습이 가득 차곤 했지.

밤은 참 이상해. 날씨가 끄무레한 날에는 거의 아무것도 보이지 않는 데다가 낮에 다닐 때는 그렇게 낯익어 보였던 소나무나 바위 같은 것이 모두 언제 어떻게 달려들지 모르는 무서운 괴물로 바뀌는 거야. 그리고 소리들은 왜 그렇게 밤이 되면 커지는지. 산마루에 오르면 들판에서 도깨비불들이 이리저리 날아다니기도 하고……. 아무튼 한 번 누님 집에 갔다가 밤늦게 돌아오고 나면 그 뒤로는 다시는 누님 집에 가지 않아야지, 가더라도 해가 있는 낮에 돌아와야지, 하고 결심하곤 했어.

나중에야 공동묘지에서 흐느껴 우는 소리나 아이 울음소리를 내는 것이 살쾡이나 들고양이나 족제비 같은 들짐승인 것을 알았어. 그리고 아이를 매다는 것이나 초분을 하는 것이 오래된 전통 장례라는 것도 알았고. 그런데도 그때는 우리 어린 가슴에 밤의 세계는 낮에 보이는 세계와는 다른 도깨비나 귀신들의 세계로 다가왔지. 요즘에는, 더구나 도시에 사는 아이들은 사람이 죽는 모습이나 죽은 사람이 묻힌 묘지를 가까이서 보는 일이 거의 없어서 죽음의 세계가 삶의 세계 못지않게 우리 마음을 크게 사로잡는다는 것을 잘 모를 거야.

오늘날도 밤의 세계는 사람 손길이 닿지 않는 세계라고 보아야 하겠지. 밤이 되면 사람의 의식도 감각도 모두 잠이 들게 되니까 밤은 늘 사람에게 이해할 수 없는 세계로 남아 있을 수밖에 없는 측면이 있단다. 그러나 때로는 우리가 밤의 세계를 알아야 할 필요도 생기는 거란다.

밤에는 무엇보다도 우리 눈이 큰 제약을 받게 되지. 낮에는 하나하나 따로 떨어져 보이는 것들이 밤에는 서로 뒤엉켜서 구별이 되지 않거든. 우리 가운데는 태어날 때부터 밤의 세계에서 살 수밖에 없는 사람들도 있고 또 살아가면서 밤의 세계에 들어설 수밖에 없는 사람들도 있는데 시각 장애인들이 그런 사람들이라고 볼 수 있단다.

생명이 진화한 긴 과정을 살펴보면 이 지구상에 나타난 생명체들은 거개가 오랜 세월 동안 촉각에만 의지해서 살아왔어. 그런 점에서 그것들은 모두 밤의 세계에서 살아왔다고 볼 수도 있겠지. 왜 많은 동물들이 밤에 잠이 들고 햇빛이 비치는 낮 동안에 주로 활동을 하게 되는지 궁금하지 않니?

목숨을 유지하기 위해서 이리저리 움직이는 동물은 이것과 저것을, 이를테면 먹을 것과 못 먹을 것, 삶에 이로운 것과 해로운 것 따위를 구별해야 하기 때문에 그래. 그래서 다른 감각기관보다도 시각이 훨씬 더 중요하지. 물론 박쥐같이 낮 동안에는 깜깜한 동굴 속에서 빛을 피해 잠을 자다가 밤 동안에만 활동하는 그런 생명체들도 없지는 않아. 그리고 땅속에도 많은 생명체들이 사는데 땅속에 사는 것들은 눈 대신에 코나 더듬이나 살갗 같은 다른 감각기관들을 써서 살길을 찾지. 사람도 때에 따라 눈 대신에 다른 감각기관을 이용해서 살길을 찾아야 할 때가 있단다. 자, 이제부터 우리도 밤의 세계에서 어떤 일들이 일어나고 있는지 실제로 경험해 보기로 하자."

할아버지 말씀에 따라서 우리는 여러 가지 놀이를 했다. 두더지 놀이도 그 가운데 하나였다. 여기에 두더지 놀이 가운데 하나만 소개를 하겠다.

넓은 마당 한가운데 맛있는 냄새가 나는 여러 음식이 놓여 있고 그 음식을 찾아가는 길에는 여러 가지 장애물이 있다. 밧줄을 쳐 놓아서 걸려 넘어질 수도 있고, 물을 담아 놓은 양푼 같은 것도 있어서 자칫하면 물을 뒤집어쓰기도 한다. 또 움푹 팬 구덩이 같은 곳이 있어서 잘못하면 빠지게 되는 그런 장애물을 헤치고 음식 있는 쪽으로 가야 한다. 음식 있는 곳에 다다르면 어떤 것이 먹을 수 있는 것이고 어떤 것이 먹을 수 없는 것인지 혀로 구별해야 하는 그런 놀이다. 이 놀이에 참여하는 아이들은 귀마개를 해서 아무 소리도 듣지 못하고 눈가리개를 해서 아무것도 보지 못한다. 또 음식이 놓여 있는 곳이 어디인지 모르고 있다. 장애물도 마찬가지다. 바람길을 잘 타지 않으면 끝끝내 음식이 놓여 있는 곳을 알지 못하게 된다.

이 놀이를 하면서 우리는 여러 가지를 배웠다. 모든 움직임이 작아지고 느려졌다. 우리들은 아무것도 듣지 못하고 또 아무것도 보지 못하는 상태에서 위험을 피하고 먹이를 찾아야 한다는 것이 얼마나 힘든지 뼈저리게 느낄 수 있었다. 보통 때 같으면 일 분도 걸리지 않아서 모든 장애물을 피하고 단번에 음식 있는 곳에 찾아갈 수 있었을 텐데 눈과 귀의 감각을 쓸 수 없는 상태에서 우리는 어떤 때는 삼십 분도 더 넘게 헤매야만 했다. 다른 때 같았으면 한 발자국만 떼어도 60센티미터나 1미터 앞으로 나갈 수 있을 텐데, 눈을 가리고 귀를 막고 보니 한 발자국이 때로는 5센티미터나 10센티미터 폭으로 줄어들고 자연스럽게 우리는 모두 네발짐승이 될 수밖에 없었다. 아니다. 이 네발짐승이라는 말도 정확하지 않다. 우리는 그야말로 온몸을 땅에 붙이고 더듬거리면서 장애물 위치를 확인하고 몸을 이리저리 바꾸어 바람에 실려 오는 냄새에 코를 맞춰야 했다. 이런 과정을 통해서 우리는 시각 장애인이나 청각 장애인의 처지뿐만 아니라 쐐기나 장구벌레, 지렁이나 두더지의 처지까지도 어느 만큼은 이해할 수 있게 되었다.

두더지 놀이 다음에 우리는 술래잡기 놀이도 했다. 술래는 눈을 가리고 마당에 있는 사람들을 찾아내서 그 사람이 누구인지 알아맞혀야 한다. 눈을 가리기 전에 술래잡기에 참여하는 사람들이 미리 결정되고 그 사람들은 모두 술래에게 알려 준다. 그리고 술래가 눈을 가리게 되면 그 사람들은 저마다 있던 자리에서 움직여 다른 자리로 간다. 술래가 손을 뻗치고 사람을 찾으러 다니는 동안에 술래잡기에 참여한 사람들은 손뼉을 마주쳐서 자기 위치를 알려 준다. 술래가 그 위치를 잘 알지 못하도록 뒤쪽에서 짝짝 소리를 내고 술래가 돌아서면 다시 옆쪽에서 짝짝, 가까운 데서 짝짝, 먼 데서 짝짝……. 그 손뼉 소리를 듣고 술래는 한 사람 한 사람 찾아내서 그 사람의 얼굴과 몸을 더듬어 누구인지 알아맞혀야 한다. 알아맞히는 사람이 많으면 많을수록, 알아맞히는 시간이 짧을수록 그 사람은 훌륭한 술래가 된다.

다음은 밤의 대탐험이다. 밤의 대탐험은 처음에는 쉽고 간단한 탐험으로 시작한다. 낮에 숲 속에 있는 빈터에 나가, 술래잡기를 할 때처럼 눈을 가리고 둘레에 있는 풀이나 나무를 귀나 코나 입이나 살갗으로 확인하는 일이다. 눈을 감고서 그 풀이나 나무가 무엇인지 여러 가지 방법으로 확인을 하면 그 자리에서 그것이 무엇이라고 말을 한다. 선생님은 그때마다 그 말을 받아 적고, 나중에 열 가지 또는 스무 가지 식물 이름을 말하고 나면 눈가리개를 벗고 확인하게 하는 작업이다.

마지막으로는 진짜로 달이 없는 깜깜한 밤에 보물찾기를 하는 것인데 준비가 좀 까다롭다. 아이들은 이 탐험을 미리 준비하기 위해 숲 속에 사는 새나 야생동물이나 곤충들 울음소리를 구별하는 법을 배워야 한다. 그리고 나무 둥지를 만져서 그것이 무슨 나무인지 구별하는 법도 익혀야 한다. 지침은 대체로 이런 식이다.

'뻐꾸기 소리가 들리는 방향에 있는 둘레가 60센티미터인 밤나무를 찾아라. 그 밑에서 귀뚜라미 소리가 들리는 방향으로 더듬어 가면 둘레가 1미터 되는 소나무가 있을 것이다. 소나무 아래서 여우 울음소리가 들리는 방향으로 걸어가서 둘레가 40센티미터 되는 오리나무를 찾아라. 거기서 다시 미루나무 흔들리는 소리가 나는 곳으로 가면 큰 바위가 있을 것이다. 그 바위 밑에 있는 쑥돌을 주워 오면 된다.'

이 탐험을 준비하는 사람들은 각각 정해진 장소에서 저마다 다른 새 소리, 짐승 소리, 곤충 소리, 바람 소리를 시간 간격을 두고 녹음기로 틀어 준다. 대탐험 장소는 아무에게도 미리 알려 주지 않는다.

두둥뚝뚝 쏴아

"개체 발생은 계통 발생을 반복한다."

좀 구식 표현이기는 하지만 나는 이 말을 좋아한다. 이 말이 생각날 때면 자연스럽게 실험 학교 중등반 생물 시간이 떠오르고 뒤이어 시끌 벅적했던 음악 시간도 기억이 난다.

생물 선생님은 우리에게 엄마 배 속에서 아이가 생겨나서 태어날 때까지를 그린 기록 영화를 보여 주었다. 우리는 그전 시간에, 난자와 정자가 만나 세포 분열을 시작하여 열 달 동안 지나는 과정에서 태아가 바뀌는 모습, 물고기나 새나 개구리가 알에서 깨어나기 전에 바뀌는 모습, 그리고 토끼나 개 같은 포유류가 어미 배 속에서 바뀌는 모습을 그림을 보면서 비교하고 검토한 적이 있는 터였다. 그래서 생물 선생님이 한 이야기,

"사람은 어머니 배 속에 있는 열 달 동안에, 30억년이 넘는 시간 동안 생명체가 발생하고 진화한 긴 과정을 압축된 형태로 빠짐없이 보여 줍니다"

하는 말을 그럴싸하게 여기고 있던 참이었다.

영화를 보다가 누군가 소리쳤다.

"원생동물 시대!"

그러자 학교 극장 안은 온통 웃음바다가 되었다. 이 말을 빌미로 영

화가 계속되는 동안 태아가 새로운 모습으로 바뀔 때마다 여기저기서 외침이 터져 나오고 그때마다 극장 안은 웃음으로 가득 찼다.

"해면동물 시대!"

"우리는 지금 해파리 단계에 접어들었습니다."

"말미잘, 말미잘, 말미잘!"

"편형동물 시대!"

"누구야? 그렇게 어렵고 무식한 말을 쓰는 녀석이."

"이 무골충아, 지금 연체동물 시댄데. 넌 지금 저 단계에 있는 거야."

"극피동물 시대! 야, 불가사리, 넌 저 단계에서 태어난 거야. 알았어?"

"절지동물 시대를 거쳐서 지금 박진민 군이 갑각류 시대로 접어들고 있습니다."

"야, 오징어, 너 그 말 취소 못해?"

"드디어 물고기 시대. 야, 넙치야, 너 참 좋겠다."

"드디어, 육지로 진출했다. 양서류 시대! 최양서. 저기서 눈깔 굴리고 있는 옴두꺼비가 바로 너야."

"야, 공룡시대다! 으흐흐 나는 티라노사우루스다."

실험 학교 교실은 이렇게 늘 시끌벅적했지만 가장 시끄러운 교실은 뭐니뭐니해도 음악실이었다.

"자, 지금부터 너희들이 어머니 배 속에서 갓 태어났다 생각하고 세상에 태어난 첫날부터 기억을 되살려 봐라."

음악 선생님이 이렇게 말하는 순간 누군가 '킥' 하고 웃음을 터뜨렸지만 선생님은 아랑곳없이 말을 이으셨다.

"너희들 가운데는 어머니 배 속에 있을 때부터 명곡을 듣고 자란 애도 있을 것이다. 또 기억력이 비상한 사람은, 파충류 시대에 꽃을 피우지 않는 '은화식물' 사이를 스쳐 지나간 바람 소리를 기억하고 있을지도 모르겠다."

그러자 누군가 '휘이' 하고 휘파람 소리를 냈다.

"그러나 나만큼이나 기억력이 나쁜 게 분명한 너희들 가운데 태어나기 전부터 유전정보로 세포 안에 간직되어 있을 그 많은 소리들을 기억해 낼 사람이 있을 것 같지는 않고……."

그때 누군가가,

"저요, 저요."

하면서 손을 번쩍 들었다. 싱겁기로 유명한 건욱이였다.

"전 선생님처럼 그렇게 기억력이 나쁘지 않거든요. 그래서 저는 이런 소리를 기억하고 있습니다."

"무슨 소린데……."

"차르륵 퍽퍽. 차르륵 퍽퍽, 쭈르르르르……."

그 소리가 너무나 익살맞았기 때문에 우리는 모두 배꼽을 쥐었다. 선생님도 껄껄 웃고 나서 억지로 엄숙한 표정을 지으면서 물었다.

"도대체 그게 무슨 소리야?"

"3억 년 전에 제가 연어로서 설악산 구룡폭포를 거슬러 오를 적에 들었던 소리입니다."

그 능청스러운 대답이 말썽을 일으킨 도화선이었다. 음악 선생님은 책상 두드리는 소리, 웃음소리와 박수 소리로 뒤범벅이 된 교실 분위기가 가라앉기를 기다리고 나서 이렇게 말씀하셨다.

"너희들 다 잘 들었겠지? 우리는 지금 3억 년 이래로 가장 기억력이 비상하고 가장 청음 능력이 뛰어난 희귀한 생명체를 눈앞에 보고 있다. 자 이제부터 이 생물의 청음 능력을 한번 시험해 보자. 이건욱 군 준비되었나?"

"예……."

건욱이는 기어들어가는 목소리로 대답했다.

"휘직직찍, 휴우우유휴우우, 두둥뚝뚝 쏴아……. 이건 무슨 소리인 가?"

"선생님, 그것이 한 사물에서 나는 소리입니까?"

"그렇다네. 다만 상황에 따라서 달라지는 소리를 옮겨 적은 것이지 만."

"음, 예. 그건 제가 초기 유대류 동물이었을 때 숲에서 들었던 소리로 서 바람이 불 때 나뭇가지가 흔들리거나 부러지는 소리입니다. 그러 니까 메마른 가지가 강풍을 만났을 때는 휘직직 하다가 찍 하고 부 러지고 조금 센 바람에 흔들릴 때는 휴우우유휴우우 흔들리고 비바 람을 맞았을 때는 두둥뚝뚝 쏴아 그럽니다."

다시 교실에 박수가 터졌다.

"그러면 이 소리는 어디에서 들리는 소리인가? 푸둥, 꾸룽. 쿠르루르 르."

"그거야 더 쉽죠. 트랙터에 시동이 걸리고 난 뒤에 일보 후퇴했다 가 앞으로 나갈 때 나는 소리입니다. 그러니까 앞에 나온 소리가 자 연의 소리라면 이 소리는 인공의 소리라고 할 수 있겠지요."

"이건욱 군?"

"예?"

"맨 뒤에 뱀발로 붙인 한마디를 빼고는 죄다 틀렸다."

"뭐가 틀렸습니까?"

"자네, '재미있는 숙제, 신나는 아이들'이란 고전을 읽어 본 적이 있 나?"

"이호철 선생님께서 쓰셨다는 '교실 혁명 시리즈' 말씀이죠?"

"그렇다네."

"여러 선생님들한테 좋은 책이니 읽어 보라는 소개를 받았지만, 저희들이 늘 이 학교에서 겪는 일들이랑 비슷한 내용이 기록된 것 같아서 읽을 필요를 못 느꼈습니다."

"자네는 청음 능력이 엉망일 뿐만 아니라 과거에 대한 기억력은 물론 미래에 대한 대비 능력도 뒤떨어진다."

"제가요?"

"그렇다. 이제부터 그 까닭을 설명하지. 이호철 선생이 쓴 '재미있는 숙제, 신나는 아이들'이라는 책을 보면 재미있는 숙제 가운데 '열 가지 소리 들어 보기'가 있다. 이 안에 그 당시 초등학교 6학년 학생이 쓴 글이 나오는데, '휘직직찍'은 센 바람에 나뭇가지가 꺾이는 소리가 아니라 길쭉한 수도꼭지를 틀 때 나는 소리고, '휴우우유휴우우'는 그 수도꼭지에서 물이 나올 때 나는 소리이며, '두둥뚝뚝 쏴아'는 바닥에 떨어질 때 나는 소리라고 적혀 있다. 그리고 자네들은 잘 모르겠지만 이 책이 출판되었을 때 도시에 사는 사람들 집에는 수세식 변기통이 있었다. 그 변기통을 틀 때 '푸등' 소리가 나고, 물이 나올 때는 '꾸릉' 소리가 나며 바닥에 떨어질 때는 '쿠르루르르' 소리가 난다.

자, 이제 자네들 귀가 형편없다는 것이 밝혀졌으므로 청음 능력을 키우기 위한 특별활동을 해야만 하겠다."

"건욱이 저 촉새 입방정 때문에 또 죽어나게 생겼군."

누군가 낮은 목소리로 웅얼거렸다.

"김나라 군, 자네 이 책 한번 읽어 보게. 187쪽을 펴서 읽게."

나라는 선생님이 내민 책을 들고 읽기 시작했다.

"열 가지 소리 들어 보기, 여기서부터 읽는 거지요? 자 그럼 읽겠습니다. 에헴, 에헴.

문명이 발달하면 발달할수록 자연의 소리보다는 기계에서 나는 소리를 많이 듣게 된다. 기계에서 나는 소리 가운데 음악을 빼놓으면 모두 소음이다. 그러니 도시 사람 같으면 일 년 내내 소음 속에 살고 있다. 아무리 아름다운 음악이라도 자주 들으면 듣기가 싫어진다. 그것도 소음이다. 그러나 자연의 소리는 언제 들어도 자꾸만 듣고 싶어진다.

　　그런데 사람들은 자연의 진짜 소리를 듣질 못하고 있다. 왜 그럴까? 그건 자기의 모습을 잃었기 때문이다. 자기의 모습을 잃지 않았다면 개가 '멍멍' 짖는다고 하지 않을 것이고 고양이가 '야옹' 운다고 하지 않을 것이다.

　　윤태규 선생의 〈나뭇잎 교실〉을 보니 아이들이 매미 우는 소리를 듣고 적었는데 이렇다.

　　흠재 : 이이토안 이이토안 이이토안······찌찌찌찌······

　　형용 : 이이이창 이이이창 이이이창······찌찌르르르······

　　무연 : 이이씨용 이이씨용 이이씨용······찌찌르르르······

　　원득 : 찌이용 찌이용 찌이용······찌찌찌찌······

　　은순, 지훈 : 찌찌르르, 찌찌르르, 찌찌찌······

　　똑같은 시각에 똑같은 소리를 들었는데 사람마다 달리 들린다. 어디 그것뿐일까? 동물의 소리를 들을 경우 그 동물이 즐거울 때, 화났을 때······ 모두 소리가 다른 것이다. 그런데도 하나같이 개는 '멍멍'이고 고양이는 '야옹야옹'이고 매미는 '맴맴'이다. 이런 아이들에게 자연의 소리를 들어 보게 하면서 잃어버린 귀의 감각기능과 자기의 참모습을 찾아 주자.

여기까지 읽으면 됩니까?"

"그래, 수고했다. 무슨 이야기인지 잘 들었겠지? 다음에 김병순 군, 자네는 191쪽 중간에 있는 '너무 형식에 얽매이지 말고'라는 글을 너무 형식에 얽매이지 말고 그럴듯하게 읽어 보게."

"선생님의 특별한 부탁이시니, 그럼 이번만 낭독을 하겠습니다. 으흠. 너무 형식에 얽매이지 말고.

　선생님께서 '오늘의 재미있는 숙제는 소리 열 가지 조사하는 것이다' 하시며 재미있는 숙제에 대하여 여러 번 강조하셨다. 그러나 난 오늘의 재미있는 숙제가 조금 마음에 들지 않았다. 왜냐하면 아무런 뜻이 없다고 생각했기 때문이다. 밥해 보기 숙제, 눈 감고 20분간 지내보기 숙제 등등 여러 가지 재미있는 숙제는 뒤에 아주 깊은 교훈을 남겨 주었는데……. 하지만 '조그마한 것이라도 남겨 주겠지' 하고 생각했다. 난 학교 갔다 집으로 올 때 한 마리의 얼룩무늬 개를 보았다. 난 '심심한데 잘 걸렸다' 생각하면서 미안하지만 개에게 헛 발길질을 했다. 그러니 개가 두 다리를 앞으로 내밀며 '커러렁 웍웍 웍웍웍웍' 짖었다. 난 개가 물 것 같아서 '걸음아 날 살려라' 하고 뛰었다. 얼마쯤 가니 개가 쫓아오지 않아 한숨을 내쉬었다. 풀밭에서 '음매애해해애 음매애해해애……' 하는 소리가 들렸다. 소리가 나는 쪽으로 고개를 돌려 보니 까만 염소가 풀을 어적어적 씹으며 울고 있는 것이다. 염소의 울음소리는 동화책에 적혀 있는 글자와는 달랐다. 하지만 가까운 면도 좀 있었다. 아파트 뒤의 밭을 지날 때 밭에서 '으이야옹 으이야옹 우왜애애 우이야옹 우왜애애……' 하는 소리가 나서 보니 고양이 한 마리가 날카로운 이빨을 보이며 울고 있었다. 난 겁이 나서 얼른 아파트 안으로 들어왔다.

　'이제 소리 나는 거 없나?' 하며 주위를 둘러보았다. 특별히 소리 나는 것이 없어 밖으로 나갔다. 밖에서 난 까치 소리를 들었다. 까치는 '끄악 끄악 끄악 끄악 깍깍……' 하고 울었다. 난 이것을 수첩에 적었다…….

선생님, 더 읽을까요?"

"됐네, 이제 그만 읽게. 김나라 군과 김병순 군이 읽은 이호철 선생과 그 반 아이(지금은 어른이 되었겠지만)가 쓴 글을 읽고 마음에 짚이는 것이 있을 것이다. 이번 특별활동은 주로 청음을 중심으로 이루어질 것이다. 여러분들은 앞으로 24시간 동안 우리 마을에서 들리는 소리를 하나도 빼지 말고 듣고 옮겨 오기 바란다. 먼저 목소리로 옮기고 그다음에 그 목소리를 잘 기억해서 글로 옮기는 것이다. 혹시나 해서 미리 말해 두는데 만일에 어떤 학생이 듣고 글로 옮긴 소리를 다른 학생이 꼭 같이 옮겼을 때는 그것이 모방이든 아니든 그 두 사람은 그다음 48시간 동안 청음을 더 해야 한다. 이성에 따라 사유하는 영역에서는 공통점을 찾아서 일반화시키고 보편이 되는 법칙을 찾아내는 것이 장점이지만, 감각 영역에서는 특수성을 발견하고 차별화하는 것이 앞서야 한다.

자네들은 뛰어난 청음 능력을 지니고 있던 조상들의 후손이다. 1960년대에 창악대강(唱樂大綱)이라는 책을 쓴 박헌봉 선생이 분류한 것에 따르면 사람이 내는 소리는 자그마치 50개 이상으로 나누어진다고 한다. 거기에 대해서는 다음 시간에 이야기하기로 하겠다. 자, 오늘 수업은 끝이다."

"아이고, 또 죽었구나."

엄살 잘 피우기로 유명한 누리가 머리를 감싸고 뒤로 벌렁 넘어지는 흉내를 내자 양서가 음악실 밖으로 나서는 음악 선생님 등에 대고 갑자기 짖어 대기 시작했다.

"멍멍, 멍멍멍."

그러자 다시 음악실은 수라장이 되었다.

"개굴개굴."

"꼬꼬댁 꼬꼬댁."

"꼭끼오."

"야옹야옹."

"맴맴."

"쓰르람 쓰르람."

실컷 놀고 마음대로 일하기

일과 놀이와 공부가 하나 되는 표현 교육

잘 놀아야 일도 잘한다
죽은 그림, 산 그림
눈썰미가 좋아야 그림도 잘 그린다
제 빛, 제 하늘 바로 보기
우리가 그린 개펄 지도
동물 음악회, 풀잎 연주회

잘 놀아야 일도 잘한다

"어려서 잘 노는 사람이 커서 일도 잘한다."

"실컷 놀아라."

"혼자 놀지 말고 여럿이 어울려 놀아라."

"방 안에서 혼자 뒹구는 것은 노는 것이 아니라 게으름을 피우는 것이다. 부지런히 놀되 게으름을 피워서는 안 된다."

"일과 놀이는 하나다. 부지런히 손발을 놀리고 몸을 놀리는 사람을 우리는 일 잘하는 사람이라고 한다."

"노래는 놀이와 같은 말에서 나왔다. 노래를 부를 줄 모르는 사람은 놀 줄 모르는 사람이다."

"놀이판은 한마디로 노래와 춤이 어우러지는 판인데 노래가 앞서야 춤이 뒤따르는 법이다."

"사람은 놀이를 통해서 어려서부터 목숨을 나누고 목숨을 함께하는 공동체 정신을 익힌다. 목숨이란 별게 아니다. 그것은 우리가 목으로 들이쉬고 내쉬는 숨이다. 들숨 날숨을 합해서 목숨이라고 부른다. 들숨 날숨을 잘 쉬어야 목숨이 살아나고, 들숨 날숨이 흩어지면 목숨이 죽게 되는데 노래는 이 목숨을 조절하는 일을 한다. 그래서 모든 놀이의 중심은 노래다. 함께 노래함으로써 우리는 목숨을 함께하고 노래를 주고받음으로써 우리는 목숨을 주고받는 것이다."

"어린아이들을 눈여겨보아라. 건강한 아이들은 잠시도 가만히 있지 않고 손을 놀리고 발을 놀리고 몸을 놀리고 입을 놀린다. 이렇게 우리 몸을 놀리는 힘, 우리 몸이 자유롭게 놀게 하는 힘, 이것이 생명의 힘인데 생명의 힘은 스스로 노는 힘이다. 우리 몸 안에 끊임없이 노는 힘이 없으면 우리는 손발을 놀릴 수도, 몸을 놀릴 수도, 입을 놀릴 수도 없다. 놀지 못하는 사람은 산송장이나 다름없다."

이런 말들은 우리가 마을 어르신네들한테 어려서부터 귀에 못이 박히도록 들은 말이다. 공동체 학교에서 우리는 감각기관을 통해 외부의 생명력을 받아들이는 교육뿐만 아니라 우리 몸을 통해서 우리의 생명력을 밖으로 드러내고 이웃에게 나누어 주는 교육도 받았다. 사람들은 흔히 앞에 있는 교육을 '감각 교육'이라고 부르고 뒤에 있는 교육을 '표현 교육'이라고 부른다.

가끔 도시에서 우리 공동체 학교에 견학 오는 분들이 있는데 그분들이 공통으로 내놓는 의견은 아이들을 지나치게 놀린다는 것이다. 도시 아이들은 잘 놀지 못한다. 이것은 우리도 아는 일이다. 우리 공동체 마을에 도시에서 이사 온 아이들이 있는데 이 아이들은 다른 아이들과 잘 어울리지 못하고 무엇이든지 만지거나 살에 닿는 것을 싫어한다. 또 살아 움직이는 작은 생명체들, 그중에서도 벌레들을 무서워하고 손발 놀리는 것을 비롯해서 몸을 놀리는 것을 좋아하지 않는다는 공통된 특징을 지니고 있다.

"어려서 제대로 놀지 못하는 녀석은 커서 일도 못해. 한 끼 밥 못 먹는다고 죽지 않아. 하룻밤 새웠다고 해서 목숨에 지장이 없어. 그렇지만 아이들을 하루라도 못 놀게 하면 아이의 생명력은 그만큼 시드는 게야. 아직도 도시 학부모 가운데 '자지 말고 공부해라' '쉬지 말고 공부해라' '밖에 나가 놀지 말고 책상머리에만 붙어 있어라' '누구 누구는 한시 반시도 놀지 않고 공부만 하는데 너는 어쩌자고 그렇게 놀려고만 하니?' 하면서 아이들을 닦달하는 사람들이 있지. 이런 사람은 자식들에게 '너 죽어라' '너 병신이 되어라' '너 살아 있는 기계가 되어라' 하고 저주하는 것이나 다름없어.

테일러라는 사람 있지? 왜, 거, 동작 연구, 시간 연구 따위를 해서 '테일러 시스템'이라는 과학적 관리법 어쩌고저쩌고 하는 괴물을 만들어 낸 사람 있잖아? 그 사람이 뭘 했는지 알아? 사람 몸놀림 가운데 필요한 몸놀림과 불필요한 몸놀림이 있다는 괴상한 생각으로 동작 연구라는 걸 했는데 주로 손놀림 연구를 많이 했대. 손놀림을 지켜보니까 '위에서 아래로, 오른쪽에서 왼쪽으로, 왼쪽 아래에서 오른쪽 위로, 오른쪽 위에서 왼쪽 아래로……' 이렇게 분석이 되더래. 그래서 이런 결론에 이른 거지.

'사람 몸동작 가운데 어떤 동작은 나사못을 돌리는 데 알맞고 나머지 동작은 필요가 없다. 또 어떤 동작은 베틀을 움직이는 데 필요한데 다른 동작은 방해가 되니 억눌러야 한다. 그래서 사람의 몸놀림 가운데 기계적인 동작만 빼놓고 다 없애 버리면, 그러니까 찰리 채플린이 만든 영화 〈모던 타임스〉에 나오는 주인공처럼 하루 종일 몸의 다른 부분은 움직이지 못하게 해 놓고, 일정한 각도로 고정된 한 손으로 기계의 나사못만 돌리게 한다면 생산력을 극대화시킬 수 있다.'

사람의 몸놀림을 기계와 다를 바 없는 움직임으로 축소시킨 테일러의 동작 연구는 자본가들에게 환영을 받았지. 이를 바탕으로 자동화 체계가 급속히 진행됨에 따라 사람이 기계 부속처럼 전락했어. 그러다가 얼마 지나지 않아 그나마 그 동작이 기계가 내는 효율을 따르지 못한다 하여 사람들이 공장 밖으로 쫓겨나는 빌미가 되었으니, 우리 공동체의 가치관에 따르면 제정신을 가진 사람이 할 수 있는 온전한 생각이라고 볼 수 없는 거지.

옛날 어른들이 왜 아이들을 놀리라고 말씀하셨는지 알아? 그리고 아이들을 놀리되 노래하고 춤추면서 놀게 하라고 하신 까닭이 어디 있는지 알아? 이제부터 그 까닭을 이야기하지. 아까 그랬지? 우리 말 가운데 아주 재미있는 표현이 많은데, '입을 놀린다'는 말로 '말한다'는 뜻을 나타내고, '부지런히 몸을 놀린다' '부지런히 손발을 놀린다'는 말로 '열심히 일한다'는 뜻을 나타내는 것도 그 가운데 하나라고. 그러니까 우리 옛 어른들은 아이들이 놀이를 통해서 일찍부터 몸을 자유롭게 놀리고 손발을 마음먹은 대로 놀리기를 배우지 못하면, 온 몸을 마음먹은 대로 쓰면서 이런저런 일을 가리지 않고 두루 잘할 수 있는 온전한 일꾼으로 자랄 수 없다는 것을 잘 알고 계셨던 게야.

요즈음 도시 사람들은 어렸을 때부터 노는 법을 제대로 배우지 못했기 때문에 일할 줄을 몰라. 베틀질 하던 사람을 불러서 풀무질하라면 그건 내 일이 아니라고, 나는 그런 일 할 줄 모른다고 고개를 설레설레 내저어. 왜 그러는지 알아? 어려서부터 책상머리에만 붙어 앉아 있다 보니 자유롭게 손발 놀리고 몸 놀리는 법을 배우지 못했어. 그러다 보니 뒤늦게야 일터에 들어가서 억지로 몸놀림을 배우게 되는데 임금 주고 일 시키는 사람들이 어디 생산에 도움이 안 되는 몸놀림을 가만히 놓아두나? 그래서 베틀 앞에 붙어 앉은 사람은 손과 고개를 오른쪽에서 왼쪽으로, 왼쪽에서 오른쪽으로 놀리는 법만 배우고 풀무 앞에 앉는 사람은 어깨와 허리를 앞에서 뒤로, 뒤에서 앞으로 놀리는 법만 익히게 된 거야. 그러니 기계처럼 되어 버린 그 몸놀림으로 어떻게 아무 일이나 자유롭게 할 수 있겠어?"
이것은 우리에게 '놀면서 일하기' '일하면서 놀기' '실컷 놀고 마음대로 일하기' 같은 과목을 가르쳐 준 선생님이 들려준 이야기다. 이 선생님 말씀을 기억나는 대로 조금 더 자세히 옮겨서 우리가 공동체 학교에서 이른바 '감각 교육'을 받은 뒤로 어떻게 '표현 교육'을 받았는지 이야기하려고 한다.

앞에서 말했던 것처럼 우리는 공동체 학교 '아기둥지'에서 아주 일찍부터 자기를 표현하는 교육, '목숨을 나누고' '목숨을 함께하고' '목숨을 주고받는' 교육을 받았다. 그 교육에서 중심은 노래와 춤이었고 입놀림과 몸놀림이었다. 어른들 말씀에 따르면 모든 살아 숨 쉬는 것, 목숨을 가진 것들은 다 소리와 몸놀림으로 자기 상태를 표현한다. '아침에 우는 새는 배가 고파 울고요, 저녁에 우는 새는 임이 그리워 운다오'라는 민요에 나오는 표현이나, '길게 매인 빨랫줄에 한들한들 앉아 보고 평탄한 넓은 길에 아장아장 걸어 보며 세우에 젖은 날개 실근실근 쓰다듬고 바람에 날린 꽃을 디적디적 차도 보고 일대장강 맑은 물에 배로 쑥 씻어 보며 구만리 창공 위에 높이높이 날아 보고 해당화 그늘 속에 오락가락 넘노난다' 같은 판소리 흥부가에서 제비 노는 모습을 그린 장면 같은 것이 좋은 본보기라고 할 수 있겠다.

소리가 노래로 이어지고, 거기에 몸과 손발의 놀림이 덧붙어 춤이 되며, 이 춤으로 우리의 느낌과 생각이 드러나는 것이 표현 교육에서 기초가 된다는 것은 두말할 나위가 없다. 그러니 이 표현 교육의 중심에 노래가 놓여 있다는 것은 너무나 당연한 일이다. 노래는 우리가 소리를 가지고 노는 놀이다. 이 소리에는 이 뜻을 담고 저 소리에는 저 느낌을 담아 들숨 날숨과 함께 입을 놀려 목숨을 나눈다. 목숨을 함께하는 이 노래들이 어우러지는 속에서 아이들은 처음으로 공동체 정신을 배우고 더불어 삶이 소중함을 배운다. 노래 안에 담긴 뜻은 공동체의 정신 유산을 이어받는 과정에서 살아나고, 노랫소리에 묻어나는 흥겹고 서럽고 아프고 신명 나는 느낌은 공동체 정서가 살아 있을 수 있도록 단단한 울타리 노릇을 한다. 옛 노래를 함께 부르고 새 노래를 서로 주거니 받거니 하면서 앞소리 뒷소리로 번갈아 메기는 동안에 아이들은 저절로 '소리'와 '아니리'와 '발림'을 함께 배운다. 요즈음 말로 하면 아이들은 '살아 있는 소리 내기'와 '살아 있는 글쓰기'와 '살아 있는 몸놀림'을 함께 아우르는 것이다.

옛날에는 시와 노래가 따로 떨어져 있지 않았고 시는 곧 노랫말을 뜻했다. 따라서 노래를 배운다, '가무음곡'을 배운다는 것은 곧 음악 수업이면서 동시에 창작 수업이었다. 다시 말해서 노래 부르기는 춤추기와 함께 어린 시절부터 익혀야 할 가장 기본이 되는 표현 교육인 것이다. 소리와 몸짓, 이것은 사람에게만 고유한 것이 아니라 모든 생명체가 공유하고 있는, 자기표현을 하는 기본 양식이라는 점에서 가장 원초에 가까운 표현 양식이라고 할 수 있다.

"아이들은 흥겨운 노래 못지않게 슬픈 노래를 좋아한다."

이 말은 공동체 학교가 처음 세워질 무렵 '살아 있는 노래 부르기'를 통해서 바른 음악교육을 위한 주춧돌을 놓은 '음유시인' 백창우 선생님이 한 말이다(공동체 학교가 세워지기 전에 백 선생님은 이미 아이들의 노래를 오백 곡 넘게 작곡해서 아이들이 가장 사랑하는 노래꾼으로 알려진 터였다. 이분은 작곡한 곡을 아이들과 함께 불러 음반을 여러 장 만들었는데, 이 음반은 참교육을 지향하는 선생님들과 학부모들, 그리고 참교육에 굶주린 아이들한테 뜨거운 사랑을 받아 왔다).

지금 우리는 이 말을 너무나 당연한 것으로 받아들이지만 그분이 처음 그 말을 했을 때 어른들 생각은 전혀 달랐다. '아이들에게는 밝고 긍정된 생각을 심어 주어야 한다. 그러기 위해서는 억지로 꾸며서라도 밝은 내용, 긍정된 생각이 담긴 글을 쓰게 해야 하고 설움에 겨워 목이 메더라도 웃는 얼굴로 밝고 명랑한 노래를 부르게 해야 한다'는 의견이 교육계를 지배하고 있었다. 어쩌다 아이들이 자기 생각과 느낌을 있는 그대로 정직하게 써서 그 글 안에 어두운 현실 이야기가 담기게 되면, 그런 글을 쓰지 못하게 아이들을 닦달하지 않은 교사는 이른바 '의식화'교사라고 낙인이 찍히던 시절이었다. 그러니 아이들에게 슬픈 노래도 부르게 해야 한다는 말이 많은 어른들에게 얼마나 큰 충격을 주었을까는 짐작하고도 남을 일이었다.

공동체 학교가 시골 분교 건물을 빌려 처음 문을 열었을 때, 그리고 계절 학교 형태로 도시 중산층 아이들도 받아들여 감각 교육, 표현 교육, 일하기와 놀이를 통한 신체 교육 들을 해 나갈 때 실제로 있었던 일이다. 이 학교에 아이를 맡겼던 도시 어머니들 가운데 자기 자식이 집에서, 학교에서, 거리에서 학대받는 자기 처지를 반영한 노래를 눈물을 흘리면서 서럽게 서럽게 부르는 모습을 본 사람이 있었다. 그 어머니는 당장에 그 자리에서 아이 손을 끌고 집으로 돌아가면서 '아이를 버려 놓으려고 작심을 한 게로구먼' 하고 중얼거렸다고 한다. 그 어머니는 자기 자식이 이미 오래 전부터 밝고 건강한 동요 부르기를 그만두고, 아이들이 지닌 밝음과 명랑함과는 아무 상관이 없는 유행가를 입에 달고 살아왔다는 것을 모르고 있었던 것이다. 아니면 부모와 선생님과 어른들한테 받는 간섭과 학대로 시들어 가는 자기 생명력을 되살리려고 몸부림치는 자식의 모습을 보는 것보다는, 차라리 퇴폐하고 타락한 어른들의 생각과 느낌이 드러나는 유행가를 부르는 모습을 보는 것이 더 속 편하다고 느꼈을지도 모른다.

"놀자. 놀되 방안에 우두커니 앉아서 바보상자나 들여다보는 도시 아이들처럼 놀지 말고 떼를 지어 뒹굴면서 뛰놀고 온몸을 움직이면서 놀자. 춤추고 노래하면서 놀자. 이렇게 해서 자유로워진 입과 손발과 몸뚱이는 나중에 놀리면 놀릴수록 공동체가 화합하고 튼튼하게 커 나가는 데 큰 힘이 될 것이다. 왜냐하면 입을 놀려야 말을 하고 손발과 온몸을 놀려야 부지런히 일을 할 수 있기 때문이다."

이것이 우리 선생님들 말씀이었고 이 말을 따라 신나게 놀았던 우리들은 지금 공동체 마을을 일구는 훌륭한 일꾼으로 자랐다.

죽은 그림, 산 그림

"조한알, 며칠 전에 할머니 돌아가셨지요?"

"예."

"할머니 돌아가시니까 느낌이 어땠어요?"

"슬펐어요."

"그래서 어떻게 했지요?"

"울었어요. 엄마가 그만 울라고 할 때도 막 울었어요."

"자, 모두들 조한알이가 무척 슬펐다는 걸 알겠지요? 조한알이는 아직도 슬퍼하나요?"

"예. 예. 예."

"조한알이가 아직도 슬퍼한다는 걸 동무들은 어떻게 아나요?"

"말을 잘 안 해요."

"하루 종일 시무룩해 있어요."

"옆에 앉은 단비와 장난을 잘 안 쳐요."

"옛날에는 안 그랬는데 걸핏하면 삐죽삐죽 잘 울어요."

"그래요, 누가 슬퍼하면 우리는 목소리를 듣고도 알고 노는 모습을 보고도 알고 얼굴이나 눈을 보아도 알 수 있지요? 이렇게 어떤 사람이 가슴속에 간직한 슬픔은 여러 가지로 밖에 드러나요. 슬픔만 그런 게 아니에요. 기쁨도 밖으로 드러나고 노여움이나 두려움도 밖으로 드러나요. 드러나는 모습도 여러 가지예요. 느낌만 이렇게 밖으로 드러나는 게 아니지요. 버릇도 밖으로 드러나고 생각도 밖으로 드러나요. 자, 그러면 우리 모두 자기 느낌을 드러내 볼까요? 먼저 소리로 드러내 봐요. 한 사람씩 돌아가면서 해 보세요."

"그동안 우리는 우리 느낌이나 생각과 버릇 같은 것을 여러 가지로 드러내 보았지요. 그걸 표현이라고 해요. 여러 동무들이 스스로 해 보기도 하고 다른 동무가 하는 걸 지켜보기도 하면서 배웠듯이 우리는 마음과 머릿속에 들어 있는 것이나 몸에 밴 것들을 소리로 몸짓으로 글로 그림으로 얼굴 표정으로 또 그 밖에 여러 가지 방법으로 드러낼 수 있어요. 그런데 사람만 이렇게 자신을 드러낼 수 있나요? 동물이나 식물은 자신을 어떻게 드러낼 수 있을까요? 보기를 하나들어 볼까요? 찔레꽃은 어떻게 자기를 드러내지요?"

"음, 하얀 꽃을 피워서요."

"찔레꽃 이파리는 모란이나 봉숭아나 해바라기 같은 것과 달라요."

"저어, 찔레꽃은 가시가 있어요."

"냄새가 좋아요. 냄새로 자기를 드러내요."

우리가 공동체 학교에서 기초학교 과정에 있을 때 받았던 표현 교육은 이렇게 시작했다. 우리는 느낌과 생각을 여러 방식으로 불러일으키고 마음속에 생생하게 떠오르는 그 느낌과 생각을 여러 가지로 표현해냈다. 그 여러 가지 표현 교육 가운데 아직까지 내 마음속에 가장 생생하게 남아 있는 기억들은 '살아 있는 그림 그리기' 교육이다.

우리는 기초학교 그림 선생님한테 살아 있는 것은 저마다 다른 모습과 때깔로 자신을 드러낸다는 것을 배웠다.

"자, 마리야. 이건 억새고 저건 갈대야. 얼핏 보면 비슷해 보이지? 그렇지만 자세히 보면 달라. 꽃만 다른 게 아니고 이렇게 줄기도 다르고 잎도 달라. 사는 데도 다르지. 억새는 주로 산에서 자라고 갈대는 갯가에서 자라니까. 이렇게 말 못하는 풀 한 포기도 '절 자세히 보세요. 제 잎도 잘 보고 줄기도 꼼꼼히 살펴 주세요. 저를 자세히 사랑스럽게 보시고 저답게 그려 주세요. 제가 마리를 보고 시내처럼 그려 놓으면 마리도 기분이 나쁘겠지요. 저도 마찬가지예요. 갈대인 저를 억새처럼 그려 놓으면 마치 여우를 늑대처럼 그려 놓은 것만큼이나 언짢은 일이에요. 늑대처럼 그려진 여우 그림을 그 여우의 동무들이 본다면 아, 이건 우리 동무 아무개 여우구나 하며 정겹게 들여다보는 대신에 아휴, 이 늑대 좀 봐, 참 끔찍하게 생겼네 하면서 겁을 먹거나 미워하지 않겠어요' 하고 마음속으로 속삭이는 거야.

살아 있는 걸 건성으로 얼핏 보고 아무렇게나 그리는 것은 그것을 마음속으로 병신을 만들거나 죽이는 것과 같아. 사람만 프랑켄슈타인 같은 괴물이 되는 게 아냐. 너 프랑켄슈타인 그림을 보고 끔찍하다고 했지? 그런데 어떤 사람은 프랑켄슈타인보다 더 끔찍한 프랑켄슈타인 꽃, 프랑켄슈타인 나무, 프랑켄슈타인 다람쥐, 프랑켄슈타인 물고기를 그리기도 해. 수박 잎에다 호박을 달아서 그려 놓거나 다람쥐 얼굴에 염소 눈을 그려 놓고 너구리 꼬리를 그려 놓으면 어떻게 그런 그림을 살아 있는 그림이라고 할 수 있겠니? 아주 어린애들은 이것저것 가려보지 못하고 손놀림도 아직 서투르니까 손을 방울처럼 그리기도 하고 눈을 단춧구멍처럼 그려 놓기도 하지. 그렇지만 너는 그런 어린애가 아니지 않니? '살아 있는 그림 그리기' 책에 나오는 이호철 선생님 반 아이들이 그린 그림들을 본 적이 있지? 그림은 그렇게 그려야 하는 거야.

자, 시원아. 이 꽃 해바라기로구나. 척 보니까 알겠어. 꽃도 아주 잘 그리고 잎 모양도 잘 그렸어. 그런데 가만히 보자. 이런! 잎 색깔이 너무 연둣빛이 나는구나. 꽃은 초가을 꽃인데 잎은 초여름 색깔이야. 날씨가 추워지는데 엄마가 시원이에게 가을 옷을 입혀 주지 않고 여름 옷차림 그대로 지내라고 한다면 어떻게 하겠니? 춥다고 투덜거리겠지. 마찬가지야. 이 해바라기도 지금 시원이에게 투덜거리고 있어. 잘 들어 봐. 투덜거리는 소리가 들리지?"

선생님은 우리가 그린 그림들을 들여다보면서 끝없이 이런 이야기를 들려주었다. 우리는 그림 그리기 시간에 '이야기 그림'을 그려서 그것을 책으로 만드는 것도 배웠다. 이미 만들어진 공책에 그림을 차례대로 그리는 것과, 넓은 종이에 칸을 그린 다음 그 칸 안에 그림을 그려 나중에 접어서 자르면 그림이 순서대로 자리 잡게 되는 과정은 아주 다른 것이었다. 어쩌다 옛날에 나온, 어른들이 만든 그림책에 실린 그림을 보고 흉내 내서 그리는 아이도 있었는데 그런 그림을 보면 선생님은 단박에 알아맞혔다.

"아람아, 이건 흉내 그림이로구나. 나는 이런 그림을 볼 때마다 슬픈 생각이 든다. 옛날이야기를 해 줄게. 내가 옛날에 아이들 그림책을 내는 출판사에서 일한 적이 있는데 그때 우리 선생님은 이런 그림을 그려 온 사람을 볼 때마다 마구 야단을 치셨어. 응? 출판사에도 선생님이 있느냐고? 그럼. 선생님은 학교에만 있는 게 아니야. 사람이 모여 있는 곳에는 어디에나 선생님이 계시지. 왜 야단을 치셨냐고?

자, 봐라. 여기 이 곰은 머리통만 있지? 이 여우는 몸통 아랫부분이 잘려 나가고. 얼굴과 몸이 반쪽으로 잘린 아이도 보이는구나. 이건 사람 눈에 보이는 동물이나 사람 모습이 아니야. 사람 눈은 살아 있어서 어떤 것을 볼 때 늘 아래위로, 오른쪽 왼쪽으로 움직여서 전체 모습을 담으려고 하지. 그러니까 사람은 다른 사람을 볼 때 머리끝에서 발끝까지 보아야 직성이 풀려. 나무나 꽃이나 짐승을 볼 때도 마찬가지란다. 그런데 사진기같이 죽어 있는 기계 눈은 제 마음대로 움직일 수가 없어. 그래서 사진기에 담기는 것은 정해진 테두리가 있고 그 정해진 테두리를 벗어나는 것은 모두 잘려 나가지.

아이들 그림책을 그릴 때 이렇게 손발이나 몸통이나 얼굴이 잘려 나가게 그리는 사람은 살아 있는 사람 눈으로 그리는 것이 아니라 죽어 버린 기계의 눈으로 그리는 것이라고 우리 선생님이 말씀하셨어.

아이들이 보는 그림책을 그릴 때에 그리는 사람이 잊지 말아야 할 것은 무엇이든지 온전한 모습으로 보여 주도록 애써야 한다는 거지. 옛날 그림책들을 보면 하다못해 식물들을 그린 그림도 함부로 가지나 줄기를 자른 것이 없었거든. 그런데 지난 몇십 년 사이에 그런 그림이 늘어난 것은 점점 살아 있는 생명체들을 살아 있는 눈으로 보지 않고 죽은 눈으로 보는 어른들이 늘어났기 때문이라고 할 수 있을 거야. 그리고 그렇게 된 데에는 사진이나 영화나 텔레비전 화면이 큰 영향을 미쳤지. 그러니까 사람들이 도시에 모여 살면서 살아 있는 자연 세계를 직접 관찰하지 못하고, 기계의 눈을 거쳐서 걸러진 토막 난 자연을 자꾸 보게 되는 동안 어느 틈에 눈이 굳어져 기계처럼 되어 버렸다고나 할까.

물론 네모난 종이니까 어떤 때는 어쩔 수 없이 무엇인가 잘린 모습으로 그릴 수밖에 없는 경우도 있을 거야. 그래도 아이들 그림을 눈여겨보면 어른들이 그린 그림과 다른 점이 있는데, 그것은 어린애들 그림에서는 여간해서 살아 있는 것을 토막 낸 모습을 찾기 힘들다는 거야. 가끔 머리를 너무 크게 그려서 손발을 머리 크기에 맞추어 그릴 수 없을 때도 있지. 그러면 어린애들은 어떻게 하는 줄 아니? 손과 발을 아주 조그맣게 그려 넣을망정 꼭 전체 모습을 다 그려. 그래서 아주 이상한 그림이 되기도 하는데, 그렇더라도 그 이상한 그림이 몸통이나 손발을 잘라 낸 잘 그린 그림보다 아이들 눈에는 더 자연스럽게 보이는 거야. 살아 있는 것은 잘라 내면 병신이 되거나 죽어 버려. 그림에서도 마찬가지야. 어린애들이 젖먹이 때부터 그림책에서 토막 난 사람이나 토막 난 여러 생명체 모습을 자연스럽게 여기게 되면 자라서 어떻게 되겠니? 눈이 이상한 어른들이 그린 그림책들을 흉내 내는 그림이 왜 나쁜지 알겠니?”

우리가 그림 그리기 시간에 만든 '이야기 그림책'의 애독자들은 아기둥지 과정에 있는 동생들이었다. 이 동생들이 특별히 재미있어한 우리 그림책들 가운데 그대로 출판된 것도 있고 어른들이 다시 손보아 출판한 것도 있다. 이 책들 가운데 어떤 것들은 지금까지도 '세계에서 가장 좋은 그림책'이라는 평가를 받고 있다.

우리는 공동체 학교에 다니는 동안 여러 가지 그림을 그렸다. 지금도 잊히지 않는 것은 '잔디 그리기' '솔잎 그리기' 시간에 선생님이 들려주신 이야기다. 선생님은 우리가 대강 그려 놓은 잔디와 솔잎을 보고 크게 실망하신 듯했다.

“자, 다시 자세히 봐. 얼핏 보면 잔디잎이나 솔잎이 모두 꼭 같이 생긴 것 같지만, 오래오래 보고 있으면 이 잎과 저 잎이 다른 점이 드러나게 돼. 한 기계에서 찍어 낸 물건들은 서로 같을 수 있지만, 살아 있는 것들은 한 뿌리나 한 가지에서 난 것이라도 같은 게 없어. 한 뿌리에서 난 잔디잎이 왜 이렇게 저마다 다른지 아니? 저도 살고 남도 살리려고 그러는 거야. 이 잎은 이렇게 동쪽으로 가슴을 펴고 있고 저 잎은 저렇게 서쪽을 바라보고 있지? 이 잎이 이렇게 나 있으니까 동쪽에서 햇살이 비칠 때는 그 햇볕을 듬뿍 받아서 자기도 살고 같은 뿌리에 나 있는 저 잎도 살리는 거야. 서쪽에서 햇살이 비칠 때는 저 잎이 그 일을 맡고 남쪽에서 비칠 때는 다른 잔디잎이 또 그 일을 맡아. 비를 맞을 때도 바람을 탈 때도 마찬가지야. 그런데 잔디잎을 너희들 마음대로 꼭 같이 한쪽 방향만 보도록 그려 버리고 어느 게 배인지, 어느 게 등인지 구별할 수 없게 해 놓으면 이 잔디들이 살 수 있겠니? 잔디잎들이 제구실을 못하고 솔잎들이 이렇게 빗자루 묶어 놓은 것처럼 자기 모습을 잃어버리게 되면 결국에는 사람도 살아남을 수가 없어. 살아 있는 것을 살아 있는 모습 그대로 그리기를 배우는 것은 다만 그것을 살리는 길을 배우는 데 그치지 않고 우리도 그것과 더불어 살길을 배우는 거야. 그러니까 '살아 있는 그림 그리기' 공부는 '더불어 살기' 공부이기도 해.

먼젓번에 내가 한 말 기억하지? 살아 있는 것들은 모두 생김새나 빛깔이나 몸놀림으로 자기의 삶을 표현하는데 우리가 그 생김새, 빛깔, 몸놀림을 다시 그림으로 표현하는 까닭은 그것들과 도우면서 함께 살아갈 길을 찾으려는 데 있다고 말이야. 우리는 어떤 사람이 그린 그림만 보고도 그 사람이 죽을 길을 가는지 살 길을 가는지 알 수 있어. 이호철 선생님이 '살아 있는 그림 그리기' 책에서 학생들에게 사람 얼굴을 그리게 할 때 아그리파나 줄리앙이나 카라칼라 석고상 같은 죽은 서양 귀신의 굳은 얼굴을 그리는 대신에 왜 친한 동무의 살아 있는 얼굴을 그리도록 지도했는지를 꼼꼼히 따져 생각해 봐. 그러면 지금 내가 무슨 이야기를 하는지 알아들을 수 있을 거야."

오늘 나는 '그림 그리기'를 통한 '참삶 가꾸기 교육 이야기'를 하려다 우리 선생님 이야기를 전달하는 데 그치고 말았다. 우리가 그 시간을 통해서 얻었던 더 세세한 성과는 다음에 또 이야기하려고 한다.

눈썰미가 좋아야 그림도 잘 그린다

'과학그림'은 어디에서나 필요하다. 고고학, 인류학, 지질학, 곤충학, 동물학, 식물학, 인체 해부학, 생태학…… '과학그림'은 사진만 보아서는 알기 힘든 사물의 세부 형태와 구조를 우리에게 보여 준다는 점에서 아주 중요한 정보 전달 수단이다. 지금은 이런 '과학그림'이 중요하다는 것을 알 만한 사람은 다 알고 있다. 그러나 1990년대 중반까지만 하더라도 우리 나라에 '과학그림'이라는 낱말이 국어사전에 없었다. 우리 나라는 '과학그림'에 있어 황무지나 다름없었다. 이 헐벗은 땅에 '과학그림' 씨를 뿌린 분이 우리 출판사의 '태수 형'이다.

나는 지금 스무 해가 넘게 한 출판사에서 책을 만들고 있다. 이 출판사에서 내가 맡은 분야는 여러 종류 '도감'을 만드는 일이다. 우리는 그동안 갖가지 도감들을 만들어 냈다. 약초 도감, 어류 도감, 곤충 도감, 동물 도감, 식물 도감…… 우리 출판사에서 나온 여러 도감을 보신 분들은 알겠지만 이 도감에 실린 그림들은 바로 태수 형이 뜻에 맞는 동지들과 함께 그린 '과학그림'들이다.

그 당시 '세밀화'라고 했던 이 '과학그림'으로 된 도감이 나오기 전에는 우리 나라에서 나온 도감은 거의가 사진으로 된 것들이었다. 그런데 사진으로 된 도감에는 큰 한계가 있었다. 카메라 렌즈는 어떤 사물을 담을 때 그것을 둘러싸고 있는 배경을 빼놓고 그 사물만 따로 도려

내어 담을 수 없다. 다시 말해서 사진 찍는 사람이 아무리 세심하게 주의를 기울이더라도 사진에는 꼭 필요한 정보만이 아니고 군더더기 정보도 따라 들어오게 마련이다. 이 군더더기 정보 때문에 꼭 필요한 정보가 손상을 입는다. 따라서 동식물의 정확한 생태를 있는 그대로 드러내려면 '과학그림'으로 도감을 만들어야 하는 것이다. 이 차이는 사진으로 된 도감과 '과학그림'으로 된 도감을 나란히 놓고 살펴보면 금세 알 수 있을 것이다.

'과학그림' 도감이 생물학에서 하는 구실은 말을 익히는 데서 '사전'이 하는 구실과 같다. 아이들이 어려서부터 '과학그림'으로 된 도감을 보지 않고 생물학을 공부하는 것은 마치 사전 없이 말뜻을 익히는 것이나 다름없다. 물론 살아 있는 말을 생활 속에서 익힐 수 있다면 굳이 사전이 필요 없을 수도 있으리라. 마찬가지로 온갖 동식물을 자연 속에서 볼 수 있다면 굳이 도감류가 필요하지 않을 것이다. 하지만 생태계가 마구 파괴되고 동식물이 멸종되어 가던 그 시절에는 아이들 교육을 위하여 그런 도감들이 참으로 절실하게 필요했다.

우리에게 '과학그림'으로 된 도감을 만들라고 했던 분이 우리 '노친네'(우리는 공동체 학교의 호랑이 할아버지를 이렇게 부르는데, 우리 나름으로는 이렇게 부르는 것이 '선생님'이나 '노인장'보다 훨씬 더 정겹다고 느끼고 있다)였다. 우리 노친네가 우리에게 처음 보여 준 것은 들에서 자라는 여러 가지 풀을 그린 그림이었는데 우리가 놀란 것은 이 그림들이 초등학교 아이들이 그린 것이라는 말 때문이었다. '초등학생들이 어떻게 이런 그림을 그릴 수 있단 말인가. 뭔가 그림에 특별한 재주를 지닌 아이가 그렸겠지.' 그런데 그게 아니었다. 한 반 아이들 대부분이 이런 그림을 그릴 수 있다는 것이었다. '도대체 어떻게 가르쳤길래 이렇게 그림을 잘 그릴까? 아마 그 선생님이 화가이거나 미술 교육 전문가인 모양이다.' 이렇게 생각했는데 우리 노친네 설명으로는 그게 아니었다. 그 그림을 지도한 분은 이호철이라는 초등학교 선생님인데 그분은 정작 그림을 잘 그릴 줄도 모르고 미술 교육을 전공한 분도 아니라고 했다.

우리는 아이들 그림을 다시 들여다보기 시작했다. '질감 살려 그려 보기'와 '관찰 그림 그리기'를 들여다보고 또 들여다보았다. 보고 또 보아도 좋은 그림들이었다. 이 그림을 그린 아이들은 이미 어른이 되었지만 그 고사리 손이 그려 내던 형태와 질감만은 아직도 생생하게 옛날 그대로 남아 있다.

이 그림들을 볼 때 가슴에 사무쳤던 회한이 아직도 새록새록 하다. '이호철 선생님 같은 분 밑에서 그림을 배웠다면 나도 일찍부터 살아 있는 그림을 그릴 수 있었을 텐데……' 그러나 나는 도시에서 자라면서 한 번도 제대로 된 그림 지도를 받아 본 기억이 없다. 친한 동무 얼굴을 요모조모 뜯어보고 그 정다운 모습을 그리면서 그림 그리는 재미를 느껴야 할 때에 만화 그림 흉내 내기에 바빴다. 나무나 풀을 들여다보면서 생명의 신비에 젖어야 할 시기에 로봇에만 정신이 팔려서 날마다 로봇을 그리기에 바빴다. 미술가가 되는 길에 들어서겠다고 마음먹고 나서도 살아 있는 둘레 사람들 얼굴이나 자연 사물이 아니라 아그리파, 카라칼라, 비너스 같은 석고로 굳어진 '서양 귀신'들 얼굴을 그리면서 지겨워해야 했다.

나는 사람들 얼굴을 제대로 관찰하는 법을 배운 적이 없었다. 거리를 가득 채운 그 많은 도시 사람들의 낯선 얼굴은 나에게 아무 의미도 없었기 때문에 관심을 가지고 살펴볼 까닭이 없었던 것이다. 나는 풀이나 나무들을 제대로 살펴보는 법을 배운 적도 없었다. 내 주위에는 심어 놓은 그날부터 죽어 가기 시작하는 도시의 가로수뿐이었기 때문이다. 죽어 가는 도시 가로수들이 내는 신음 소리를 들을 수 있었던 것은 아주 뒤늦게 식물 도감을 만들면서부터였다.

　도시에서 보는 물건들은 거의 모두가 한 틀에서 수천, 수만 개씩 한 꺼번에 찍어 내는 공장 제품이었다. 따라서 하나하나 주의 깊게 눈여겨볼 필요가 없었다. 자연이 빚어낸 것은 저마다 다르지만 기계가 생산해 낸 것은 하나같이 닮아 있어서 힐끗 한 번만 쳐다보아도 대강 그것이 무엇인지 알 수 있었던 것이다. 모든 것이 이런 식이었다. 도시에서 사는 사람들이 소중하게 여기는 것은 이웃도 아니고 푸성귀나 곡식이 자라는 들판도 아니고 개나 소 같은 가축도 아니고 아침 햇살이나 저녁 별도 아니다. 도시 사람들에게 소중한 것이 하나 있다면 그것은 다른 모든 것과 바꿀 수 있는 종이쪽지, 곧 돈이다. 그런데 돈은 생김새가 얼마나 단순한가. 석고 데생을 하며 갖가지 직선으로 면을 나누는 과정에서, 또 도로부터 고층건물 유리 창틀에 이르기까지 모든 것이 칼날처럼 날카로운 직선으로 이루어진 공간에 갇혀 살면서, 나는 '직선을 싫어하는 자연'의 모습에 한 번도 눈 뜬 적이 없다. 그런 내가 사물을 그릴 때 돈의 형태를 본떠서 네모반듯하게 그려 온 것은 너무나 당연한 일이 아니겠는가?

　이런 잘못된 생각으로 가득 찬 내 뒤통수를 커다란 쇠망치로 쾅 내려친 것이 바로 이 아이들 그림이었다.

　'그래, 이 그림들을 화집으로 내자. 이 화집이 팔리지 않아서 우리 출판사가 손해를 보아도 좋다. 다만 몇 분이라도 이호철 선생님의 살아 있는 그림 그리기 지도 방법에 공감을 하고, 교실에서 아이들에게 제대로 그림 지도를 하는 선생님이 생길 수 있다면 그것만으로도 책을 내는 보람이 있다. 그 아이들이 자라면 그때는 우리 출판사에서 숙원 사업으로 생각하고 있는 과학그림 도감들을 차례차례 펴낼 수 있을 것 아닌가? 그리고 그렇게 되면 이 세상 어느 곳보다 더 많은 이 땅의 풀과 나무들, 약초들, 벌레들, 새와 동물들 모습을 빠짐없이 세계에 선보일 길이 닦이는 것 아니겠는가!'

《살아 있는 그림 그리기》라는 책은 이렇게 해서 세상에 나왔다. 그러나 이 화집이 처음 나왔을 때 그 안에 들어 있는 그림들이 초등학교 아이들이 그린 것이라는 사실을 믿지 못하는 사람들이 많았다. 또 한편으로는 그런 지도가 아이들 교육에 무슨 의미가 있는지 이해하지 못하는 사람들도 많았다. 하기야 그 당시 미술 교육과정은 그런 그림을 그리도록 되어 있지도 않았고, 따라서 어떤 교사도 아이들에게 그런 지도를 하고 있지 않았다. 그러나 시간이 흐르면서 점차 많은 선생님들과 학부모들이 이 화집이 지닌 가치와 소중함을 알아주었다.

나는 그 당시만 해도 이호철 선생님이 했던 그림 그리기 지도가 아이들 교육에 무슨 뜻을 지니고 있는지 잘 몰랐다. 다만 우리가 만들려던 '과학그림' 도감과 이 그림 그리기에 어떤 연관이 있음을 어렴풋이나마 깨달을 수 있었다.

우리가 '과학그림'으로 된 도감을 만들기 시작하면서 부딪친 가장 큰 어려움은 그림 한 장에 드는 품값이 어마어마하다는 것이었다. 예를 들어 8절지 한 장에 '과학그림'으로 곤충 생태를 그린다고 치자. 하루에 여덟 시간씩 꼬박 스무 날을 그려야 이 그림 한 장을 마무리 지을 수 있다. 그러니까 1990년대 초 기준으로 책 두 쪽에 들어갈 그림 한 장에 줄잡아서 백만 원을 들여야 했던 것이다. 우리가 처음에 만들어 낸 약초 도감이 500쪽이니까 여기 들어간 그림 값만 해도 2억 5천만 원이다. 이러니 보통 출판사에서 과학그림 도감을 만들어 내겠다고 어찌 엄두나 낼 수 있겠는가. 그때 이런 작업에 드는 품값은 나라에서 대는 게 마땅하다고 느끼고 있었지만 이런 일에 관심을 갖는 사람이 정권을 잡은 적이 없었으므로 그야말로 '떡 줄 사람은 생각도 않는데 김 칫국부터 마시는 격'이었다. 무엇인가 다른 방법을 찾아야 했다. 더구나 우리 나라 미술 교육이 이런 '과학그림'을 제대로 그릴 만한 화가를 길러 낸 것도 아니었다. 그때 만난 분이 '태수 형'이었다. 처음에 태수 형이 세밀화(과학그림)를 그리겠다고 나섰을 때 우리 노친네가 태수 형에게 "자네, 촌놈이야? 풀이나 나무 좋아해? 짐승이나 벌레들도 좋아하고?" 하면서 몇 번이나 다짐하듯이 묻던 일이 떠오른다.

태수 형 손으로 그린 '과학그림' 도감들은 《살아 있는 그림 그리기》 화집과 함께 지난 스무 해 동안 참교육에 뜻을 둔 많은 선생님들한테 사랑을 받아 왔을 뿐 아니라 우리 공동체 학교를 비롯한 많은 학교에서 교재로 써 왔다. 그런 교육을 펼친 성과로 많은 아이들이 자연과 사물을 보는 눈을 되찾게 되었다. 또 이 아이들이 자라나서 건축, 미술, 과학 들을 전공하게 되고 그러면서 사람이 살기에 알맞지 않은 도시 환경을 사람이 살 만한 공동체로 바꾸는 일에 애쓰게 되었다.

하도 펼쳐 보고 또 보아서 너덜너덜해진 이 책을 이제 다시 들여다 보면서 새삼스럽게 마음에 와 닿는 말이 있다. '그림은 손재주로 그리는 것이 아니라 눈썰미로 그리는 것'이라는 말이다. 나는 처음에 이 말이 무슨 뜻인지 잘 몰랐다. 그러나 이제 이 말은 그림 지도를 할 때마다 내 가슴속 깊이 되새기는 첫 번째 원칙이 되었다.

'힐끗 보고 스치는 눈길에 제 모습을 드러내는 사물은 없다. 사랑이 담긴 눈길이 제 몸에 오래오래 머물고 있다는 것을 의식하는 순간부터 사물은 제 속살을 드러내 보이기 시작한다. 어떤 것을 제대로 그리고 싶으면 그것을 눈으로 천천히 조심조심 어루만진 뒤에 그 살결이 주는 느낌을 손끝으로 더듬듯이 따라가면서 그려 내라. 서두르는 눈길, 서두르는 손길은 그림을 망친다.'

요즈음 아이들, 더구나 이호철 선생님과 뜻을 같이하는 여러 초·중 등 교사들 밑에서 가르침을 받은 아이들이 우리 어릴 적과는 달리 살아 있는 그림 그리기를 배우고, 그렇게 키운 눈썰미와 손재주로 '과학 그림' 그리기의 새로운 전통을 세우는 모습을 보고 있노라면 눈시울이 뜨거워진다.

제 빛, 제 하늘 바로 보기

우리 공동체의 기초학교에서 가장 인기 있는 수업 시간은 '할아버지들의 이야기' 시간이다. 이 시간에는 마을 할아버지들이 오셔서 우리들을 둥글게 앉혀 놓고 옛날이야기를 해 주신다. 백두산 호랑이 이야기도 해 주시고 백년 묵은 여우 이야기도 해 주시고 도깨비 이야기나 할아버지 어린 시절 이야기도 해 주시고……. 별의별 이야기를 다 해 주신다. 그 가운데 내 기억에 가장 또렷이 남아 있는 것은 단군 할아버지 이야기다.

어느 날 할아버지 한 분이 오셔서 우리에게 물었다.

"얘들아, 너희들 하늘이 무슨 색인지 아니?"

"파란색이요."

우리는 다 같이 합창하듯이 대답했다.

"아니야."

할아버지는 고개를 저으셨다. 우리는 모두 어리둥절해졌다. 하늘이 파랗지 않다니!

"그럼 하늘이 무슨 색이에요?"

그림 잘 그리는 다솔이가 물었다.

"그야 검은색이지."

할아버지가 천연덕스럽게 대답하셨다.

"에이, 할아버지께서 또 저희들을 놀리시는 거죠?"

"놀리긴. 다들 밖으로 나와 보렴."

우리는 모두 할아버지를 따라 밖으로 나왔다. 마당에는 멍석이 깔려 있고 쑥으로 지핀 모깃불이 타오르고 있었다.

"자, 하늘을 쳐다봐. 까맣지?"

할아버지는 별이 총총 박혀 있는 밤하늘을 가리키셨다.

"밤이니까 까맣게 보이죠."

한백이가 투덜거리듯이 퉁명스럽게 대답했다.

"바로 그거야. 밤에 보는 하늘 색깔이 진짜 하늘 색이란다."

"왜 그렇지요?"

"낮에 보는 하늘이 파란색으로 보이는 것은 햇빛 때문이야. 해가 하늘의 본디 빛을 가려서 낮 하늘이 파랗게 보이는 것뿐이야. 그리고 그 파란색도 진짜 파란색은 아니란다."

"그럼, 진짜 파란색은 어떤 거예요?"

"그야 풀이나 나무 색이 진짜 파란색이지."

"풀이나 나무는 초록색이고 하늘은 파란색이라고 하던데."

"누가 그러든?"

"책에서 읽었어요."

"그 책 잘못된 거다. 풀이 푸르니까 들판도 푸르고, 나무가 푸르니까 산도 푸른 거야. 풀도 푸르고 하늘도 푸르다고 해서 초록색과 하늘색을 구별하지 못하는 것으로 알고 있는 사람들이 많은데, 그렇지 않아. 풀과 나무는 푸르지만 밤하늘은 검다는 걸 눈으로 보아도 알 수 있지 않니?"

우리는 서로 얼굴을 쳐다봤다. 할아버지는 거짓말하실 분이 아니다.

"자, 모두들 앉아라. 너희들이 색깔에 혼동을 일으키는 것도 무리는 아니다. 왜냐하면 그동안 우리가 마구잡이로 서양 것을 받아들이는 동안 색채 감각도 잃어버렸거든. 이제부터 할아버지가 우리 색깔이 무엇인지 이야기해 주마.”

할아버지의 이야기를 기억나는 대로 옮기자면 대강 이런 내용이었다.

우리 색 가운데 가장 기본이 되는 색을 나타내는 낱말은 ‘붉다’ ‘푸르다’ ‘누르다’ ‘희다’ ‘검다’인데, 이 형용사들은 저마다 ‘붉’ ‘풀’ ‘눌’ ‘해’ ‘검’에서 나왔다. ‘붉’은 ‘불’의 옛말이고, ‘풀’은 예나 지금이나 산과 들에서 자라는 ‘풀’이고, ‘눌’은 땅의 옛말이다. 그리고 ‘해’는 태양을 가리키는 우리 말이고 ‘검’은 하늘의 옛말이다. 이 다섯 가지 색을 나타내는 또 다른 낱말들, 다시 말해서 ‘빨갛다’ ‘파랗다’ ‘노랗다’ ‘하얗다’ ‘까맣다’는 ‘벌겋다’ ‘퍼렇다’ ‘누렇다’ ‘허옇다’ ‘거멓다’나 마찬가지로 ‘불 같다’(불과 같다), ‘풀 같다’(풀과 같다), ‘눌 같다’(눌[누리]과 같다), ‘해 같다’(해와 같다), ‘검 같다’(검과 같다)는 말에서 나왔다.

말하자면 먼 옛날에 중앙아시아의 초원을 가로질러 살아온 우리 조상들의 눈에 드는 것 가운데, 가장 소중한 것은 불과 풀과 땅과 해와 하늘이었고, 삼라만상 가운데 가장 기본이 되는 이 다섯 요소에서 다섯 가지 기본색이 갈라져 나온 것이라고 할 수 있다. 이 다섯 요소는 얼핏 생각하기에 중국의 ‘오행설’(五行說)에 나타나는 다섯 가지 기본 사물인 나무, 불, 흙, 쇠, 물과 맥락이 닿는 것으로 여길지 모른다. 그러나 오행설에 나타나는 요소 중에 ‘쇠’가 들어 있는 것으로 보아 오행설은 철기시대 뒤에 생겨난 것으로 미루어 짐작할 수 있다. 다시 말해서 우리 조상들이 정한 다섯 가지 기본 요소는 중국의 오행설에 나오는 다섯 가지 기본 요소보다 시기가 훨씬 더 앞선다고 보아야 한다.

다섯 가지 기본 요소 가운데 물이 빠진 까닭에 대해서 궁금해할 사람이 있을지 모른다. 그런데 물과 연관된 형용사들, 이를테면 '맑다' '말갛다' '무르다' 같은 낱말에서 볼 수 있듯이 물은 고유한 자기 색을 갖지 않은 것으로 여겨 뺐을 가능성이 크다. 따지고 보면 물은 우리의 감각 가운데 촉각과 가장 밀접한 관계가 있는 사물이라고 할 수 있겠다.

그림을 그리는 사람들 가운데에도 서양 색채 이론에 따른 색 구별을 가장 자연스럽고 과학 이치에 맞는 것으로 받아들여 '푸른색' 하면 '하늘색'(스카이 블루[sky blue])을 곧바로 머릿속에 그리고, '노란색' 하면 개나리꽃이나 병아리 모습을 떠올리는 사람이 적지 않다. 하지만 대낮에 하늘을 쳐다보거나 병아리, 개나리 따위를 눈여겨보는 것은 우리 삶 속에서 어쩌다 있는 일이다. 그와는 달리 풀이나 땅, 불이나 해나 밤은 우리 삶 근원에 깊숙이 뿌리내리고 있는 자연현상이다. 따라서 우리의 눈이 가장 먼저 이것들을 보고, 가장 오래 이것들에 눈길이 머문다는 것은 너무나 자연스러운 일이다.

"할아버지, 검정이 밤하늘 빛인 것은 알겠어요. 또 파랑이 풀빛인 것도 알고 노랑이 흙빛인 것도 알겠어요. 그런데 이런 이야기가 단군 할아버지와 무슨 관계가 있지요?"

나래가 할아버지의 말허리를 잘랐다. 그러자 할아버지는 이렇게 말씀하셨다.

"무슨 관계가 있느냐고? 이제부터 이 할아버지가 하는 단군 할아버지 이야기를 들으면 너희들 스스로 무슨 관계가 있는지 알 수 있을 게다. 너희들 가운데 단군 할아버지의 아버지가 누군지, 어머니가 누군지 아는 사람 있니?"

"아버지는 환웅이고 어머니는 곰이잖아요."

우리 가운데 누군가 대답했다.

"환웅은 어떤 분이고 곰은 무얼 가리키지?"

"환웅은 환인의 아드님이시고요, 곰 할머니는 '복실이는 미련한 곰이다' 할 때 그 곰이에요."

송이가 익살맞게 대답했다.

"그래, 환웅이 환인의 아드님이라는 것은 맞다. 그러나 곰이 산짐승인 반달곰 같은 것이라고 보는 것은 틀렸다."

"왜요?"

"단군신화는 '삼국유사'라는 책에 한문으로 적혀 있단다. 아직 그때까지 우리 나라에는 글자가 없었기 때문에, 입에서 입으로 전해 오던 옛이야기들을 고려 시대에 일연이라는 스님이 한문으로 옮겨 적은 것이지. 그런데 우리 토박이말 가운데 한문으로 바꿀 수 없어서 소리만 빌려 적어 놓은 것이 있단다. 환인이나 환웅, 박혁거세나 해부루, 해모수 같은 이름이 그런 것인데, 이 이름들은 '환함' '해'를 나타내는 옛 우리 말을 한자음을 빌려서 적어 놓은 것으로 볼 수 있어. 또 어떤 이름은 뜻을 한자로 옮겨 표현하기도 했는데, 곰을 웅(熊)으로, 범을 호(虎)로 나타낸 것도 그 가운데 하나지.

자, 이제 송이가 한 대답이 왜 틀렸는지 말해 주마. 환함의 아드님이신 해님은 검님과 혼인해서 단군 할아버지를 낳으셨는데, 이 검님은 곰이 아니라 하늘이었단다. 그러니까 해는 하늘과 짝을 이루어 우리 시조인 단군을 낳으신 거지."

"아니에요. 환인의 아들인 환웅은 구름 신, 바람 신, 번개 신, 비 신을 거느리고 태백산 박달나무 아래로 내려와서 우리 나라를 다스리셨어요. 그러다가 곰과 호랑이가 나타나서 결혼해 달라고 하니까 '너희들 굴속에 들어가 햇빛을 보지 말고 백 일 동안 쑥과 마늘을 먹고 견뎌라. 견디는 쪽을 짝으로 삼겠다' 이러셨어요. 그런데, 호랑이는 견디지 못하고 달아나서 결국 곰과 결혼한 거예요. 물론 이때 곰이나 호랑이는 반달곰이나 백두산 호랑이 같은 짐승이 아니에요. 해를 숭상하는 부족과 곰을 숭상하는 부족, 호랑이를 숭상하는 부족이 있었는데 해의 부족이 곰의 부족과 합해서 나라를 세운 것이라고 보아야 해요. 최남선이라는 분이 단군신화는 이렇게 해석해야 한다고 말한 뒤로 많은 학자들이 이런 해석을 지지해 왔다고 들었어요."

별명이 책벌레인 시원이가 이렇게 대들자 할아버지는 "허, 고놈" 하시면서 빙그레 웃으셨다.

"그래, 이제 시원이가 말한 것처럼 단군신화를 해석하던 신화학자들이 예전에 있었지. 그러나 그것은 낡은 이야기다. 왜 그것이 낡은 해석인지 말해 주련?

우리가 앞에서 색깔 이야기를 하면서 살펴보았듯이 옛 우리 말에서 '오'와 '우', '어'와 '아'는 서로 넘나들었단다. '노랗다' '누렇다' '퍼렇다' '파랗다', 이렇게 말이야. 그러니까 호랑이를 나타내는 우리 말인 '범'과 '밤'이 서로 넘나들면서 어느 땐가는 낮의 반대말인 '밤'이 '범'으로 발음되었으리라는 걸 알 수 있겠지? 또 곰을 한자로 쓸 때는 '개마'(蓋馬), '금마'(金馬), '건마'(乾馬), '감'(監), '금'(今), '흑'(黑), '웅'(熊) 같은 말을 빌려 썼다는 기록도 있단다.

자, 이제 단군신화 가운데서 단군 할아버지가 태어나는 부분을 다시 써 보자. 환웅은 곰과 범에게 온날(백일[百日]) 동안 굴에 있으라고 한다. 여기에서 '백일'을 석달 열흘로 풀지 않고 '온날'로 푸는 것이 아주 중요해. 왜냐하면 '백'(百)의 우리 말은 '온'이고 '일'(日)은 '날'이기 때문이지. '곰'과 '범'에게 굴속에 있으라는 말은 '곰', 곧 '하늘'도 어둡고, '범' 곧 '밤'도 어두워서 처음에는 '곰'(하늘)과 '범'(밤)이 서로 구별되지 않았다는 것을 뜻하지. 여기서 이 곰은 검, 곧 밤에만 제 색깔이 드러나는 하늘을 가리키는 거야. 천자문(千字文) 첫머리가 '하늘 천(天) 따 지(地) 감을 현(玄) 누르 황(黃)'으로 시작하는 것 잘 알고 있겠지? 이 구절은 '하늘은 검고 땅은 누렇다'는 뜻이거든. 하늘은 '검'이고, 땅은 '눌'이라는 뜻임을 증명하는 좋은 본보기야.

이렇게 둘 다 어두워서 굴속에 있는 것처럼 보였던 하늘과 밤에게 해가 말하기를 '온날' 동안, 다시 말해서 햇살이 환한 한낮 동안에도 견디는 쪽을 짝으로 삼겠다고 했지. 그런데 밤(범)은 햇살이 비치자마자 견디지 못하고 사라지고 마는 거야. 그러나 하늘(곰)은 사라지질 않고 그대로 머물러 있었어. 그러니까 환웅 곧 해님이 범(밤)과는 서로 짝을 이룰 수 없고, 곰(하늘)과 짝을 이루는 게 너무나 당연한 일이 아니겠느냐?"

아아, 그리고 보니 단군 할아버지는 하늘을 어머니로, 해를 아버지로 모셨던 분이구나. 단군은 하늘과 해가 짝을 맺어서 낳은 분이구나. 우리가 보는 별이 총총한 저 검은 밤하늘이 단군 할아버지의 어머니였다니! 눈이 번쩍 뜨이는 느낌이었다. 이 해석을 듣고 나니 단군신화에서 아귀가 잘 맞지 않았던 여러 부분이 저절로 이해가 되었다.

환웅이 해를 숭상하던 부족의 이름이었다면 어떻게 그이가 바람이나 구름이나 비나 번개의 신들을 거느리고 땅에 내려올 수 있었단 말인가? 할아버지가 들려준 이 신화는 다른 민족들한테 있는 고대 신화와 마찬가지로 우주론을 배경으로 하는 신화임에 틀림없다. 그리스신화에 하늘의 신 우라노스(Ouranos)와 땅의 여신 가이아(Gaea)가 서로 짝을 맺어 여러 신들을 낳았다는 이야기가 나온다. 우리 민족 신화도 할아버지 말씀에 따르면 하늘의 여신과 해의 신이 짝을 맺어 우리 조상을 이 땅에 낸 것이 틀림없다. 그러면 우리는 이제부터 하늘을 아버지라고 부르지 말고 어머니라고 불러야 한다.

'오, 어머니이신 하늘이여! 그 때문에 당신은 꼭 같이 어둡지만 이처럼 우리들이 동경하는 대상이 되고 우리를 둘러싸고 있는 이 밤은 우리에게 두려움을 불러일으키는 것인가요?'

나는 말할 수 없는 감동에 휩싸였다. 다른 아이들도 마찬가지인 듯했다. 그제야 우리는 왜 우리 마을에 보이는 모든 색깔이, 자연 색이든 인공 색이든 한결같이 푸르고, 누르고, 붉고, 희고, 검은 색깔을 바탕에 깔고 있는지 이해할 수 있을 것 같았다.

제 빛을 찾고 제 하늘을 찾는 일의 소중함. 나는 이것을 공동체 마을에 살면서 가슴으로 배웠다.

우리가 그린 개펄 지도

여름이 되면 우리는 두 주일 동안 바닷가에서 산다. 우리 공동체 마을에서 바닷가까지는 걸어서 삼십 분이면 갈 수 있다. 바닷가에는 공동체 해변학교가 있다. 해변학교라고 하면 얼핏 모래 위에 세워 놓은 천막을 상상하기 쉽지만 우리 해변학교는 아주 잘 지어 놓은 튼튼한 건물이다. 오랜 연구 끝에 개흙과 모래를 섞어 시멘트보다 더 단단한 벽돌을 만들고 그 벽돌로 기둥을 쌓고 지붕도 만들었다. 건물 벽에는 조개껍질로 개펄과 바다에 사는 여러 가지 바다 동물들을 아름답게 수놓았다. 모두 우리 손으로 만들고 꾸민 것이다.

해변학교에는 교실들이 많이 있다. 커다란 수족관도 있고 개펄 생태를 한눈에 볼 수 있는 개펄 교실도 있다. 그리고 개펄과 바다에서 양식하는 김, 파래, 굴, 새우, 조개 같은 것들을 깊이 연구하는 실험 실습실도 있고 밀물과 썰물을 이용해서 동력을 얻는 방법을 연구하는 해안 동력 교실도 있다. 지금까지 조력(潮力) 발전을 통해서 얻은 전기로는 해변학교와 거기에 곁들인 여러 시설들을 유지하는 정도지만 머지않아 공동체 마을 전체가 쓰고도 남을 커다란 조력발전 시설이 이 근처에 세워질 것이라고 한다.

이번 여름에 우리가 하기로 한 '재미있는 숙제'는 '개펄 지도 그리기'이다('재미있는 숙제'라는 말은 이호철 선생님이 펴낸 유명한 책《재미있는 숙제, 신나는 아이들》에서 따온 것이다. 지금은 거의 모든 기초학교 숙제가 '재미있는 숙제' 중심으로 되어 있지만 스무 해 전까지만 해도 초등학교에서 내주는 숙제는 거의가 '국어 몇 쪽에서 몇 쪽까지 열 번 써 오기' '수학 문제 몇 쪽에서 몇 쪽까지 풀어 오기'식이어서 아이들을 제대로 가르치려는 뜻에서 숙제를 내는 것인지 못살게 굴려고 내는 것인지 가늠할 수 없는 경우가 많았다). '개펄 지도가 뭐지?' 하고 궁금해할 분들을 위해서 간단히 설명하겠다. 그동안 공동체 해변학교에서 여러 해를 두고 해 온 '개펄 지도' 그리기는 다음과 같은 것이다.

일반 지도에 산이 있고 강이 있고 들이 있고 길이 있듯이, 또 도와 군과 면을 나누는 경계가 있고 학교와 병원, 우체국이나 기차역이 있듯이 개펄도 마찬가지다. 바닷가 생물들이 다니는 길도 있고 집도 있고 산도, 계곡도, 물도 있다. 개펄 지도는 이렇게 개펄에 보이는 모든 것을 있는 그대로 세밀하게 그려 내는 것이다. 개펄 지도에는 두 가지 종류가 있는데 하나는 개펄 표면을 그린 것이다.

기초학교 위 학년인 우리가 그리는 '개펄 그리기'는 개펄 표면을 그리는 것이다. 개펄 단면을 그리는 일은 중학교와 고등학교에 다니는 형들 몫이다. 이야기가 나온 김에 단면 그리기에 대해서도 조금 소개하자면 이렇다. 투명한 특수 유리를 개펄 깊숙이 사각으로 박아 넣은 뒤에 그 안에 있는 개펄을 모두 파낸다. 파낸 개펄 밑바닥에 디딤돌을 깔아 딛고 설 자리를 만든다. 사각으로 박아 넣은 유리 벽 안쪽을 말끔히 닦은 뒤에 유리 벽들이 개펄 힘에 밀려 찌부러지지 않도록 버팀목을 대고 뚜껑을 덮는다. 뚜껑 위에 개펄을 덮어 안쪽에 있는 유리 벽에 물이 스미거나 빛이 들지 않게 한다. 그런 상태로 며칠을 두면 유리 벽 밖 개펄에 깊이에 따라 여러 개펄 동물들 구멍이 보인다(검은 천으로 덮어 놓았다가 천을 떼어 낸 뒤에 보이는 유리 상자 속 개미집을 머리에 떠올리면 될 것이다). 유리 벽 위에 덮인 개펄을 걷어 내고 뚜껑을 연 뒤에 유리 벽 안에 들어가 벽에 보이는 개펄을 그리는 것이 바로 개펄 단면 그리기다. 이 작업은 힘과 기술이 필요하기 때문에 기초학교 과정에 있는 우리한테는 조금 버거운 일이다.

이제부터 개펄 표면 그리기에 대해서 설명하려고 한다.

썰물 때가 되면 우리 눈앞에 넓고 넓은 개펄이 드러난다. 우리는 열 명이 한 동아리가 되어 개펄 그리기 준비를 한다. 우리 손으로 만든 걸상 하나씩, 가로로 50센티미터마다 색 띠가 꽂혀 있는 긴 줄 두 개, 세로로 개펄에 줄을 그을 수 있는 하얀 실 한 가닥씩, 가로가 50센티미터 세로가 30센티미터인 하얀 종이와 그 종이를 올려놓을 화판, 2비(B) 연필 두어 자루, 연필을 깎을 칼, 이 정도면 충분하다. 연필과 칼을 넣어 둘 자루가 있어서 목에 걸면 더 좋겠지.

준비물이 갖추어지면 색 띠가 꽂혀 있는 긴 줄 두 개를 30센티미터 간격으로 개펄 위에 가로로 나란히 친 다음, 양쪽에 꼬챙이를 세워서 그 꼬챙이에 줄을 묶는다. 이 줄은 개펄에 닿지 않게 한다. 그다음에 저마다 가지고 있는 하얀 실오라기로 색 띠와 색 띠를 연결하면 개펄 위로 가로 50센티미터 세로 30센티미터 되는 직사각형 개펄 분할이 이루어진다. 이젠 의자에 앉아서 눈앞에 있는 직사각형으로 나뉜 개펄 위에 있는 것을 하얀 종이에 꼼꼼히 자세하게 그리면 된다.

처음에는 개펄 위에 있는 크고 작은 구멍, 갯지렁이나 조개나 게가 지나간 자국 같은 것만 눈에 띈다. 그러나 훈련이 되어 30분이나 한 시간쯤 한자리에 꼼짝 않고 앉아 있을 수 있게만 되면 구멍 속에 숨어 있던 여러 개펄 동물들이 슬슬 구멍 밖으로 모습을 드러내는 걸 볼 수 있다. 구멍 밖으로 나오는 놈들을 그 자리에서 다 그리면 좋겠지만 꼭 그럴 필요는 없다. 어느 구멍에서 무엇이 나왔는지 확인만 되면 나중에 잡아서 집으로 가지고 와 천천히 그릴 수도 있기 때문이다. 열 명이 한 동아리가 되어 그린 개펄 그림은 가로 5미터 세로 30센티미터짜리 개 펄 지도가 된다. 첫날 그린 자리를 표시해 놓았다가 다음 날에는 앞쪽 이나 뒤쪽으로 자리를 옮겨서 그린다. 이렇게 열흘쯤 그리면 동아리마 다 대체로 가로 5미터 세로 3미터짜리 개펄 지도를 완성할 수 있다. 이 개펄 지도는 그린 사람, 그린 날짜, 그린 곳을 적어 차곡차곡 순서대로 개펄 지도 보관함에 넣어 놓는다.

'개펄 지도가 무슨 소용이 있느냐? 개펄 지도가 쓸모가 있다 한들 이 제 여남은 살 먹은 코흘리개들이 놀이 삼아 그린 것을 어디에 쓰겠느 냐?' 이렇게 물을 분들이 있을지 모르겠다. 첫 질문에 대해서는 우리 선생님이 하셨던 말씀을 나중에 되풀이하기로 하고, 두 번째 질문에 대해서 먼저 간단히 대답하려고 한다. 가르침 받기에 따라서 기초학교 위 학년인 우리 나이 또래 아이들이 사실 그림을 얼마나 잘 그릴 수 있 는지 알려면, 지금부터 스무 해 전에 나온 이호철 선생님 반 아이들 그 림이 담긴 《살아 있는 그림 그리기》라는 책을 보면 된다. 이 책에서 '자 세히 보고 그리기' 편에 나오는 아이들이 그린 식물 그림은 어지간한 도감에 나오는 그림을 뺨칠 만하다.

첫 번째 질문에 대한 답변은 '개펄 지도 그리기'에 앞서 우리 선생님 이 우리에게 들려준 이야기를 이 자리에서 되풀이하는 것으로 대신하 기로 하자.

"여러분, 1861년에 고산자 김정호 선생님이 대동여지도를 만든 뒤 로 우리 나라에는 많은 지도가 나왔습니다. 그러나 대동여지도가 나 온 지 150년이 넘는 오늘날까지도 아직 대동여지도에 버금갈 만한 훌륭한 지도책이 나오지 못하고 있습니다. 이를테면 우리 나라는 삼 림 자원이 많기로 세계에서 이름난 나라인데도 아직 제대로 된 나무 지도가 없습니다. 또 여러분도 잘 알겠지만 우리 나라는 약초가 많은 나라로 세계에 알려져 있습니다. 그리고 우리 공동체 마을에는 세계에서 가장 뛰어난 생약 연구소가 있습니다. 그러나 그동안 온 힘을 다 쏟았는데도 앞으로 여러 해가 더 흘러야 제대로 된 약초 지도가 나올 것 같습니다.

몇 해 전부터 우리가 시작한 '개펄 지도 그리기'는 그동안 계속해 온 '나무 지도 그리기'와 '약초 지도 그리기'에 못지않게 중요한 작업입니다.

'산을 살리고 들을 살리고 바다를 살리는 길만이 나라를 살리는 길이다.'

이 말은 우리가 마을 어른들한테 귀에 못이 박히도록 들은 말이 아닙니까? 알다시피 우리 나라는 바다로 둘러싸인 나라입니다. 그리고 서쪽과 남쪽으로 너른 개펄이 펼쳐져 있습니다. 이 개펄을 잘 가꾸면 바닷가에 공장을 세우는 것보다 수백, 수천 배는 넘게 소득을 올릴 수 있다는 것도 이제는 널리 알려진 사실입니다.

그러나 개펄에 대한 관심이 해마다 높아지고 있는데도 아직 우리 나라에는 이렇다 할 개펄 지도가 없는 형편입니다. 물론 개펄 지도를 그리는 것은 나무 지도를 그리는 것이나 약초 지도를 그리는 것보다 몇 배나 더 어렵습니다. 눈에 보이는 표면만 그려서는 안 되고 개펄 속에 들어 있는 것을 알기 위해서 단면 그림까지 그려 내야 하기 때문입니다. 그뿐만이 아닙니다. 바다나 개펄의 생태는 뭍의 생태보다 훨씬 더 변화가 큽니다. 따라서 개펄 지도는 어쩌면 몇 해마다 새로 그려야 할지도 모릅니다. 그렇지만 어떤 어려움이 있더라도 이 일은 하루바삐 해내야 합니다. 처음 우리가 이 일을 시작했을 때 많은 분들이 고개를 갸웃거렸습니다. 넓은 바닷가에서 조개껍질을 줍는 것이나 진배없는 일이라고 여겨서 그랬을 것입니다. 그러나 여러분 언니 오빠들이 지난 몇 해 동안 그려 온 개펄 지도를 눈여겨본 분들은 차츰 생각을 바꾸고 있습니다. 어떤 분은 이 개펄 지도가 완성되는 날은 새로운 대동여지도가 나오는 것만큼이나 뜻깊은 날이 되리라고 예언하기도 합니다.”

선생님들은 우리에게 거짓말을 한 적이 없다. 따라서 우리는 놀면서 하는 이 ‘재미있는 숙제’가 어디에 어떻게 쓰일지 아직 잘 모르지만 아무튼 무척 소중한 일이라는 것만은 알고 있다.

우리는 개펄 지도를 그리면서 몇 가지 문제에 부딪혔다. 하나는 개펄에 찍힌 물새들의 발자국도 그려야 하느냐 하는 것이었고, 또 하나는 썰물 때마다 개펄에 그려진 생물들의 자취가 바뀌어서 전날 그린 그림과 다음 날 그린 그림 사이에 단절이 생기게 되는데 이 문제를 어떻게 해결하느냐 하는 것이었다. 우리는 ‘보이는 그대로 그려라’ 하는 선생님 말씀을 따라 있는 그대로 그리는 수밖에 없었다. 우리 그림을 모두 이어 붙여 놓았을 때 가로로는 연속된 그림이 되었으나 날짜를 달리해서 그린 세로로는 개펄 위에 난 발자국들이 툭툭 끊긴 그림이 되어서 마뜩지 않았지만 어쩔 수 없는 노릇이었다.

그림을 다 그리고 나면 우리는 ‘그린 자리 파내기’ 놀이를 했다. 자기가 그린 개펄에 나 있는 구멍 수를 헤아리고 그 구멍 속에 들어 있는 게나 조개나 망둥이 같은 것을 많이 파낸 사람이 이기는 놀이다. 처음에는 구멍을 함부로 쑤셔 대서 거의 한 마리도 잡아내지 못하다가 점점 손끝이 예민해지고 요령이 생기면서 나중에는 거의 모든 구멍에서 다 잡아내게 되었다. 물론 낙지 구멍이나 망둥이 구멍 같은 예외도 있었지만.

개펄 지도를 그리면서 놀란 것이 있다. 개펄에는 엄청나게 많은 생물들이 떼를 지어 산다는 것이다. 그리고 그 많은 생물들 가운데 몇 개만 빼면 다 우리들 먹을거리가 된다는 점이다. 우리는 개펄에서 놀면서 비로소 '산 농사보다는 들 농사가 더 낫고 들 농사보다는 개펄 농사가 더 낫다'는 어른들 말씀을 이해할 수 있었다.

개펄 지도 그리기가 끝나고 우리는 개펄 지도 전시회를 가졌다. 그려진 구멍 곁에는 뒤늦게 그 구멍의 주인을 확인하여 구멍 옆에 직접 세밀화로 그려 넣기도 하고, 번호를 써 놓은 뒤에 따로 그 번호에 맞는 생물을 옆에 그려 놓기도 했다. 그리고 개펄에 난 새들 발자국도 번호를 써 놓은 뒤에 따로 그 번호에 맞는 발자국을 가진 바닷새들을 정성 들여 그렸다. 이렇게 해 놓고 보니 처음에는 볼품없이 여겼던 개펄 그림이 마치 살아 있는 개펄처럼 우리 눈앞에 펼쳐지는 것이었다.

언제일지는 모르지만 바닷가 마을에 사는 아이들이 우리를 본떠서 모두 개펄 지도 그리기에 힘을 쏟고, 그 결과로 서해와 남해와 동해를 잇는 개펄과 바닷가 지도가 완성되는 날이면 우리 나라 전체가 세계에서 가장 멋있는 해변학교가 되는 날도 오지 않을까?

동물 음악회, 풀잎 연주회

　어느 날 우리 공동체 학교 중등반 음악 시간에 소리 흉내 잔치가 벌어졌다. 우리는 저마다 마을에서 들은 소리를 흉내 내야 했다. 소, 돼지, 닭이 내는 울음소리부터 풀벌레 우는 소리, 바람에 미루나무 잎 흔들리는 소리, 시냇물 흐르는 소리, 대장간 망치질 소리, 할아버지 기침 소리, 아이가 옹알거리는 소리……. 그야말로 별의별 소리가 다 나오고 그때마다 교실은 웃음소리로 뒤흔들렸다. 음악실에 방음 장치가 되어 있지 않았던들 아마 학교뿐만 아니라 우리 마을 전체가 웃음 홍수 속에 떠내려갔을 것이다.

　흉내 잔치가 끝나자 선생님은 갈앉은 목소리로 조용히 이렇게 이야기했다.

　"내가 지난번에 우리 나라 사람들은 사람의 목소리를 쉰 가지 넘게 나누어 들을 만큼 뛰어난 청음 능력을 지니고 있다고 이야기했는데 여러분들 가운데는 설마 하고 의심하는 사람도 적지 않을 것이다. 그 말이 빈말이 아님을 증명하려고 여기 책을 한 권 가지고 왔다. 이 책은 박헌봉이라는 어른이 지금부터 약 반세기 전인 1966년에 쓰신 것으로 이름은 '창악대강'이다. 서양 사람들이 소리를 높낮이에 따라 테너, 바리톤, 베이스 같은 식으로 목소리를 나누었듯이 우리 옛 어른들도 높낮이에 따라 평성(平聲), 상성(上聲), 중상성(重上

聲), 최상성(最上聲), 하성(下聲), 중하성(重下聲), 최하성(最下聲)으로
나누었다. 거기에 더하여 음색에 따르는 목소리를 나누었고 한 걸음
더 나아가 목소리 변화에 따르는 분류도 따로 했다. 이를테면 음색
을 기준으로 배 속에서 바로 위로 뽑는 소리를 통성이라 하고, 쉰 목
소리같이 껄껄하게 나오는 소리를 수리성이라 하고, 떨려 나오는 소
리를 발발성, 툭 튀어나오는 타고난 명창이 내는 소리를 천구성, 귀
신 울음소리같이 사람으로서는 도무지 흉내 내지 못할 정도로 신비
한 소리를 귀곡성이라고 한다. 음색에 따라 우리 옛 어른들이 구별
한 목소리는 이 밖에 철성, 세성, 항성, 비성, 파성, 화성, 아귀성과 합
하여 모두 열두 가지였다…….”

선생님이 설명하고 있는 중에 싱겁이로 통하는 건욱이가 손을 번쩍
들었다.

“선생님, 아귀성은 뭡니까? 혹시 굶어 죽은 귀신 목소리를 가리키는
것 아닙니까?”

여기저기서 키득거리는 소리가 들렸다.

“아귀는 아귀성을 못 낸다. 아귀성은 목청을 좌우로 젖혀 가면서 힘
차게 내는 소리다. 알겠나? 이건욱 군.”

“아, 예. 잘 알았습니다.”

건욱이는 뒤통수를 벅벅 긁으면서 주저앉았다.

“우리 조상들이 소리에 얼마나 민감했는지 알려면 목소리 변화에 따
라 붙인 이름들만 들어도 된다. 자, 이제부터 설명은 빼고 이름만 들
어 보겠다. 생목, 속목, 겉목, 푸는목, 감는목, 찍는목, 떼는목, 마는목,
미는목, 방울목, 떡목, 노랑목, 마른목…….”

“선생님, 선생님! 아무리 바쁘시더라도 설명을 해 주셔야죠.”

음악에 유난히 관심이 큰 나라가 다급한 목소리로 선생님 말을 가로

막았다. 그러자 선생님은 잠깐 생각에 잠기더니,

　"좋다. 이런 기회가 아니면 여러분이 따로 설명을 들을 기회가 없을
　지도 모르니 번거롭지만 박헌봉 어른이 해 놓은 분류에 따라 설명하
　기로 하자."

하고는 아래와 같이 목소리들을 죽 설명해 나갔다.

　　생목: 소리에 공력이 없어 많이 쓰이지 않는 소리. 곧 목이 트이지 않
　　　　　은 소리

　　속목: 목 안에서 내는 소리

　　겉목: 겉으로만 싱겁게 내는 목소리

　　푸는목: 소리를 느직하게 스르르 푸는 목소리

　　감는목: 천천히 몰아들이는 목소리

　　찍는목: 소리의 어떤 대목에서 맛이 있게 찍어 내는 목소리

　　떼는목: 소리를 하다가 어느 한순간에 맺어서 꼭 잘라 떼는 목소리

　　마는목: 느린 목소리를 점점 빨리 돌려 차근차근 몰아들이는 목소리

　　미는목: 소리를 당기다가 다시 놓아 밀어 주는 목소리

　　방울목: 둥글둥글 굴려 내는 목소리

　　떡목: 텁텁하고 얼어붙어서 조화롭지 않게 내는 목소리

　　노랑목: 목청을 떨면서 지나치게 꾸며 속되게 내는 목소리

　　마른목: 아주 깔깔하게 말라 버린 목소리

　　굳은목: 굴곡이 없이 아주 뻣뻣하게 멋없이 나오는 목소리

　　끊는목: 예민하고 날카롭게 맺어 끊는 목소리

　　엮는목: 사분사분 아주 멋있게 엮어 내는 목소리

　　다는목: 떼지 않고 계속 붙여서 내는 목소리

　　깎는목: 소리를 하다가 모가 있게 깎아 내리는 목소리

　　눅은목: 높은 음은 없고 언제나 낮고 탁한 음만 내는 목소리

된목 : 아래로 내려오지 않고 언제나 높은 소리로만 내는 목소리

짜는목 : 평범하게 소리를 하다가 쥐어짜서 맛있게 내는 목소리

찌른목 : 가장 높은 소리로 높이 질러 내는 목소리

파는목 : 아래로 깊이 파고들어가는 목소리

흘는목 : 소리를 무덕무덕 널어서 흘어 내는 목소리

넓은목 : 아주 넓게 범위를 넓혀서 부르는 목소리

둥근목 : 본이 있고 원만하게 내는 목소리

짧은목 : 숨길이 짧아 길게 뽑지 못하는 목소리

긴목 : 자유로이 숨결을 길게 할 수 있는 목소리

느린목 : 장단이 한배에 맞지 않게 늘어지게 하는 목소리

조으는목 : 목소리를 맺어 떼려고 바싹 죄는 목소리

너는목 : 소리를 쭉쭉 뻗어 널어놓는 듯한 목소리

줍는목 : 차근차근 주워 담는 듯한 목소리

튀는목 : 소리를 평평하게 하다가 갑자기 위로 튀어나오게 내는 목소리

뽑스린목 : 평탄하게 나가다가 휘어잡아 뽑아 올리는 목소리

군목 : 연습 삼아 목을 틔우려고 혼자서 내어 보는 목소리

엎는목 : 소리를 똑바로 내다가 한번 엎어쳐 보는 목소리

젖힌목 : 평범한 소리로 하던 것을 옆으로 젖히기도 하고 또는 엎어진
　　　　소리를 바로잡아 돌이키는 목소리

이 시간이 끝난 뒤로 우리는 걸핏하면,

"야, 너 아무리 아부를 한다고 그렇게 노랑목을 써서야 되겠냐?"

"난 이래 봬도 방울목이야. 너 같은 떡목과는 달라."

"눅은목으로 영감 같은 소리만 하고 있네."

"그래도 네 생목과는 비교가 안 돼."

하면서 서로 상대방 목소리를 두고 입씨름하기 일쑤였다.

중등반 음악 시간에 대한 추억은 그 밖에도 많다. 언젠가 음악 선생님이 우리들에게,

"소리가 나는 것은 모두 악기다."

하고 말하자마자 개구쟁이 송이가 불쑥 되바라진 소리를 했다.

"그러면 돼지도 악기겠네요? 꿀꿀 소리를 내니까요."

그러자 음악 선생님은 웃지도 않고,

"물론이지. 돼지도 훌륭한 악기고말고……."

하면서 마치 송이가 대단히 훌륭한 질문이라도 한 것처럼 고개를 몇 번이나 끄덕거렸다.

우리는 송이의 장난스러운 눈빛과 선생님이 진지하게 고개를 끄덕이는 모습이 하도 우스꽝스러워 보여서 한바탕 웃음을 터뜨렸다.

"어디 우리 한번 동물 음악회를 열어 볼까?"

선생님은 웃음이 그치기를 기다렸다가 엉뚱한 제안을 했다. 우리는 어안이 벙벙해져서 서로 얼굴을 쳐다보았다.

"동물 음악회요?"

"그래, 동물 음악회."

"그럼 돼지도 가수가 되겠네요?"

"되다마다. 염소도, 강아지도, 오리도 모두 가수가 될 수 있지. 훌륭한 악기도 될 수 있고……."

일은 이렇게 해서 시작되었다. 우리는 우리 마을에서 자라는 짐승들 목소리를 모두 녹음기에 담았다. 개 짖는 소리를 예로 들면 낯선 사람을 보았을 때 짖는 소리, 화가 나서 이를 드러내며 으르렁거리는 소리, 발에 걸어채어서(이 못된 짓은 두레가 했는데 동물 학대 죄로 고발할 때 훌륭한 증거물이 될 만했다) 끙끙거리는 소리, 반가워서 꼬리 치며 짖는 소리까지……. 이른바 '개가 내는 모든 소리'를 빠짐없이 녹음했다. 소,

말, 고양이, 닭, 오리, 거위, 염소, 제비, 돼지 소리도 마찬가지로, 때로는 일부러 소리를 내게 하면서까지 아주 꼼꼼히 녹음했다. 그리고 그 소리들을 섞어서 편집을 했다. 결과는 놀라운 것이었다.

이 '동물 음악회'가 열리고 난 뒤로 우리는 해마다 색다른 연주회를 한 번씩 열기로 했다. 그 가운데서 잊히지 않는 것은 '그릇 연주회'와 '풀잎 연주회', 그리고 저마다 새로운 악기를 만들어 그 악기들만으로 연주를 하는 '새 악기 연주회' 같은 것이다.

'그릇 연주회'는 우리 학교 식당에 있는 온갖 그릇들을 이것저것 문질러 보기도 하고 긁어 보기도 하고 두들겨 보기도 하고 불어 보기도 하는 것이 시작이다. 그러면서 저마다 그 안에 갖고 있는 이런저런 소리의 질서를 찾아내고 그 질서 있는 소리들을 묶어 소리판 한마당을 여는 것이다. 굳이 영어를 써서 말하면 테이블웨어 오케스트라(Table-ware Orchestra)라고나 할까. 저마다 물 양이 다르게 담긴 유리컵들을 쇠젓가락으로 두드리거나 손바닥으로 문질러 아름다운 음악을 연주하는 광경을 한 번이라도 본 사람은 이 '그릇 연주회'가 어떠했을지 미루어 짐작할 수 있으리라.

'풀잎 연주회'는 우리 마을에서 자라는 갖가지 풀잎이나 나뭇잎이 악기가 된다. 잎을 돌돌 말거나 잎 사이사이에 구멍이나 홈을 내 입에 대고 불면서 그 소리들이 어우러져 소리판 한마당이 이루어지게 하는 것이다. 저마다 다른 소리를 질서 있게 내게 되기까지는 '그릇 연주회' 보다 훨씬 더 애를 먹었지만 결과는 좋았다.

'새 악기 연주회'는 '소리 나는 것은 모두 악기'라는 음악 선생님 말씀 때문에 비롯된 일이다. 그 말씀에 따라 소리 나는 것은 무엇이나 문지르고 긁고 불고 두드려 보면서 우리 나름으로 새로운 악기를 만들어 보자는 의견이 나왔다. 그 의견을 그럴싸하게 여긴 사람들이 이런저런 악기를 만들었다. 그 가운데 제법 독창적이고 질서 있는 소리를 내는 악기를 골라 합주하는 것으로 출발한 일이 '새 악기 연주회'였다. 악기 가운데는 쇠붙이나 돌로 된 것도 있고 실이나 박 같은 열매껍질로 된 것도 있었다. 또 대나무나 가죽으로 된 것도 있고 흙으로 빚은 것, 유리로 만든 것, 나무를 깎아 만든 것까지 가짓수가 꽤 많았다. 처음에는 음악 연주 회관 한쪽에 보관되어 있는 전통 악기들(우리 연주 회관 진열실에는 예순 가지가 넘는 전통 악기들이 보관되어 있다)을 본뜬 것이 많았다. 그러나 차츰차츰 우리들 귀가 예민해지고 소리의 질서를 스스로 만들어 내는 힘도 커짐에 따라 우리는 밖에서 들리는 자연의 소리와 우리 안에서 울려오는 생명의 소리를 표현할 새로운 길을 찾게 되었다. 이러한 과정에서 옛 전통에 새로운 전통을 더하는 수준이라 할 만한 정말 새로운 악기들을 하나 둘 만들어 내기 시작했다.

이제 우리 마을에서 열리는 음악 연주회는 우리 나라뿐만 아니라 세계에서도 이름난 연주회로 알려져 있다. 잘 알려진 어느 음악 평론가는 이런 말을 남기기도 했다.

'이 조그마한 공동체 마을(인구는 삼만이 넘지 않는다)은 해마다 세계 음악계를 위해서 가장 전통에 충실하면서 동시에 가장 실험 정신이 넘치는, 이제까지 열리지 않았던 새로운 소리의 세계를 열어 보이는 선구자 노릇을 하고 있다.'

"너희들이 날마다 함께 뒹굴고 노는 동무들 목소리에 담긴 아주 작은 변화까지도 귀담아 들을 만큼 귀가 열리고, 나뭇잎 나부끼는 소리만 듣고도 내일 날이 갤지 비가 내릴지를 알아챌 만큼 자연의 소리에 민감해질 수 있다면, 어느 조용한 가을밤에 우주를 가득 채우고 있는 별들의 장엄한 화음까지도 들을 날이 있을 것이다."

이것은 우리 음악 선생님이 해 준 말이다. 아직 내 귀는 지렁이 울음소리 속에 담긴 감정 변화도 제대로 가려내지 못할 만큼 무디지만 언젠가 선생님 말씀대로 우주를 가득 채운 신비한 소리 잔치에 초대될 날이 있으리라고 믿는다.

내가 깨친 빛과 그림자의 고마움

실험 학교 학생에서 실험 학교 선생님으로

개코 선생님

나는 한때 바닷속이 사막 같을 거라고 생각한 적이 있다. 마치 사막이 막막한 모래벌판으로 이루어져 있듯이, 바다도 농도가 똑같은 소금물이 끝없이 이어져 있는 황량한 곳이고, 그 안에서 물고기들은 낙타를 타고 사막을 여행하는 '대상'들처럼이나 외롭고 힘들게 바닷속을 헤엄쳐 다닐 거라고 생각한 것이다. 그러나 나는 공동체 학교에서 냄새 맡기 놀이에 몰두하게 되면서부터 바다를 두고 머릿속에 그렸던 이 쓸쓸한 그림을 고쳐 그리게 되었다.

우리에게 '냄새 맡고 알아맞히기' 놀이를 가르쳐 주던 선생님이 어느 날 연어 이야기를 해 주었다. 다 알다시피 연어는 넓은 바다에서 살다가 설악산 계곡같이 맑은 물이 흐르는 곳에 돌아와 알을 낳고 죽는 물고기다. 그러니까 설악산 맑은 물에서 태어난 어린 연어 새끼는 그 길로 계곡물을 타고 긴 여행길에 오르는데, 동해 바다를 거쳐 가도 가도 끝이 없는 망망대해 태평양을 하루 이틀도 아니고 몇 년씩이나 헤엄쳐 다니면서 살다가 알을 낳을 때가 되면 자기가 태어난 곳으로 돌아온다는 것이다. 동해 앞바다에서 북태평양 한가운데로 나와 알래스카 만까지 갔다가, 네 해째 되는 봄에 알래스카 만 남쪽에서 알류샨 열도를 가로질러 캄차카 반도 동쪽으로 내려가서는, 쿠릴 열도를 따라 다시 우리 나라 동해로 되돌아온다는 연어. 어떤 때는 여섯 해도 넘게

긴 세월을 깊은 바닷속으로 헤엄쳐 다니던 그 조그만 물고기가, 길을 잃지 않고 다시 설악산 계곡으로 찾아오는 힘은 어디에 있을까?

"냄새야, 연어는 냄새로 제가 태어난 고향 계곡물을 알아보는 거라구."

우리 선생님이 속삭이듯이 말해 주었다. 얼마나 신비로운 일인가! 사막으로만 여겨지던 바닷속이 그 많고 다양한 냄새를 지닌 산과 강, 계곡과 골목길로 누벼져 있다니! 갑자기 나에게 바닷속은 눈부신 색깔과 황홀한 소리와 아름다운 모습으로 가득한 환상 속 미로처럼 다가왔다.

어떤 사냥개들은, 거센 비바람이 몰아쳐서 모든 냄새가 깡그리 지워져 버린 듯한 숲 속에서조차도 이틀 전에 지나간 짐승의 발자취를 코로 어김없이 찾아낸다는 것. 또 수컷 누에나방은 삼십 리나 떨어진 곳에 있는 암컷 냄새를 맡고 그쪽으로 찾아간다는 것. 땅에 발과 코를 붙이고 사는 네발짐승치고 냄새로 먹이와 적을 알아채는 힘이 없으면 살아남을 짐승이 별로 없으리라는 것. 사람은 바다에서 뭍으로 올라와 살다가 나무 위로 올라간 뒤에 다른 짐승에 견주어 코가 많이 무디어졌지만 그래도 코는 아직 우리가 목숨을 지키는 데 빼놓을 수 없는 기관이라는 것……. 이런 이야기를 놀이하는 사이사이에 듣고 있으면 무척 흥미로웠다. 특히 선생님들이 해 준 이야기 가운데 뭐니뭐니해도 가장 우리 가슴을 울린 것은 개코 선생님 이야기였다. 내가 기억하고 있는 개코 선생님 이야기는 다음과 같다.

우리 공동체 마을에 있는 생약 연구소가 세계로 널리 알려지게 된 데에는 이제부터 이야기하려는 개코 선생님의 힘이 아주 컸다. 개코 선생님은 우리 공동체 마을이 세워진 지 얼마 안 되어 어머니와 함께 도시에서 이사를 왔다고 한다. 개코 선생님의 아버지는 베트남전에 끌려 나갔다가 돌아온 뒤로 어느 해부터인가 시름시름 앓다가 나중에는 견딜 수 없는 고통 속에서 죽었다. 나중에 밝혀진 바로는 미군이 전쟁에 방해가 되는 숲을 없애려고 뿌린 '고엽제'에 중독된 탓이라고 했다. 개코 선생님 어머니는 아버지를 처음 만날 무렵 거울을 만드는 공장에 다녔다고 한다. 아버지가 월남에서 전쟁 통에 들이마신 고엽제 가루 때문인지, 그렇지 않으면 어머니가 거울 공장에서 들이마신 수은 연기 때문인지 몰라도 아무튼 개코 선생님은 날 때부터 장애를 가진 몸으로 태어났다. 얼굴에 있는 눈과 코와 입이 모두 뒤틀려 있을 뿐만 아니라 손과 발까지도 휘어져서 몸 가운데 그나마 겨우 제대로 움직일 수 있는 것은 왼쪽 발뿐이다. 이처럼 신체 장애가 있는데도 우리 마을에 들어와 살 수 있게 된 것은, 처음 공동체 마을을 일으켜 세운 분들이 이 마을 성격을 장애인도 함께 사는 마을로 정했기 때문이었다고 한다.

개코 선생님의 어머니는 너무나 가난해서 개코 선생님을 탁아소에 보낼 수 없었다. 일을 나갈 때는 그냥 개코 선생님을 방 안에 뉘어 놓고 나갈 수밖에 없었다. 다른 어머니처럼 밖에다 열쇠를 채우고 갈 필요는 없었다. 그러지 않아도 뇌병변장애에 걸린 아들은 몸을 움직일 수 없어서 하루 종일 눕힌 자리에 그대로 있어 주었기 때문이다.

그 당시에 우리 나라는 허리가 동강 나 있는 데다가 남쪽에는 독재 정치가 오랫동안 계속되고 있어서 장애인들은 더 말할 나위도 없거니와 몸이 성한 사람도 목숨을 부지하기 힘들었다. 집이 없는 사람들은 산꼭대기나 변두리에 있는 버려진 땅에 움막을 짓고 살았다. 아이를 가진 어머니도 날품을 팔지 않으면 살 수 없었기 때문에 집집마다 아이를 방 안에 가두어 놓고 문에 자물쇠를 채워 놓는 새로운 풍습이 생겨났다. 그러다가 방 안에 갇혀 있던 아이들이 심심해서 성냥을 가지고 놀다 잘못해서 불을 내는 일도 종종 일어났다. 그때마다 죄없는 아이들을 태우는 불길이 하늘 높이 솟아올랐다. 하지만 하느님도 고개를 돌릴 그런 천인공노할 일이 일어나도 어른들 가슴은 얼음장보다 더 차게 얼어붙어 있어서 아무도 이런 일에 책임을 느끼는 사람이 없었다.

이 무서운 세상에서 개코 선생님의 어머니는 어떻게 해서든지 개코 선생님을 자기 힘으로 지켜 내려고 했으나 얼마 지나지 않아 그것이 가능하지 않다는 게 드러났다. 개코 선생님 어머니의 딱한 처지가 알려지자 우리 공동체 마을의 어른들은 의논 끝에 개코 선생님을 어머니와 함께 받아들이기로 결정했다. 개코 선생님의 몸 가운데 성한 곳이라고는 왼발밖에 없었는데 개코 선생님이 그 발로 자기 생각이나 느낌을 드러내려고 애쓰는 것을 처음 발견한 분은 우리 마을 의사 선생님이었다. 의사 선생님은 개코 선생님이 무엇이든지 새로운 것을 보거나 새로운 소리를 듣거나 새로운 냄새를 맡거나 하면 이상하게 흥분된 모습으로 왼쪽 다리를 떤다는 사실을 알아챈 것이다.

또 얼마 지나지 않아 의사 선생님은 개코 선생님이 뇌병변장애로 비록 몸에는 장애가 있지만 정신만은 아주 또렷한 아이라는 사실도 알아냈다. 의사 선생님은 개코 선생님에게 글을 가르치기 시작했다. 어떻게 가르쳤느냐고? 우리 마을 '뚝딱이 아저씨'한테 부탁해서 널빤지를 만들고 그 널빤지 위에 우리 말 홀소리와 닿소리를 큼직큼직하게 써서 개코 선생님 발밑에 놓아 주었다. 그러고 나서 옆에 있는 개코 선생님의 어머니를 가리키면서 ㅇ과 ㅓ, ㅁ과 ㅓ, 그리고 ㄴ과 ㅣ를 차례로 짚어 주었다. 처음에는 힘들어했지만 나중에 의사 선생님 말을 이해한 개코 선생님은 곧 빠른 속도로 글을 깨치기 시작했다. 그래서 얼마 지나지 않아 문자판만 있으면 누구하고나 이야기를 나눌 수 있게 되었다.

곧이어 개코 선생님이 가진 특별한 재능이 발견되었다. 감각 교육 시간에 일어난 일이었다고 한다. 선생님은 아이들 코밑에 식물 뿌리나 줄기, 잎을 으깨서 짜낸 즙을 갖다 대고 그것이 무엇인지 냄새를 맡아 알아내기 놀이를 시켰다. 다른 아이들은 열 가운데 두셋을 바로 알면 고작인데 '개코' 어린이(개코 선생님의 '개코'라는 별명은 이때 생긴 것이라고 한다)는 놀랍게도 틀리는 법이 없었다. 와, 이럴 수가! 모두 탄성을 올렸다. 삽시간에 개코 어린이를 둘러싸고 장이 섰다. 아이 어른 할 것 없이 둘레에 있는 채소나 나무 잎사귀, 풀잎 딴 것을 으깨어 개코 어린이 코앞에 들이댔다. 그러고 나서 모두들 혀를 내둘렀다. 자기가 미처 이름을 익히지 못한 것을 빼고는 하나도 빠짐없이 다 맞혀 낸 것이었다. 두 가지, 세 가지, 네 가지…….

여러 식물에서 짜낸 즙을 섞어서 코앞에 디밀어도 다 가려내는 이 아이를 '약초 할아버지'가 눈여겨보았다. 지금은 우리 공동체 마을 생약 연구소라면 이 세상에서 모르는 사람이 없을 정도로 유명해졌지만 처음에는 약초에 관심을 가졌던 분들이 마을 사람들 건강을 지키기 위해서 꼭 필요한 약초를 중심으로 마을 뒷산 산자락에 이것저것 조금씩 심기 시작한 것이 시작이었다. 그러던 판에 이 특별한 능력을 지닌 아이가 나타난 것이다. 약초 연구는 단박에 활기를 띠기 시작했다. 그럴 수밖에 없었다. 개코 어린이는 약초 세계에 빠져들자마자 곧 놀라운 능력을 유감없이 발휘하기 시작했기 때문이다.

'냄새 맡기는 약초 연구에 있어 첫걸음이자 마무리다.'

나는 이런 말이 동의보감에 나오는지 안 나오는지는 잘 모른다. 그러나 개코 선생님이 코 하나로 해낸 그 엄청난 일들을 들을 때마다 이 말이 진리라는 것을 거듭 확인하게 된다.

개코 어린이의 숨은 재능이 겉으로 드러나자마자 약초 할아버지는 약장으로 데리고 가 개코 어린이 코에 모든 약초 냄새를 '입력'시키기 시작했다. 결과는 놀라운 것이었다. '개코'는 다만 이 약초와 저 약초를 냄새로 정확하게 구별하는 것을 넘어섰다. 어떤 약초는 몇 년 자란 잎이 가장 약발이 잘 듣고, 어떤 약초는 몇 해 묵은 뿌리가 가장 효능이 뛰어나다는 것, 그리고 이 효능은 몇 살 난 어떤 체질을 가진 사람에게는 제대로 들어맞지만 또 다른 사람에게는 도리어 지나쳐서 차라리 한 해 앞이나 뒤에 캐낸 뿌리를 쓰는 것이 좋다는 사실을 냄새를 바탕으로 분석해 낼 만큼 뛰어난 능력을 발휘했다. 어디 그뿐이랴! 약초를 섞어서 약으로 만드는 경우에도 이 약초와 저 약초를 어떤 비율로, 얼마만큼 시간을 두고 얼마 동안 달여야 하는지를 귀신처럼 냄새로 알아냈다.

'개코'를 위해서 특별한 컴퓨터도 만들어졌다. 우리 마을에서 못 만지는 기계, 못 만들어 내는 연장이 없어서 별명이 '뚝딱이'라고 붙은 아저씨가 이 일에 매달렸다. 발가락과 발등, 발바닥과 발꿈치만 움직여서 마음먹은 대로 글을 쓰고 그림도 그리고 숫자들을 박아 넣고 할 수 있는 이런 컴퓨터는 아마도 세상에서 단 하나밖에 없을 것이다.

'개코'는 이제까지 널리 알려진 약초들의 성능을 분석해 내는 일에만 머물지 않고 그때까지는 잡초로만 여겼던 여러 풀들에서 약 성분을 뽑아내는 작업으로 한 걸음 더 나아갔다.

'냄새만 맡아 보아도 약인지 독인지 알지.'

개코 선생님은 늘 컴퓨터에 이렇게 썼다. 그리고 우리가 그런 이야기에 감탄해서 입을 벌리면, 웃는지 우는지 분간이 가지 않게 온 얼굴을 찌푸리면서(우리는 그 표정이 웃음을 나타낸다는 것을 지금은 안다) 다음과 같이 한마디 덧붙였다.

"대단한 재주 같지만 별게 아냐. 우리 조상들도 이렇게 해서 그 많은 야채, 곡식, 과일, 약초들을 하나하나 찾아낸 거니까."

시간이 날 때마다 산과 들을 헤매면서 이름 모를 나무나 풀을 채집해 '개코'에게 가져다주는 것이 어느새 우리 마을 사람들한테 습관이 되었다. 약초 연구가 진척됨에 따라 전국 곳곳에 있는 식물들이 여러 경로를 거쳐 점점 규모가 커지고 있는 우리 마을 생약 연구소로 들어왔다. 그리고 우리 연구소가 쌓은 뛰어난 연구 업적이 세계로 알려지면서 다른 여러 나라에서도 식물들을 모아 보내기 시작했다.

나는 '개코 선생님'이 그처럼 예민한 코를 가지게 된 것이 우연한 일은 아니라고 여긴다. 개코 선생님은 뇌병변장애로 태어나면서부터 늘 땅바닥에 코를 붙이고 살 수밖에 없었던 것이다. 사람을 뺀 나머지 네발짐승들이 사람보다 훨씬 더 뛰어난 후각을 지니고 있는 것은, 머리가 땅 가까이에 있어서 시야가 좁아지고 그에 따라 적과 먹이와 짝을 코로 알아낼 수밖에 없어서 그렇다고 나는 생각한다. '개코 선생님'의 훌륭한 점은 장애라는 어려운 조건을 이겨 내고 자기의 단점을 장점으로 바꾸어 냈다는 것이다.

개코 선생님 이야기가 담긴 이 긴 글은 우리 마을에 사는 한 아이가 쓴 것이다. 나는 이 글을 읽고 한참 동안 창밖을 내다보았다. 이것은 바로 내 이야기다. 내가 바로 그 '개코'다. 나를 이 마을로 데리고 온 어머니는 이미 몇 해 전에 돌아가셨다. 이 마을에 들어오지 못했더라면 아마도 틀림없이 나는 어린 나이에 죽었을 것이고, 그렇게 되었다면 어머니는 오랫동안 당신 가슴에 나를 묻고 불행하게 살다가 비참하게 돌아가셨을 것이다. 경찰에서는 어머니를 연고 없는 행려병자로 보고 시체를 화장터에 끌고 가서 흔적 없이 태웠겠지. 언젠가 읽었던, 생텍쥐페리라는 작가가 어느 글에서인가 했던 말이 머리에 떠오른다.

내가 가난에 찌든 아낙네들의 등에 누더기처럼 업혀서 떨고 있는 아이들을 볼 때마다 가슴이 저미는 까닭은 다른 데 있지 않다. 곱게 자라면 나중에 모차르트도 될 수 있고 피카소도 될 수 있을 뛰어난 재능을 지니고 있는 헤아릴 수 없이 많은 아이들이 다만 가난한 부모를 만났다는 죄 아닌 죄 때문에 미처 꽃피어 보지도 못한 채 어린 나이에 조직적으로 학살을 당한다는 것이다.

내가 지금 살고 있는 이 조그마한 공동체 마을이 나를 받아들이지 않았더라면 나도 그 아이들과 같은 운명에서 벗어날 수 없었을 것이다.

개는 "멍멍" 하고 짖지 않는다

　사람들은 나를 우리 시대의 가장 뛰어난 음악가로 꼽고 있다. 어떤 사람은 나를 가리켜 '온갖 소리를 온몸으로 듣고 온몸으로 드러내는 소리 귀신'이라고 부른다. 물정 모르는 사람은 한술 더 떠서 나를 '모차르트 뒤로 가장 뛰어난 음악 천재'라고 치켜세우기도 한다. 그러나 내가 열 살이 넘어서까지도 형편없는 음치였다는 사실을 아는 사람은 거의 없다.

　나는 도시에서 태어났다. 내가 자란 곳은 공장 지대였다. 내가 태어나서 처음 들은 바깥세상의 소리는 아마도 우리 집 옆에 있었던 철공소에서 들려 온 망치 소리였을 것이다.

　내가 공동체 학교에 들어간 지 얼마 안 되었을 때 열 살 남짓까지 내가 들었던 소리를 써 본 적이 있다. 그때 쓴 것을 이 자리에 옮겨 볼까 한다.

　　쩩깍쩩깍 – 시계 초침 움직이는 소리
　　때르릉때르릉 – 전화기 울리는 소리
　　딩동댕동 – 초인종 소리
　　쏴아, 졸졸졸 – 수돗물 소리
　　딸깍딸깍 – 전등을 켜고 끄는 스위치 소리

부릉부릉 – 자동차 엔진 소리

빵빵 – 자동차 경적 소리

끼익 – 높고 날카로운 브레이크 소리

부웅 르르르르 – 비행기 나는 소리

콰앙콰앙 – 망치질 소리

들들들들 – 전동 나사돌리개로 얇은 철판에 십자나사못을 박는 소리

팟팟팟팟 – 산소 용접기로 쇠를 녹이는 소리

펑 피쉬 – 자동차 바퀴 터지는 소리

갱갱갱갱 – 전차 굴러가는 소리

부앙부앙 – 오토바이 시동 거는 소리

꽝 찌그륵 – 자동차끼리 서로 부딪치는 소리

이런 것들이 내가 어린 시절부터 날마다 듣고 자란 소리들이었다. 그 소리들은 서로 뒤섞여서 늘 어수선하고 시끄러운 느낌을 주었기 때문에 나는 도시에 많은 소리가 있다고 믿었다.

시끄러운 도시와 조용한 시골. 이런 말을 들을 적마다 나는 아무 소리도 들리지 않고 침묵에 잠겨 있는 시골과, 소리들이 살아서 골목마다 가득 채우고 있는 도시를 머리에 떠올렸다.

나는 학교에 들어가서 처음으로 피아노를 직접 손으로 만져 보았다. '도레미파솔라시도.' 선생님은 내 앞에서 피아노 건반을 누르면서 이렇게 그 소리를 일러 주었다. 그러나 내 귀에는 피아노에서 나는 소리가 전혀 그렇게 들리지 않았다. 내가 듣기로 그 소리들은 도리어 '딩 댕 동 당 둥 덩 땡'에 더 가까웠다.

내가 다니던 초등학교에는 학생들이 두 종류로 나뉘었다. 바로 아파트 아이들과 우리 동네 아이들이었다. 아파트 아이들과 우리 동네 아

이들은 여러 모로 달랐지만 음악 시간이 되면 그 다른 점이 더욱 두드러지게 나타났다. 아파트 아이들 가운데는 피아노를 칠 줄 모르는 아이가 거의 없었다. 선생님이 콩나물 대가리가 그려진 책을 피아노 앞에 펼쳐 놓고 아파트 아이들을 불러내서 피아노 걸상에 번쩍 들어 앉히면 그 아이들은 스스럼없이 피아노를 치면서 한결같이 이렇게 그 소리를 흉내 냈다.

"미미미미 파파파파 솔라솔파 미레도."

나는 고개를 흔들었다.

'저 녀석들 죄다 바보야. 귓구멍이 막히지 않고야 어떻게 해서 저 소리가 미나 솔로 들릴 수 있어?'

나는 음악 시간이 되면 아예 귀를 닫아 버렸고 그렇게 해서 형편없는 음치로 알려지게 되었다.

내가 초등학교 2학년 2학기 때 철공소에서 일하던 아버지가 식구들을 데리고 공동체 마을로 이사를 왔다. 그때 나는 음악 쪽으로는 거의 백지나 다름없었다. 우리 아버지는 공동체 마을에 있는 대장간에서 대장장이 노릇을 했는데 그 일이 무척 즐거운 모양이었다. 벌써 망치질 소리부터 달랐다. 망치의 쇠와 모루의 쇠, 그리고 불에 벌겋게 달구어진 채 집게에 잡혀 있는 쇠가 서로 만나서 빚어내는 소리는 무척 단조롭고 귀에 거슬릴 것 같지만 실제로는 그렇지 않다. 망치질 소리에도 기쁨과 슬픔, 노여움과 흥겨움 같은 모든 감정이 고스란히 담겨 있다. 우리가 공장 지대에 살 적에 철공소에서 들었던 망치질 소리에는 슬픔과 노여움과 둔함과 무거움 들만 담겨 있었다. 그런데 공동체 마을 대장간에서 울리는 아버지의 망치질 소리에는 즐거움과 활기에 넘치는 힘이 느껴졌다.

도시 아이들은 소리가 무엇인지를 제대로 알기도 전에 피아노 학원이나 바이올린 교습소에 다닌다. 그리고 거의 기계처럼 건반을 두들기거나 활을 긋는다. 이 아이들은 부모가 학원에 다니라고 하니까 어쩔수 없이 다니기는 하지만 피아노를 치거나 바이올린을 켜는 데서 아무 기쁨도 느끼지 못하는 경우가 많다. 만일에 내가 공동체 학교에서 새로이 귀가 열리지 않았다면 나도 도시 아이들과 마찬가지로 소리를 들을 줄 몰랐을 것이고, 그랬다면 오늘과 같은 나도 없었을 것이다.

공동체 학교에서 받은 감각 교육은 내가 다니던 도시 학교의 음악 교육과는 전혀 달랐다. 나는 이 과정에서 귀가 열렸다. 사람들은 내가 어렸을 적부터 특수한 음악 교육을 받은 것으로 알겠지만 사실은 조금도 그렇지 않다.

"자, 우리가 만질 수 있는 것에는 모두 소리가 있다. 우리가 앉아 있는 이 걸상에도 있고 책상에도 있고 벽에도 있다. 이제부터 숨어 있는 소리들을 불러내 보자."

공동체 학교에서 받은 음악 교육은 이렇게 시작되었다. 이것도 음악 교육이라면.

우리는 선생님이 소리를 불러내는 모습을 옆에서 지켜보았는데 무척 재미있었다.

"이놈은 나무야. 그리고 이놈은 쇠고 이놈은 유리지. 옳지, 여기 돌도 있고 플라스틱도 있구나. 어디 이놈들을 깨워 볼까? 살아 움직이는 동물들은 잠에서 깨어나면 배가 고파서 울기도 하고 임이 그리워서 울기도 하지만, 이놈들은 옆에서 도와주지 않으면 잠에서 깨어날 줄 모른단다. 그러니까 누군가가 이놈들을 깨워야 하는데, 깨우는 방법도 여러 가지지. 이렇게 투박하게 생긴 놈들을 깨울 때는 요렇게 두들겨야 해. 자, 봐라! 소리를 내지?"

선생님은 나무 막대로 교실 안에 있는 것들을 모두 두들겨 깨우기 시작했다. 나무 책상에서 나는 소리와 유리컵에서 나는 소리, 그리고 양은 주전자에서 나는 소리가 다 달랐다. 똑같은 것이라도 나무 막대로 두들겨 깨울 때와 쇠젓가락으로 깨울 때 나는 소리가 서로 달랐다.

"어떤 놈은 두들겨야 소리를 내기도 하지만 이렇게 긁어 주는 것을 더 좋아하는 놈도 있어. 또 어떤 놈들은 이렇게 퉁겨 주거나 입김을 불어 넣어야 살아나기도 한단다."

우리는 '잠들어 있는 것'(선생님은 한 번도 '죽은 것'이라는 말을 쓰지 않았는데 나는 지금에야 왜 선생님이 그런 표현을 썼는지 어렴풋이 알아차릴 수 있을 것 같다)들을 깨우는 일에 몰두했다. 잠들어 있는 것들의 살 속에 숨어 있는 소리들을 불러내는 일이 나에게 더할 나위 없이 큰 즐거움이었다.

"선생님, 여기에도 소리가 숨어 있어요."

"선생님, 이놈은요, 이렇게 문질러 줄 때와 이렇게 퉁겨 줄 때 나는 소리가 달라요."

"선생님, 이놈은 내가 싫은가 봐요. 하린이가 입김을 불어 줄 때는 소리를 내더니 내가 불어 줄 때는 *끄떡*도 안 해요."

'소리 불러내기'를 통해서 우리는 많은 것을 깨우쳤다. 잠들어 있는 소리가 저절로 깨어나는 법은 없다는 것도 배웠다. 잠들어 있는 소리는 만남을 통해서 깨어난다. 팽팽하게 당겨진 소가죽은 나무 막대를 만나 북소리로 깨어나고 피아노 건반은 손가락을 만나 소리로 떠오른다. 그리고 해금은 말총으로 된 활을 만나야 가락에 몸을 싣는다. 어디 그뿐이랴! 갈대에 난 빈 구멍도 바람을 만나야 울고 숲 속에 깔린 가랑잎도 발에 밟혀야 바스락거린다. 수억 년 깊은 잠에 빠졌던 바윗돌도 정을 만나면 불꽃으로 소리를 피워 올리고 좀처럼 침묵에서 깨어날 것 같지 않던 진흙땅도 소나기를 만나면 후드득 후드득 물을 머금은 소리를 낸다.

또 소리는 누가 누구와 만나느냐에 따라 달라진다는 것도 배웠다. 쇠와 쇠가 만날 때 나는 소리 다르고, 쇠와 나무가 만날 때 나는 소리 다르고, 쇠와 말총이 만날 때 떠올리는 소리가 다 다르다. 또 소리는 같은 것끼리 만나더라도 언제 어떻게 만나느냐에 따라 달라진다.

'후둑후둑, 후드득 후드득, 후두두두두둑.

깽깽, 깨갱깽깽, 깽매깽매 깨앵깨앵.

둥둥, 두둥두둥, 두둥둥두 두둥둥두.'

'소리 불러내기'에 뒤이어 '소리 듣기'가 이어졌다. '소리 듣기' 과정에서 가장 어려운 것은 '살아 있는 소리 가려내기'였다.

"자, 이 소리들을 들어 봐라. 여러 가지 소리들이 들리지? 저게 무슨 소리일까? 또 저건?"

나는 자연 속에 그토록 많은 소리들이 감춰져 있다는 것을 알고는 깜짝 놀랐다. 도시에서는 기계들이 내는 소리가 다른 모든 소리를 잡아먹어서 가로수를 스쳐 가는 바람 소리조차 들을 수 없었다. 그러나 이 공동체 마을은 달랐다. 초여름 무논에서 그처럼이나 극성스럽게 울어 대는 악머구리들조차 가냘픈 소리로 우는 풀벌레 소리를 지우는 일이 없었다. 우리는 선생님과 함께 붉은 노을이 조금씩 사위어서 잿빛으로 물드는 둔덕에 앉아 밤을 맞이하는 풀벌레 소리에 귀를 기울이곤 했다.

"귀만 열어서는 안 돼. 온몸을 활짝 열어야 해. 숨 구멍으로 소리를 빨아들여. 소리가 머릿속으로 들어가서는 안 되는 거야. 머릿속으로 들어간 소리는 아무짝에도 소용이 없어. 살갗에 알알이 박힌 소리, 힘줄마다 스며들고 핏줄을 타고 흐르는 소리, 발밑에 쌓여 발을 들어 올리고 어깨 위에 내려앉아 팔을 끌어올리는 소리, 이런 소리만이 살아 있는 소리야."

나는 풀벌레들이 내는 울음소리에 몸을 실었다. 왈칵 무섬증이 들었다. 확인되지 않은 생명체에서 전달되는 소리는 얼마나 두려운가.

"선생님 저건 무슨 소리예요? 저 '찌릭찌릭찌릭' 하고 우는 소리요."

나는 숨 막히는 공포에서 벗어나려고 선생님을 불렀다.

"쉿!"

선생님은 내 말문을 막았다. 나는 덜덜 떨면서 소리라는 창날을 앞세운 무서운 벌레들이 어둠을 타고 무리 지어 나를 둘러쌀 때까지 기다릴 수밖에 없었다(꼭 같은 그 풀벌레 소리가 기쁨이 넘치는 합창으로 내 앞에서 불꽃놀이 하는 것을 보게 된 것은 먼 뒷날에 벌어진 일이었다).

'소리 듣기' 훈련이 어지간히 이루어지고 난 뒤에 선생님은 우리에게 그동안 들은 소리를 목소리로 흉내 내 보라고 했다.

"저 개가 어떻게 짖고 있지요?"

"이 피리 소리는 어떻게 들리지요?"

"아까 들은 시냇물 소리는 어땠지요?"

우리들이 보인 첫 반응은 지극히 빤한 것이었다.

"멍멍."

"삘릴리 삘릴리."

"졸졸졸."

선생님은 고개를 흔들었다.

"다시 잘 들어 봐. 눈을 꼭 감고……."

이런 과정을 여러 번 거치고 나서 우리는 저마다 다른 소리로 개 짖는 소리, 닭 우는 소리, 악머구리 끓는 소리, 시냇물 소리, 피아노 건반 두들기는 소리, 소쩍새 우는 소리 들을 흉내 냈다. 한 사람 한 사람 일어나서 목을 뽑을 때마다 교실 안은 웃음바다로 바뀌었다. 교실 안에서 웃지 않은 사람은 아마 나뿐이었으리라. 나는 저마다 다른 그 목소리에 매혹이 되어서 웃을 겨를이 없었다.

'흉내 내기' 다음에 흉내 낸 목소리를 글로 옮기기가 이어졌다. 나는 이런 여러 훈련을 거치면서 소리와 말, 그리고 말과 글 사이에 얼마나 깊은 심연이 가로놓여 있는지를 온몸으로 깨칠 수 있었다.

나중에 커서 플라톤의 '국가론'이라는 책을 읽다가 "'뮤지케'는 '로고스'를 따라야 한다"는 구절을 발견했다. 이 말을 풀이하면 "감성은 이성의 인도를 받아야 한다"는 말이 되겠고, 쉽게 예를 들어 말하자면 "노랫가락은 노랫말을 따라서 붙여야 한다"는 뜻이 담긴 말이라고 할 수 있다. 나는 이 말에 깊은 뜻이 담겨 있음을 안다.

우리가 이 세상에서 듣는 소리 가운데 가장 이성에 가까운 거리에 있는 소리는 글로 옮겨 적을 수 있는 '말'이다. 그러나 내가 아까 어린 시절에 대한 추억을 늘어놓는 자리에서 이야기했듯이 우리가 귀로 듣는 '소리'와 '말' 사이에는 건널 수 없는 심연이 있다. 말이란 높고 낮고, 길고 짧은 소리들을 일정한 크기로 잘라 내어 거기에 질서를 지어서 뜻을 담는 그릇으로 빚어낸 것이다. 그런데 그 말 한마디 한마디에 뜻을 담으려고 죽여 버린 그 많은 소리들에 관심이 있는 사람은 거의 없다. 흐느끼는 소리, 들뜬 소리, 목 졸린 소리, 풀죽은 소리……. 이 모든 죽은 소리들 위에 말이 주인이 된 왕국이 세워졌다.

죽어 버린 이 소중한 소리들을 하나하나 되살려 내어 감성이 구체성을 잃지 않으면서 이성이 길잡이 노릇을 할 길은 없을까? 살아 움직이는 소리에 실린 춤추는 몸뚱이. 너울거리는 머리칼 속에서 빛을 내뿜는 두뇌. 여러 악기들이 한데 어울려 금빛 물결을 이루는 소리의 들판에 서서 내가 지휘봉을 흔들며 어깻짓을 할 적마다 이상처럼 그려 보는 사람의 모습은 바로 이것이다.

내가 깨친 빛과 그림자의 고마움

"선생님 송이의 그림이 이상해요."

"뭐가 이상하지?"

"우리들이 그리는 그림과 아주 달라요."

"어떻게 다른데?"

"눈이 서양 인형이나 만화 주인공처럼 커요."

"손과 발이 로봇처럼 뻣뻣해요."

"바탕을 모두 초록색으로 메꾸었어요."

"나무도 솜사탕 같고 꽃도 무슨 꽃인지 잘 모르겠어요."

우리가 공동체 기초학교에 다닐 때 그림 공부 시간에 벌어졌던 조그마한 소동의 한 장면을 그대로 옮겨 보았다. 송이는 도시에서 우리 마을로 갓 이사 온 아이였다. 그 아이가 그린 그림은 우리 마을 아이들 그림과 딴판이었다. 그림 선생님은 그 그림을 보고,

"송이야, 이 바탕을 왜 이렇게 다 초록색으로 칠했지?"

하고 물었다.

"유치원 다닐 때부터 미술 선생님들이 하얀 바탕을 그대로 남겨 두면 안 된다고 하셨어요."

"아, 그랬구나. 그런데 이렇게 바탕을 칠하면서 힘들지 않았니?"

"힘들었어요. 그림을 그릴 때는 즐겁다가도 바탕을 다 메꾸어야 한

다고 생각하면 짜증 나는 때가 많아요."

"그런데도 왜 선생님들이 그 힘든 일을 시키셨을까?"

"잘 모르겠어요. 언젠가 선생님이요, 우리가 눈으로 보는 것은 모두 색깔을 지니고 있다고 말씀하셨어요. 흰 바탕을 그대로 남겨 놓으면 그리다 만 그림 같다고 다 칠하라고 했어요."

"혹시 그 선생님이 화가들 그림을 보여 주신 적이 있었니?"

"예. 저희들은요, 함께 미술관에도 가 보았어요. 그런데 유화 있잖아요. 정말 바탕을 하얗게 남겨 놓은 그림은 하나도 없었어요."

"미술관에서 다른 그림도 보았니?"

"예, 동양화도 보았어요."

"네가 보기에 어떻든?"

"먹으로만 그린 걸 보았는데 참 이상했어요. 그리다 만 그림 같았어요."

"그럼 우리 반 아이들 그림도 죄다 그렇게 보였겠네?"

"예."

송이는 조그맣게 대답하면서 수줍게 웃었다. 우리 선생님은 아무 말 없이 고개만 끄덕였다.

다음 그림 공부 시간에 선생님은 렘브란트의 풍경화와 김정희가 그린 그림, 그리고 옛날에 이호철 선생님 반 아이들이 그렸던 '질감 살려 그리기' 그림을 가지고 오셨다.

"지난번에 송이가 얘기했던 대로 서양 풍경 화가들이 그린 그림에 색칠을 하지 않고 비워 둔 곳이 드문 것은 사실이에요. 그러나 색칠 하지 않은 곳이 없다고 해서 아무 색이나 한 가지 색만 써서 빈 곳을 메운 것은 아니랍니다. 렘브란트가 그린 이 풍경화를 보세요. 땅을 그린 곳도 황토색으로 밋밋하게 칠하지 않고 도드라진 곳, 움푹 팬 곳과 판판한 곳을 자세히 보고 있는 그대로 나타내려고 애썼지요. 잔잔해 보이는 바다도 잘 살펴보면 모래톱이 가까운 곳과 먼 바다의 색깔이 다르고 구름이 드리워 있는 곳과 햇빛이 비치는 곳 색깔이 달라요. 물론 사람의 눈은 사진기나 영화 촬영기 같은 기계의 눈과는 달리 바깥 세계에 있는 것을 하나도 빠짐없이 다 보지는 않아요. 보는 순간에 생기는 관심에 따라 모습도 색깔도 가려서 보지요. 그래서 언덕에 나란히 앉아 우리 마을을 내려다보고 그린 그림도 그린 사람에 따라 저마다 다른 거예요.

저번에 송이가 먹으로 그린 난초나 산수화를 보고 이상한 느낌이 들었다고 이야기했지요? 이것은 김정희가 그린 '세한도'라는 그림이에요. 이렇게 늘어서 가지 하나만 남은, 구멍 뚫린 소나무 한 그루까지 더해서 소나무 네 그루와 붓선 몇 개로 쓱쓱 그린 집 한 채만 흰 화선지에 달랑 그려져 있지요? 그렇지만 이 그림은 렘브란트의 그림 못지않게 훌륭한 그림이에요. 렘브란트가 그린 풍경화와 김정희가 그린 풍경화는 여러분이 보기에 무척 다르지요? 하나는 여러 가지 풍경이 다양한 모습과 색깔로 화면을 가득 채우고 있어요. 또 하나는 먹으로 된 간단한 선으로 이루어져 있어요. 이렇게 서로 딴판인 그림이 어떻게 다 훌륭한 예술품으로 인정을 받을까요?

또 이 '질감 살려 그리기' 그림들을 보세요. 나무로 된 책상, 시곗줄, 가방끈, 모노륨 장판 같은 것을 연필로 아주 꼼꼼하게 그렸지요? 이호철 선생님이 이렇게 질감을 살려 그리라고 하신 까닭은 어디 있을까요?"

나중에 중등 과정에 가서야 우리는 그림 그리기 공부가 시각 대상을 표현함으로써 예술적 감수성을 기르는 데에만 쓸모가 있는 것이 아니라 사물을 제대로 인식하는 데도 기본이 된다는 사실을 이해할 수 있었다. 그리고 물감으로 그리는 일보다 연필이나 붓이나 펜 같은 것으로 사물의 질감을 제대로 드러내는 것이 왜 더 중요한지도 깨칠 수 있었다. 중등학교 그림 선생님은 우리에게 이런 이야기를 들려주었다.

"눈은 사람 몸 가운데서 가장 중요한 감각기관이야. 바깥 세계에 관련된 정보의 80퍼센트는 눈을 통해서 들어와. 우리 눈은 지름이 2.5센티미터에 지나지 않지만 눈알 뒤에 자리 잡고 있는 망막에는 1억 3천7백만 개쯤 되는 세포가 있다고 해. 이 가운데 흑백으로 이루어진 음영과 질감을 구별하는 일을 맡은 간상세포가 1억 3천만 개쯤이고, 색깔을 구별하는 일을 맡은 원뿔꼴의 추상세포는 7백만 개쯤으로 알려져 있어. 그러니까 우리가 흔히 생각하는 것과는 달리 우리 눈에 보이는 사물이 어떤 색깔을 띠고 있느냐는, '그것이 어떤 모습을 지니고 있느냐, 그것이 받아들이는 빛의 세기와 여리기가 어떠냐, 어느 부분이 더 밝고 어느 부분이 더 어두우냐, 더 또렷한 부분은 어디고 흐릿한 부분은 어디냐, 그것의 질감이 어떠냐'에 견주면 세포 수로만 따질 때 백 분의 일도 중요하지 않다는 거지.

사람은 포유류에 속하거든. 공룡들이 세상을 누비고 다니던 머나먼 옛날에 사람의 먼 조상뻘이라고 할 수 있는 설치류는 사나운 육식 공룡들에게 잡아먹힐까 두려워서 밤에만 활동할 수밖에 없었다고 해. 이렇게 희미한 달빛이나 별빛에 의지해서 먹이를 찾고 위험을 피하던 세월이 수천만 년이나 계속되다 보니 포유류의 눈은 빛에 아주 민감해졌어. 포유류인 사람의 눈에 있는 간상세포도 칠흑 같은 밤에 이십 리 밖에서 켜지는 성냥불도 알아낼 만큼 예민해진 거지. 과학자들 말에 따르면 사람 눈에 있는 간상세포는 10조 분의 1와트밖에 안 되는 약한 빛에도 반응을 한다고 해.

이호철 선생님이 '살아 있는 그림 그리기'라는 책에서 아이들에게

'질감 살려 그리기'를 그렇게 애써서 시킨 까닭도, 아이들의 눈이 사물의 음영과 질감에 예민하게 반응하도록 해서 무엇이든 얼핏 보고도 그것이 무엇이고 어떤 상태에 있으며 내가 살아가는 데 도움이 되는 것인지 해로운 것인지를 한눈에 알아보도록 하기 위해서였을 거야. 짙고 옅은 먹물만 써서 산과 들, 나무와 풀, 물과 안개 같은 것이 어우러진 '수묵산수'를 그린 우리 나라 옛 화가들 그림이, 온갖 화려한 물감을 써서 그린 서양화가들의 풍경화보다 자연 세계가 지닌 본성을 더 잘 드러내고 있다는 느낌을 주는 것도 아마 비슷한 까닭에서일 거야.

우리가 제대로 그림 공부를 시작하던 나이에 우리 선생님들은 석고로 된 공이나 상자, 원뿔 같은 것을 보고 연필이나 목탄으로 그리는 일을 지겹도록 시켰거든. 그것은 그 나름으로 훌륭한 교육 방법이었다고 생각해. 빛과 그림자로 사물 형태를 제대로 드러내는 공부를 열심히 하지 않은 사람은 아무리 색채 감각이 뛰어나다 할지라도 좋은 그림을 그리기 어려울 거야.

색깔이란 다만 우리 머릿속에 있을 뿐이라고 주장하는 학자도 있어. 사실 우리가 색깔이라고 느끼는 것은 빛이 일으키는 서로 다른 파장들이 우리 뇌 속에 있는 시각계의 어떤 부분을 자극해서 나타난 결과라고 보아도 돼. 빛의 삼원색이 무엇인지는 모두 알고 있겠지? 우리 눈이 추상세포를 통해서 직접 느끼는 기본 색조는 빨강, 파랑, 초록 이 세 가지이고 나머지 색깔들은 모두 이 세 가지 색이 눈 속 색조판에서 서로 섞여서 만들어진 거야.

조금 어려운 말로 설명하자면 추상세포에서 생긴 색 신호는 뇌에 있는 시각계로 보내지고, 시각계의 시각 경로에 있는 신경세포들이 이것들을 배합해. 그 결과로 우리는 이 세상에서 볼 수 있는 어림잡아 500만 가지쯤 되는 색상 전체의 부챗살을 볼 수 있다는 거지. 그러니까 색깔이란 색이 보내는 신호를 사람의 뇌가 해석해 낸 것이라고 할 수 있어. 엄밀하게 따지면 사람과 개가 보는 색깔이 다를 뿐만 아니라 이 사람이 보는 색과 저 사람이 보는 색도 꼭 같다고 할 수 없는 거야. 색깔에 대한 느낌은 어느 한 사람만 봐도 어려서 다르고 나이 들어서 다르고, 여기서 볼 때 다르고 저기서 볼 때 다를 수 있어. 그러니까 모든 사람이 어떤 색에 대해 똑같은 느낌을 갖지 않으리라는 것은 너무나 당연한 일이야. 물론 많은 사람들이 행복한 느낌을 노란색으로 나타내고 슬픈 느낌을 갈색으로 나타낸다는 연구 결과도 있고, 어린이들이 간색보다는 원색을 더 좋아한다는 통계 발표도 있어. 하지만 흔히 그렇다는 거지 반드시 그렇다는 건 아니야.

그림을 그릴 때 화면을 온통 색깔로 꽉 채우는 것이 반드시 좋다고 볼 수는 없어. 밥그릇이나 물통이 쓸모가 있는 것은 속이 비어 있기 때문이야. 이 교실도 마찬가지야. 교실 안이 비어 있기 때문에 우리는 이 교실 안에 들어올 수 있고 책상과 걸상을 들여놓을 수 있는 거야. 또 책상 서랍이 비어 있어서 책을 넣을 수 있고……. 그림을 그릴 때 여백을 남기지 말고 색깔로 가득 채우라고 강요하는 사람은 다만 눈과 손의 기능을 잘 모를 뿐만 아니라 비어 있음이 주는 고마움도 모르는 사람이라고 할 수 있어.”

나는 지금 우리 그림 선생님들 뒤를 이어 기초학교에서 그림 그리기를 가르치면서 아이들을 위한 그림책도 그리고 있다. 내가 그린 그림책은 거의가 연필이나 목탄, 붓이나 펜으로 그린 흑백 그림으로 이루어져 있다. 색깔이 없는 그림책을 그리면서 내가 알아낸 중요한 사실이 하나 있다. 세계에서 아이들한테 사랑을 가장 많이 받는 그림책 가운데 나처럼 흑백으로만 그리고 여백을 많이 남긴 그림책이 적지 않다는 것이다. 가끔 나는 물감을 쓰기도 하는데 내가 즐겨 쓰는 물감은 빨강, 파랑, 초록, 노랑이다. 그 까닭은 우리 눈이 구별하는 빛의 기본색이 빨강, 파랑, 초록이라는 사실을 어렸을 적에 들은 기억이 되살아나서만은 아니다. '사람 눈에 있는 추상세포가 왜 유난히 빨강, 파랑, 초록에만 직접 반응하고 다른 색깔들은 뇌의 힘을 빌려 모두 이 세 가지 빛을 혼합해서 만들어 냈을까?' 이를 두고 곰곰이 생각하다가, 어느 날 문득 조금 엉뚱한 생각이 떠올랐는데 이 생각이 그 뒤로 나를 무척 즐겁게 만들었기 때문이다.

'파랑이 그만큼 소중했던 까닭이 어디에 있을까? 그것은 아마 인류의 먼 조상들이 모두 바닷속에 살고 있던 머나먼 옛날에, 바다의 파란 물빛이 살아가는 데 그만큼 소중한 구실을 했기 때문일 거야.

그러면 초록색은?

그야 물론 초록은 생명의 빛이기 때문이지. 바다에서 뭍으로 옮아 살기 시작한 뒤부터 오늘에 이르기까지 초록 식물이 아니었다면 살아남을 동물이 어디 있었겠어?

그렇다면 빨강은?

아침에 떠오르는 해도 빨갛고, 우리 몸에 흐르는 피도 빨갛지. 우리 몸을 덥히거나 음식을 익히는 불도 빨갛잖아.

그렇다면 노랑은 기본색이 아닌데 왜 좋아하지?

흐음, 그건 말이야. 빨간빛과 초록빛이 만나면 노란빛이 떠오르잖아. 생명체를 만들고 유지시키는 해님의 빨강과, 생명체인 우리 동물들에게 숨 쉴 공기와 먹이를 마련해 주는 풀과 나무의 초록이 만나서 빚어내는 색깔이 노랑이니, 이건 삶의 빛이고 행복의 빛이 아니겠어? 당연히 노랑이 좋을 수밖에.'

앞에서 내가 떠올린 엉뚱한 생각이란 바로 이런 것이었다. 그 뒤로 나는 빨강과 파랑, 초록과 노랑으로 아이들 그림책을 그릴 때마다 바다와 해님과 풀과 나무로 뒤덮인 산과 들을 아이들 가슴에 선물로 바치고 있다는 기쁨에 넘치곤 한다. 또 햇살이 눈부시게 비치는, 푸른 나무숲의 우듬지로 솟아나는 행복한 생명의 노란빛 힘을 아이들에게 불어넣어 주고 싶다는 열망에도 사로잡히게 된다.

나는 생명의 빛으로 둘러싸인 이 공동체 마을에서 좋은 그림 선생님들과 자연이라는 더 좋은 선생님한테 그림 그리기를 배웠다. 그 가르침을 아이들에게 대물려 줄 수 있는 자리에 있다는 사실에 늘 뿌듯함을 느끼며 살고 있다.

바람의 아들 춤 선생

"우리 마음속에 있는 우주도 우리가 눈으로 보는 우주만큼 넓단다."

이것은 우리 춤 선생님이 해 주신 이야기다. 우리 공동체 마을에서 춤 선생님만큼 아이들 인기를 독차지하는 분도 드물다. 춤 선생님은 늘 자신을 가리켜 바람의 아들이라고 부른다.

'바람의 아들이라? 늘 바람 타고 나타나서 훌쩍 떠났다가는 어느 날 바람 타고 다시 돌아오는 분이라 해서 붙은 별명인가? 아니, 늘 우리 마을에서 바람을 일으키기 때문일 거야. 그것도 아니다. 손과 발, 머리, 궁둥이……. 온몸을 바람에 춤추는 능수버들처럼 자유롭게 움직일 수 있어서 생겨난 이름일 거야.'

우리는 어렸을 적에 이렇게 서로 콩이야 팥이야 입씨름을 하고는 했다. 그러나 춤 선생님이 '바람의 아들'이라는 별명을 지닌 데는 남다른 사정이 있다는 것을 뒤늦게 알게 되었다. 우리 춤 선생님은 고아였다고 한다. 부모가 누군지도 모른다. 우리 춤 선생님은 마을 잔치가 한바탕 흐드러지게 벌어지고 난 뒤에 열리는 뒤풀이 마당에서 술이 거나해지면 가끔 자기 이야기를 길게 한다고 한다. 그런데, 워낙 허풍이 센 분이라 어디까지 그 말을 믿어야 할지 가늠하는 사람은 아무도 없다. 그 긴 이야기는 다음과 같다.

"난 말이야. 서울 청량리 오팔팔에서 태어났어. 우리 아버지? 몰라.

아마 바람일 거야. 바람은 밖에서만 부는 게 아니야. 우리 마음속에서도 끊임없이 바람이 일지. 마음이 사막으로 바뀌는 때는 모래바람이 불고 마음이 따뜻할 때는 산들바람이 불어.

목석 같은 우리 호랑이 할배 마음속에는 바람이 없을 줄 알아? 아니야. 난 가끔 그분 마음속에서 태풍이 휘몰아치는 걸 볼 때가 있어. 당신들은 그 할배 마음이 망망한 바다 같다고 생각하지? 모든 찌꺼기를 다 받아들여서 깊이 가라앉혀 스스로는 늘 맑고, 그러면서도 가장 밝은 햇빛조차도 스며들지 못하는 깊은 어둠 속에 잠겨 있는 듯하다고 하지? 자맥질해 들어가면서 비추어 보면 겉이나 다름없이 그냥 투명한데 어쩐지 무시무시한 어둠이 그분 마음속 깊이 간직되어 있는 듯하다고. 그렇지만 늘 평화롭고 넉넉하다고. 하지만 말야, 그 바다는 늘 태풍이 비롯되는 근원이야. 바람의 아버지이지.

뭐? 그럼 그분이 우리 아버지냐고? 오팔팔에 자주 드나든 분이냐고? 누가 알아, 히히. 그런 뜻이 아니고. 물론 나를 길러 주신 마음속 아버지임에는 틀림없지. 그런데 그런 게 아니라 내가 태어난 청량리 역전 오팔팔은 모퉁이가 이지러진 조각난 바람들이 늘 소용돌이치는 곳이었다는 말이야. 난 그 어두운 바람의 그늘 아래서 태어났어.

울 어머니? 열다섯 살 때부터 바람 부는 골목에서 신문지 조각처럼 날려 다니신 분이지. 그분이 열여덟 살에 나를 낳고 핏덩이 상태로 버리셨는데, 그 뒤로 난 고아원에서 고아원으로 흘러 다녔지. 아니, 날아다녔다고 해야 할 거야. 난 바람의 아들이고, 아무리 높은 고아원 담도 타고 넘을 수 있었으니까. 그러던 어느 날 고아원 담벼락을 타고 넘다가 잘못 뛰어내려서 이 한쪽 다리가 뚝 부러졌어. 그래서 내 다른 쪽 다리가 이 다리보다 긴 거야. 그때 꼼짝하지 못하고 엎드려 울고 있었는데, 스님 한 분이 나를 바랑에 담고 산으로 올라가

셨어. 그분 별명이 똥 스님인데, 늘 똥이 밥이고 밥이 약이라고 염불하듯 말씀하셔서 붙은 이름이래. 그분 밑에서 한참 자랐지. 함께 온 나라를 바람처럼 떠돌면서. 그분께서 춤을 잘 추셨냐고? 몰라. 한 번도 춤사위를 본 적이 없으니까. 그렇지만 내가 따로 다른 분 밑에서 배운 적은 없으니까 그분을 내 춤 선생님으로 보아도 될 거야.

'야, 두엄아, 저 꽃다지 좀 봐라. 춤 잘 추제이.'

'발을 옮길 때는 물 위를 걷는 소금쟁이처럼 해야 허는 법이여.'

'너 메뚜기 뛰는 것도 못 보냐? 그렇지. 발뒤꿈치에 힘을 다 끌어내려 모았다가 그 힘이 순식간에 위로 뻗어 나가 종아리를 치고 허리를 휘감았다가 두 겨드랑이로 솟아야 벼랑을 건널 수 있는 거여.'

'두엄아, 저 늙은 소나무 능청대는 것 보면 생각나는 것 없냐? 같은 바람을 신랑으로 맞아도 나 어린 능수버들 추는 춤하고 늙은 소나무가 추는 과부 춤하고 어쩌면 저렇게 다르냐?'

'야야, 저 다람쥐란 놈 좀 봐라. 보르르 기어올랐다 쫑긋, 이리 해딱 저리 해딱. 보이는 것 없냐? 아, 이놈아, 뭘 보고 있는 거여. 누가 다람쥐 도리짓 보라고 허드냐? 다람쥐가 지나간 길을 보라는 거여. 어허, 미련 곰퉁이 같은 놈. 누가 상수리나무에 난 다람쥐 발톱 자국 보라고 허드냐? 하나로 이어지면서 요리조리 뻗고 뭉치는 기운을 보라는 거여. 그것이 안 보이면 너 아직 멀었다.'

'두엄아, 배 고프제. 이 찔레 순 꺾어 묵어라. 어떠냐? 무슨 색 같냐? 겉은 연초록이고 속은 하야파랍허다고? 에이 무식헌 놈. 누가 눈깔로 본 색 말허라고 허드냐? 찔레 순 맛이 무슨 색이냐고 물었제. 맛에도 색이 있냐고? 어허, 참 둔한 놈이로고. 온 세상이 색계(色界)인데 마음에도 색이 있고 소리에도 색이 있고 맛에도 색이 있고 냄새에도 색이 있는 것이지 꼭 눈으로 보는 색만 색이드냐? 쯥쯥.'

'앗따 봄이 오니께 고놈들 춤 한번 흐드러지구나. 두엄아, 저것들 춤추는 것 좀 봐라. 대단하제. 바람도 안 불고 아지랑이도 없는데 춤은 무슨 춤이냐고? 에라 이놈아, 석두 스님이 너 보고 성님 허겄다. 도를 깨쳐서 성님 허는 것 아니여, 이놈아. 니 머리가 돌대가리라서 그런 거지. 요요 제비꽃 춤추는 것 좀 봐라. 저 참꽃은 또 어떠냐. 산수유 꽃도 참 이쁘게 춤추제. 이 색깔들이 보여 주는 춤이 얼마나 눈부시냐. 어디 이 꽃들이 추는 춤을 한번 니 몸으로 흉내 내 봐라.'

'눈, 귀, 코, 혀, 살갗, 뜻에 와 닿는 것이 빛, 소리, 내음, 맛, 닿음, 매듭인 법인디, 이것들이 본디 하나여. 하나면서 여럿이여. 그렁께 다 끊어진 듯 이어져 있고 이어진 듯 끊어져 있다는 말인디, 알아듣겠냐? 그렇다면 이것들을 하나로 묶는 게 뭐냐? 어허, 미련허고 미련헌 놈. 몸이여, 몸. 나중에 다 몸놀림으로 돌아간다는 말이여. 무예를 오래 익히면 장작 토막 같은 몸이 홍시처럼 물러지는디, 토막 난 몸동작이 바람에 수양버들 나부끼듯이 허면 춤이 되는 거여, 춤. 아, 이놈아, 뭐 혀. 그만큼 단련을 받았으면 이제 춤 한번 춰 봐.'

나는 우리 똥 스님한테 이런 욕을 귀가 닳게 들으면서 눈으로 본 것, 귀로 들은 것, 코로 냄새 맡은 것, 혀로 맛본 것, 살갗으로 스친 것들을 온몸으로 받아들이고 온몸을 던져 밖으로 드러내는 법을 차츰 익히기 시작했어. 처음에는 정신없더라고. 향기에 취해 춤추고, 아름다운 꽃에 홀려 춤추고, 술 마시고 춤추고, 새 소리에 맞추어 춤추고……. 벌춤, 나비춤, 버들춤, 물방개춤, 지렁이춤, 온갖 춤 다 추면서 산과 들을 쏘다녔지. 그러던 어느 날 똥 스님이 날 이곳으로 끌고 오시잖아. 혼자 배울 건 얼추 익혔으니 이제 사람들 사이에서 더 큰 것을 배우라고 말이야. 뭐라시더라? 짐을 많이 실으려면 큰 수레가 되어야 한다나. 아무튼 똥 스님과 호랑이 할배가 똥배 맞는(이건 똥 스님 말씀이야), 그래 똥배 맞는 사이라서 여기서 더 배워라 이렇게 말씀하시니까 이 마을에 몸 붙이고 있는데, 당신들은 이 마을이 세상에서 가장 좋은 곳인지 알고 있지? 가끔 나도 그렇게 생각하지만 글쎄, 한겨울에도 양지 켠에만 앉아 있다 보면 눈이 감기는 법이야. 난 이제까지 몸으로 살아온 사람이라 바람처럼 싸대지 않으면 좀이 쑤셔. 내일 똥 스님 찾아갈 거구만."

우리 춤 선생님은 걸림이 없는 분이었다. 우리와 함께 있을 때는 늘 마당에서 살았다.

"난 벽이 싫어. 울타리도 싫어. 떠돌며 살다가 길에서 죽을 거야."

춤 선생님다운 말이었다. 누구나 춤 선생님을 좋아했다. 우리는 어려서부터 춤 선생님한테 감각을 통합하는 법을 익혔다.

"내 춤 맛이 어떠냐?"

"춤 냄새 참 시지?"

"야, 이 춤 소리 들어 봐라."

"내 발놀림을 색깔로 나타내 봐라."

"춤 꺼끌꺼끌하지? 요렇게 손짓하면 숭늉맛 나지 않니?"

처음에는 엉뚱하고 우습게 들렸는데 그게 아니었다. 춤 선생님은 발놀림 하나 손짓 하나로 삶에서 우러나는 시고 달고 떫고 맵고 짠 온갖 맛을 나타낼 줄 알았다. 춤 선생님의 몸놀림에는 눈부신 빛의 뒤섞임과 소리의 굽이침이 함께 싸고돌았다.

그래서 우리 노래 선생님과 그림 선생님은 춤 선생님을 그렇게 좋아하는지도 모른다. 그분들은 자신들도 저마다 뛰어난 예술가지만 춤 선생님이야말로 가장 뛰어난 예술가라는 칭찬을 아끼지 않는다. 우리는 가끔 음악을 듣고서 그 느낌을 색깔이나 다양한 선으로 나타내는 놀이도 하고, 그림을 본 뒤에 그 그림에서 울려 퍼지는 소리를 악기로 표현하는 놀이도 한다. 그러나 춤 선생님처럼 자유롭게 소리를 색깔로, 색깔을 몸짓으로, 몸짓을 맛과 냄새로 바꾸어 낼 수 있는 재주를 지닌 사람은 이 세상에 아무도 없다고 믿는다.

지금 내 머릿속에는 기초학교 시절에 벌어졌던 잔치 마당의 한 광경이 바로 어제 일이었던 것처럼 선하게 떠오른다. 마당에는 갖가지 천연염료로 물들인 한지 띠들이 놓여 있고 기초학교 아래 학년 아이들이 그 띠들을 둘러싸고 있다. 전통 악기와 우리 공동체에서 새로 만든 악기들이 한데 어울려 풍물 장단을 울리면 어린 아이들은 저마다 그 장단에 어울리는 색지들을 찾아 들고 너울너울 춤을 춘다. 가락과 장단이 바뀌면 춤사위도 달라지고 손에 집어 드는 색지들도 달라진다. 소리와 빛이 어우러진 조화, 빛과 몸짓이 만나 이룬 조화, 그 모든 조화를 하나로 꿰뚫어 흐르는 아이들 동작과 표정의 조화, 그것을 흥겹게 지켜보는 마을 어른들 마음속에서 일어난 조화. 나는 그때 그것을 보고 목이 메던 느낌을 아직도 생생하게 기억하고 있다.

춤 선생님은 우리에게 다른 놀이들도 가르쳤다. 나중에야 우리는 그 놀이들이 다만 우리 몸을 균형 있고 튼튼히 자라게 하는 데 필요한 것만은 아니라는 것을 알았다. 그것이 한 사람 한 사람이 지녀야 할 마음의 힘과 여럿이 함께 어울려 힘을 모을 때 생기는 공동의 힘을 길러 주려는 목적에서 놀이 속에 몰래 끼워 넣은 무예의 기초 훈련이었음을 한참 지나서야 깨달았다.

"올림픽 경기? 그거 다 없어져야 해. 너희들 담쌓기 놀이 알지? 맨 밑에 다섯, 그 위에 넷, 그 위에 셋, 그 위에 둘, 그 위에 하나 이렇게 쌓아 가서 어느 쪽이 더 높이 쌓느냐 하는 놀이 말이야. 담쌓기 놀이에서는 가장 힘센 놈이 가장 아래 엎드리고 가장 힘 약한 어린애가 맨 위에 올라서야 튼튼한 담이 되는 거야. 그런데 올림픽 경기에서는 어떠냐? 센 놈이 가장 앞서고 센 놈이 맨 꼭대기에 올라서는 것 아니냐? 그런 경기에 자꾸 몰두하다 보면 하루아침에 인류 공동체를 지탱해 주던 담벼락이 와그르르 무너지고 마는 법이야. 키가 작으면 작은 대로 크면 큰 대로, 힘이 세면 센 대로 약하면 약한 대로 저마다 제 몫을 다할 수 있는 놀이가 올림픽 경기를 대신하지 않는 한 우리에게는 미래가 없어.

나는 이제야 비로소 똥 스님께서 왜 나를 호랑이 할배에게 보냈는지 조금은 알 것 같아. 내 이름값 하라는 거야. 진짜 두엄이 되라는 거지. 날더러 맨 밑에 엎드려서 저기 저 제 몸도 마음대로 못 가누는, 그래서 세상에서는 일급 장애인으로 알려진 새순이를 맨 꼭대기에 올리라는 거야. 그런데 이런 일은 혼자서 할 수 있는 일이 아니지? 여럿이 모여야 담쌓기 놀이를 할 수 있는 것 아니냐?

저 별들 좀 봐. 참 예쁘지? 흐르는 별똥별도 예쁘지? 밤하늘 별들이 예쁘게 보이는 것은 여럿이 모여 있어 그러는 거야. 저 수많은 별들이 보이지 않는 끈에 묶여 하나의 질서 있는 우주를 이루는 거지. 그런데 내 눈에는 너희들이 별보다 더 예뻐. 하나하나 다 다르면서도 공동체 안에서 보이지 않는 끈에 묶여 이렇게 한 몸 한뜻으로 뭉쳐 있으니까. 저마다 마음속에 하나씩 우주를 품고 있으면서 한데 모여 더 큰 우주를 이루고 있는 너희들 모습이 얼마나 눈부시냐!”

늘 바람처럼 나타났다가 어느 순간 바람처럼 사라지는 춤 선생님. 나는 그동안 춤 선생님은 늘 우리 놀이마당에만 있어야 할 줄로 알고 있었다. 그러나 온 나라가, 온 세상이, 온 우주가 우리 춤 선생님의 춤판이라면?

실험 학교 사람들

마을 사람 모두가 선생님

시작종도 끝종도 없는 학교
놀면서 배우는 아이들
옹기장이, 대장장이…… 실험 학교 선생님들

시작종도 끝종도 없는 학교

우리 공동체 마을 아이들이 학교에서 공부하는 시간은 아주 적다. 일주일에 열두 시간 안쪽이다. 우리 선생님들 가운데 교사 자격증을 가지고 있는 분도 더러 있지만 없는 분이 더 많다. 자격증이 있다고 해서 꼭 선생님 자격이 있는 것도 아니고, 선생님 자격이 있는 사람이 반드시 교사 자격증을 가지고 있어야 한다고 믿는 분이 우리 마을 어른들 가운데 별로 없기 때문이다.

우리 공동체 학교 초기에는 아이들이 학교에서 보내는 시간이 지금보다 훨씬 더 길었다. 어른들 말씀에 따르면 우리 공동체 학교는 맨 처음에 계절 학교로 시작했다고 한다. 그때는 마을 공동체들이 거의 텅 비다시피 해서 마을 아이들만 모아서는 학교를 열기가 어려웠기 때문이었다. 그래서 초기에는 우리 마을 언덕바지에 자리 잡고 있던 문 닫은 초등학교 건물을 세내어 계절 학교를 꾸렸다. 그래서 여름방학과 겨울방학에는 가까운 도시에 사는 아이들을 받아들여 가르치고, 주말에는 마을 아이들을 모아 가르쳤다고 한다.

우리 마을 '호랑이 할아버지'는 산과 들과 바다가 어우러진 곳을 찾아 스무 해 전에 홀몸으로 여기에 왔다. 그 뒤로 할아버지는 마을 어른들과 뜻이 맞는 동지들의 힘을 빌려 비어 있는 교실들을 다시 고쳐서 목공실을 만들고 도서관과 화실도 만들었다. 그리고 학교 운동장 한쪽에 벽돌과 기와와 옹기가마를 만들고 또 한쪽에다는 풀무간을 만들었다. 식물학을 하는 분들과 함께 둘레에 있는 산들의 식물 분포도를 만들고, 토양 조사도 하고, 민간에서 널리 쓰이는 약초들을 산자락 이곳 저곳에 심어서 어디에서 가장 잘 자라는지를 세심하게 관찰했다. 개펄 지도를 그리는 일도 열심이었다. 또 전국 곳곳에 다니면서 젊은 선생 님들과 나이 든 선생님들을 만나 그 자리에서 몇 날 몇 달에 걸쳐 배우 기도 하고 또 어떤 선생님들은 아예 같이 살자고 우리 마을로 모셔 오 기도 했다.

지리산 자락에서 도라지를 재배하는 할아버지, 참게와 민물 새우를 기르는 데 성공한 전남 고흥에 사는 어느 어르신, 숙지황을 만드는 어 느 마을 공동체 분, 숨 쉬는 항아리를 빚는 옹기장이 할아버지, 대대로 대장간을 해 온 해남의 어느 대장장이 어른, 흙담으로 집 짓는 연구를 하는 분들, 대와 나무로 가구에서 악기에 이르기까지 쇠붙이와 접착제 를 조금도 쓰지 않고 아름답게 쓸모 있는 가구들을 만들어 내는 젊은 가구장이, 천연염료를 뽑아내는 비법을 알고 있는 할머니, 전통 가옥을 짓는 대목 어른, 풍차와 태양열과 물레방아와 뜨는 두엄에서 생기는 에너지를 효율 있게 이용할 방법을 연구해 온 젊은 학자들, 서로 돕고 사는 식물이나 벌레를 쫓는 식물들 그리고 청둥오리·미생물 같은 것 을 써서 유기농을 하는 여러 어른들……. '호랑이 할아버지'는 이 땅을 살리는 일에 관심이 있는 분이라면 남자, 여자, 늙은이, 젊은이를 가리 지 않고 언제 어느 곳이나 뛰어다니며 그분들을 선생님으로 모시고 그 밑에서 배우거나 우리 마을로 모셔 왔다.

사기나 옹기를 빚다가 나이가 들고 일자리가 없어서 일손을 놓고 계 시던 옹기장이 할아버지. 농기구나 유기를 깎고 두드리고 벼리던 일 을 하다 대량생산 체제에 밀려 양로원에서 돌아가실 날만 기다리던 대장장이와 유기장이 어르신네. 볏짚으로 망태, 맷방석, 소쿠리를 만드는 기술을 지닌 지푸라기 장인. 장롱, 개다리소반, 함 같은 것을 만드는 기술이 뛰어난 목수 어른. 닥나무로 한지를 만드는 기술을 전해 받고도 밥벌이가 안 되어 일손을 놓고 계시던 분. 고기 그물을 뜨고 고깃배를 만드는 일에 이골이 났으나 이제는 그 기술이 쓸모가 없어진 어른……. 이런 분들이 한 분 두 분 우리 마을로 오셔서 아이들을 가르치는 선생님이 되었다.

일반 학교에서 무엇 때문에 그것을 배워야 하는지도 모른 채 시작종이 울리면 아무리 싫어도 기계적으로 수학책을 펼치고, 끝종이 울리면 아무리 더 하고 싶어도 미처 마무리하지 못한 그림을 선생님께 허겁지겁 바치고는 꾸지람을 기다려야 했던 아이들. 이 아이들 눈에 우리 공동체 학교는 계절 학교 시절부터 학교가 아니라 편안한 놀이터처럼 비쳤다.

우리 공동체 학교에는 시작종과 끝종이 없었다. 수학을 싫어하는 애가 억지로 셈을 배워야 할 필요도 없었다. 흙 만지기 좋아하는 애가 하루 종일 옹기장이 할아버지 곁에 붙어 앉아 그릇을 빚었다 망가뜨렸다 하고 있더라도 나무라는 사람이 없었다. 책을 읽고 싶은 아이는 한나절이 넘게 도서관에 박혀 있어도 되고 목공 일을 좋아하는 애는 학교에 오자마자 목공소에 들어가 하루를 보내도 상관없었다. 노래를 부르고 싶어 하는 아이는 음악실에 가고 그림을 그리고 싶으면 화실에 가고. 불장난을 하고 싶은 아이는 대장간에 가서 못을 불에 벌겋게 달구어 대장간 옆 마당에 길게 놓여 있는 낡은 철도 레일을 모루 삼아 두들기면 되었다.

우리 학교 선생님들은 아이들에게 억지로 무엇을 가르치려고 들지 않았다. 무엇을 배울지는 아이들이 결정했다. 내 경우를 예로 들어 보자.

나는 종이공예 전문가로 널리 알려져 있다. 나는 어렸을 때부터 종이를 접고 오리는 놀이를 무척 좋아했다. 그래서 닥종이로 한지를 뜨거나 장판지를 뜨는 할아버지 곁에 자주 놀러 가 어깨 너머로 종이 만드는 법을 배웠다.

나이가 들면서 나는 좋은 종이를 만들려면 꼭 닥나무만 써야 하는지 의문을 품기 시작했다. 펄프 공장에도 가 보고, 다른 나라에서는 무엇을 써서 종이를 만드는지 알고 싶어서 외국어도 배웠다. 그리고 우리 마을 언저리에 있는 산에 올라 다니면서 종이를 만들 만한 나무들을 모았다.

치수에 맞추어 종이를 잘라야 할 필요가 생기면서 셈을 익혔다. 처음에는 간단한 셈만 배워도 예쁜 종이 상자를 만들 수 있었으나 욕심이 생기다 보니 황금 비율이나 투시도 읽는 법까지 배울 필요가 있었다. 수학 선생님을 찾아갈 때가 된 것이다.

종이에 예쁜 무늬를 새겨 넣고 싶은 마음이 간절해지면서 전통 문양 집을 들춰 보고 디자인에도 관심을 쏟기 시작했다. 그림 선생님을 찾아갔다.

천연염료가 내는 색이 화학 염료에서 나는 색보다 훨씬 더 마음에 든다는 사실을 발견한 뒤에는 천연염료를 써서 작품을 만들고 싶어졌다. 이번에는 염색 선생님에게 쫓아갔다.

내가 종이공예를 처음 시작할 때만 해도 우리 나라에 있는 천연염료는 몇 가지 되지 않았다. 새로 염료를 찾거나 이미 있는 염료를 섞어서 새로운 색깔을 만들어 내야 했다. 그런데 이 일이 쉽지 않았다. 화학을 공부할 필요가 있었다. 식물에서 뽑은 천연염료를 배합하는 데는 단순한 유기화학 공부만으로는 모자란다는 사실이 밝혀졌다. 나는 생화학에 연관된 부분까지 공부하고 싶었으나 힘에 부쳤다. 그래서 우리 마을 공동체에 관심을 가지고 있는 연구소를 찾아갔다.

종이 상자에 전통 무늬를 찾아서 오려 넣거나 그리는 것만으로는 성이 차지 않았다. 아이들 물건을 담아 두는 상자에는 예쁜 그림을 그려넣고 싶었다. 다시 그림 공부를 시작했다. 내 힘에 벅찬 그림은 그림에 빼어난 재주를 가진 동무나 선배나 후배에게 맡기기도 했다.

지금 내가 가지고 있는 여러 기능들, 그리고 내 머릿속에 들어 있는 지식과 정보들은 그 어느 것도 누가 나에게 억지로 주입해 준 것이 아니다. 내가 배우고 싶어서 배우고 익히고 싶어서 익힌 것이다. 제지, 염색, 목재 성질, 고미술, 디자인, 그림, 화학, 수학……. 이런 방면에서 나는 제도 교육 기관에서 대학까지 나온 어떤 사람보다 더 많은 지식과 정보와 기술을 지니고 있다고 자부한다. 내가 이렇게 다양한 여러 학문과 기능을 깊이 있게 파고들 수 있었던 것은 이 모두가 내가 하고 싶어서 한 것이지 남이 억지로 시켜서 한 것이 아니었기 때문이라고 믿는다.

우리 공동체 학교의 교육과정과 교육 설비는 일반 학교와 무척 다르다. 우리 학교에 교사 자격증을 가진 선생님들이 드물다는 이야기는 앞에서 했다. 그뿐만 아니라 우리 학교에는 학년 구별이 따로 없다. '노래방'에 가도 '그림방'에 가도, 목공실이나 대장간이나 도자기방에 가도 일고여덟 살 난 코흘리개부터 열대여섯 살이 넘는 언니 오빠까지 늘 뒤섞여 있다. 어떤 때는 대여섯 살밖에 안 된 아이들도 끼어 있고 스무 살이 넘은 어른도 눈에 띈다.

'노래방'을 예로 들면 이 방에 모인 학생들은 제도 교육에서 음악 시간에 가르치는 교육 내용과는 전혀 상관없는 것을 배운다. 아니, 배운다는 말은 알맞지 않다. 학생들은 '노래방'에 놀러 간다고 말하는 편이 더 정확하다. '노래방'에 모인 사람들은 그냥 노래를 부른다. 함께 부르기도 하고 어떤 사람이 부르면 다른 사람은 듣고 나서 손뼉을 치기도 하고. 새로 배운 노래나 새로 익힌 곡을 다른 사람에게 가르쳐 주기도 하고 새로 개발한 악기 소리를 들려주기도 하고……. 이렇게 '노래방'을 들락거리다가 '음악이 참 좋다, 나도 저 악기 다루는 법을 익히고 싶다, 나는 민요가 좋은데 더 깊이 배울 길은 없을까, 서양 고전음악을 들었더니 가슴이 찌릿한데 본격으로 파고들어야겠다' 하고 느끼는 학생들은 음악 선생님들을 찾아가 굿거리장단도 배우고 정간보로 작곡하는 법이나 채보하는 법도 배운다. 또 화성학도 배우고 새로운 악기를 만들거나 이미 있는 악기 소리를 더 풍요롭게 할 수 있는 길을 연구하기도 한다.

물론 우리 공동체 학교에도 기초 과정과 중등 과정, 그리고 전문 과정이 있다. 그런데 우리 공동체 학교의 기초 과정은 일반 학교의 기초 과정과 다른 점이 많다. 일반 학교 기초 과정은 6년인데 견주어 공동체 학교에서 기초 과정은 9년이다. 이렇게 바뀐 데에는 까닭이 있다. 아이들의 성장 과정을 신체 발달, 감수성 발달, 인지 발달, 사회성 발달 같은 여러 측면에서 살펴보면 대체로 이렇다. 갓 태어나서 젖니가 빠지고 새 이가 날 때까지(이 시기를 피아제 같은 교육 심리학자는 '전조작기'라고 부른다)와 새 이가 난 뒤에 남자와 여자의 성징이 뚜렷이 나타날 때까지(이 시기를 '구체적 조작기'라고 부른다), 그리고 그 뒤에 이어지는 시기(피아제가 '형식적 조작기'라고 부르는 시기다)가 구별된다. 이 성장 단계에 따른 구별에 맞춰 공동체 학교에서 '아기둥지' '기초학교' '청소년학교' '전문학교'가 나누어진 것이라고 보면 된다.

우리 공동체 학교 수업 시간을 편의에 따라 '그림 그리기' 시간, '음악' 시간, '공작' 시간 들로 나누어서 설명한 적이 있지만 이런 구분도 일반 학교와 너무나 다르기 때문에 따로 설명을 할 필요가 있겠다. 한마디로 말하면 우리 공동체 학교 기초 과정에는 따로 정한 국어, 수학, 자연, 사회, 음악, 미술, 체육, 도덕 같은 시간이 없다. 수업을 알리는 종소리도, 끝을 알리는 종소리도 없다. 선생님이 교단에 서는 일도 드물다. 모든 학습은 과제 학습이라고 할 수 있는데 이 '과제'라는 것도 선생님이 일방으로 정해 주는 것이 아니고 아이들 스스로 선택한다. '손님들에게 우리 마을 알리기'라는 과제가 있을 때를 예로 들어 보자. 선생님은 아이들에게,

"이번 주 '해의 날'에 손님들이 옵니다. 이분들에게 우리 마을을 친절하게 알려 주려면 어떻게 해야 좋을까요? 동아리를 짜서 머리를 모아 보세요. 그리고 동아리별로 알리고 싶은 것을 자세히 조사해서 발표해 봅시다."

하고 알린다.

그러면 아이들은 손님들이 사는 지역과 특성이 어떠어떠하니까 어느 것을 중심 삼아 알리면 좋겠다고 의견을 나눈다.

"이번 손님들은 아줌마들이니까, 또 도시에 사는 분들이니까 우리 농산물과 그릇들, 또 '아기둥지'나 부엌과 공동 식당에도 관심이 많을 거야."

"우리 마을에서 기른 약초들로 만든 건강식품도 궁금해할 거야."

"젊은 아줌마들은 나무로 만든 교육용 장난감도 보고 싶어 할 거야."

"그 밖에 알고 싶어 할 것이 무얼까."

이렇게 열심히 얼굴을 맞대고 이야기하다 보면 알려 주고 싶은 것이 정해진다. 그리고 그것을 제대로 알려 주기 위한 탐방, 조사, 연구 활동을 다음과 같이 시작한다.

제목 : '우리 마을에서 빚은 옹기그릇—숨 쉬는 독'

주제 : 우리 마을 그릇과 다른 공장에서 만든 그릇은 어떻게 다른가

하나, 흙에 대해서 알아보자.

둘, 빚는 방법이 어떻게 다른가 알아보자.

셋, 잿물을 어떻게 만들어 쓰는지 알아보자.

넷, 그릇에 담긴 장맛이 어떻게 다른지 견주어 보자.

다섯, 우리 옹기그릇에 담긴 여러 반찬과 양념이 왜 몸에 좋은지 알아
　　　보자.

여섯, 우리 마을 그릇 모양이 왜 놓거나 옮기는 데에 편한지 알아보자.

일곱, 우리 마을의 그릇이 왜 아름다운지 구조에 담긴 특성을 알아보
　　　자.

여덟, 옹기장이 할아버지를 모시고 옛날이야기를 듣자.

제목 : '우리 마을의 특산물—약초술'

주제 : 우리 마을 약초술은 왜 세계에 이름났는가

하나, 술의 원료인 약초들을 알아보자.

둘, 약초들을 어디에서 어떻게 키웠는지 알아보자.

셋, 약초들을 어떻게 가공하여 어떤 비율로 섞어서 술을 만드는지 알
　　아보자.

넷, 약초술 만드는 과정을 알아보자.

다섯, 약초술을 어떤 나무통에 몇 년이나 발효시키는지 알아보자.

여섯, 약초술을 담는 도기나 자기 병이 술맛에 어떤 영향을 미치는지
　　　알아보자.

일곱, 약초술들이 가진 효험을 알아보자.

여덟, 약초들의 성분을 알아보자.

아이들이 과제 학습을 하는 동안에 어려움에 부딪히면 아이들은 그 어려움을 해결해 줄 선생님들을 찾아간다. 아이들이 찾아와서 물으면 그때그때 가르쳐 주는 것이 공동체 학교 선생님들의 노릇이다.

놀면서 배우는 아이들

　우리 마을에 처음 찾아오는 사람들은 먼저 우리 마을에 있는 건물들이 모두 토담집으로 된 것을 보고 놀란다. 조그마한 오막살이라면 토담으로 짓는 것을 이해할 수도 있겠는데 학교, 마을 회관, 도서관, 박물관, 시장 터, 전시실과 극장까지 토담을 쌓아 짓다니 어떻게 이럴 수가 있는가 하고 생각하는 듯하다.

　건물이라면 으레 철근과 시멘트로 짓는 것으로 알고 있는 이들이 대부분이니 그런 느낌을 가질 만하기도 하겠다.

　"건물들이 오래 가겠습니까?"

　그이들이 던지는 첫 물음이다.

　"예. 철근과 시멘트로 지은 집보다 훨씬 더 튼튼합니다."

　이렇게 대답하면 좀처럼 믿으려 드는 사람이 없다.

　우리는 그이들을 모시고 토담 연구실로 간다. 토담 연구실에는 우리 공동체 마을 건물을 토담으로 지었던 초기부터 오늘에 이르기까지 이루어 낸 연구 성과가 잘 보존되어 있다.

　"여기 이 흙벽돌들은 이 마을 터를 처음 닦던 우리 어르신들 손으로 빚은 것들입니다. 겉으로 보기에는 모두 비슷비슷하지만 이 수백 개가 넘는 벽돌들은 저마다 다릅니다. 왕겨를 섞은 것, 밀짚을 섞은 것, 억새나 가랑잎을 섞은 것……. 이렇게 흙에 섞인 재료들도 다르지만 같은 재료를 섞은 벽돌이라도 볏짚을 1센티미터 아래로 촘촘히 썰어 섞은 것, 10센티미터 넘게 길쭉길쭉 썰어서 섞은 것처럼 여러 가지입니다. 볏짚 질감도 뻣뻣한 것, 다져서 부드럽게 만든 것, 이렇게 다릅니다. 또 섞는 흙들도 논흙, 개흙, 황토…… 이렇게 다 다르고 흙을 섞는 비율도 저마다 차이가 있지요.

이렇게 많은 벽돌들을 만들어 어느 벽돌이 햇볕과 비, 추위와 더위에 가장 잘 견디는지 살펴본 뒤에 가장 튼튼한 것으로 지은 집들이 지금 보신 우리 마을 토담집들입니다. 불에 구운 벽돌이나 시멘트로 지은 집보다 훨씬 더 오래 견딜 겁니다.”

“대량으로 생산되는 질 좋고 값싼 시멘트 벽돌과 고압 벽돌이 많은데 굳이 수고롭게 손으로 이런 흙벽돌을 만들 필요가 있을까요? 그 시간에 일손을 다른 데 돌렸으면 훨씬 더 생산적이었을 텐데요.”

“그것도 맞는 말씀입니다만 우리 어르신들 생각은 달랐던 것 같습니다.”

“그 다른 생각이라는 게 뭐지요?”

“아시다시피 처음 이 마을이 이루어질 때 우리 형편은 무척 어려웠습니다. 정부에서 산업자본가들 뒤치다꺼리만 하느라고 농민들은 거의 저버리다시피 했던 시절이 오래 계속되었지요. 마을에서 농사 짓고 살 수 없었던 많은 농민들이 도시 빈민굴로 떠났습니다. 뜻있는 어른들이 땅을 지키려고 애써 보기도 했지만 그것도 소용없었지요. 학교 교육도 그렇고 텔레비전 프로그램도 그렇고 모두 도시만 지향하면서 자식들이 ‘촌구석’에 박혀 산다는 것에 대해서 넌덜머리를 내도록 부추겼거든요. 오죽하면 한 스무 해 남짓 시골 청년이 장가들지 못하고 떠꺼머리총각으로 늙어 가는 사태가 지속되었겠습니까?

특용작물을 재배해서 농가 소득을 올리거나 유기농법으로 땅을 살려 보리라 결심했던 분들도 얼마 지나지 않아 그 노력을 포기할 수밖에 없었습니다.

정부로서는 국민들, 더구나 생산 일선에서 일하는 노동자나 도시 빈민층에게 공해 없는 비싼 농작물을 먹이는 일보다, 농약이 아무리 많이 섞여 있더라도 값싼 농작물을 공급하는 걸 더 급한 일로 여겼거든요. 그러니 자연히 농약 사용에 너그럽고 식품 검사 기준도 느슨했습니다. 뿐만 아니라 그 기준에 따르는 검사조차 제대로 하는 일이 없었지요. 결국 애써서 일손이 많이 가는 유기농법으로 농사를 지어 놓으면 어디선가 '우리도 농약 없이 농사지었소. 그런데 우리 배춧값은 저 사람네 배춧값보다 절반 값밖에 안 되오. 이 배추 사시오' 하고 속이는 사람이 나타납니다. 그래도 혼내 줄 길이 없으니 가격경쟁에서 밀리게 되고 그러다 보면 한두 해 안에 손 털고 일어날 수밖에요.

이런 판이었으니 농약과 화학비료를 쓰지 않고 농사를 지어야 한다는 원칙에는 변함이 없었지만 이것만으로는 마을 살림을 지탱할 수 없었습니다. 건축업자들을 시켜서 집들을 새로 짓는다는 건 엄두조차 낼 수 없는 형편이었지요.

그런데 사실 그런 것이 주된 문제는 아니었습니다. 왜냐하면 우리 마을이 넉넉하게 살게 된 뒤로도 우리는 건축업자를 부른 적도 없고 또 시멘트나 구운 벽돌로 집 지을 생각을 한 적도 없었으니까요.

저희 어르신네들 생각을 간단히 대신해서 말씀드리자면 대강 이렇습니다.

'정부를 포함해서 어느 누구도 가난한 사람을 편들어 줄 이가 없으니 우리 문제는 우리 손으로 해결해 나가자. 의식주 문제를 우리 손으로 해결해 나가지 못하면 자율적인 공동체 문화도 이루어 나갈 수 없다. 가난한 사람들이 남에게 아쉬운 소리 하지 않고 살아남는 길은 다른 데 있지 않다. 마을에서 가장 값싸고 흔한 것을 이용해서 집도 짓고 학교도 세우고 물건도 만들어 내는 것만이 살길이다. 우리 마을에서 가장 흔한 게 뭐냐. 흙과 돌과 물과 나무 같은 것밖에 더 있느냐. 이것을 살림과 교육을 하는 데 밑천으로 삼자.'

　여기 있는 이 흙벽돌들을 보고 이미 짐작하셨겠지만 저희 어르신들, 정말 대단한 분들이었습니다. 콩 하나를 심는 데도 허투루 심는 법이 없었어요. 조그마한 땅 이곳저곳에 콩을 심어 놓고 심은 날짜와 시간까지 적어 놓았습니다. 언제 어디에 어느 깊이로 심었던 콩이 가장 많은 열매를 맺는지 여러 해 동안 실험해 본 뒤에 콩 농사를 시작하는 거지요. 지금 우리 마을 전체가 농사 시험장이라고 보셔도 될 겁니다.

　그뿐만이 아니지요. 어떤 퇴비를 밑거름으로 쓰면 어느 작물이 어느 만큼 자라는지 온갖 실험을 다 하셨지요.

　단위 마을 공동체에서 만든 영농일지가 온 세계에서 인정하는 농업 학술 자료로서 가치를 지니게 된 것은 우연이 아닙니다. 많은 농민들이 우리 마을에서 길러 낸 씨앗으로 농사를 지어야만 안심하는 까닭도 다른 데 있지 않고요."

"그렇게 하려면 엄청난 노동력이 필요했을 텐데, 어떻게 충당했지요?"

"좋은 질문입니다. 들으셨겠지만 우리 마을의 중심은 공동체 학교입니다. 밖으로 알려진 것은 우리 공동체 학교의 겉모습뿐입니다.

　우리 공동체 학교가 예능에 뛰어난 사람들을 많이 길러 냈다고 알려진 뒤에 많은 분들이 견학을 옵니다만 그분들이 끝내 보지 못하고 가는 것이 있습니다. 저기 흙을 만지고 노는 어린애가 보이지요? 가래를 빚어서 조그마한 단지를 만들고 있는데 눈에 띄는 것이 없으십니까?"

"글쎄요?"

"손잡이 만드는 모습을 눈여겨보십시오. 여느 학교 흙공작 시간에 저만한 아이들에게 그릇 그림을 보여 주고 저런 단지를 만들라고 하면, 그 아이들도 저렇게 흙을 가래떡처럼 빚어 둘둘 감아서 그릇 모습을 갖추어 낼 것입니다.

그러나 다른 점이 있습니다. 여느 학교 아이들이라면 그릇을 다 빚어 놓고 옆에 손잡이는 따로 빚어서 붙이는 것이 보통입니다. 그러나 저 아이는 손잡이가 있을 자리에 저렇게 흙가래를 빼서 손잡이용을 남기고 다시 그릇을 만들어 갑니다. 따로 붙인 손잡이는 조금만 충격을 주어도 떨어져 나가지요. 그러나 저렇게 하나로 이어진 흙가래에서 나온 손잡이는 여간해서 따로 떨어져 나가지 않습니다. 그릇이 깨지기 전에는요.

얼핏 보고 그게 뭐가 그렇게 중요하냐고 하실지 모르지만 저 아이가 하는 단순한 놀이에도 저희 공동체 정신이 배어 있습니다. 우리 몸이 생겨날 때 몸통이 먼저 생기고 뒤에 손발이 따로 생겨서 팔 붙을 자리에 팔이 붙고 허벅지가 붙을 자리에 허벅지가 붙는 방식으로 만들어지는 것은 아니지 않습니까?

하나로 이어진 삶의 기운이 동시에 몸통과 머리를 만들고 손발도 만들어 나가지요. 어려운 말로 하자면 유기적인 생성과 기계적인 조립에서 오는 차이를 벌써 저 아이는 알고 있다는 거지요."

"그것이 아이들한테 예술적 자질을 키워 주는 일과 무슨 상관이 있나요?"

"있습니다. 만일에 저 아이에게 나무 그림을 그리라고 한다면 저 아이는 눈앞에 있는 나무의 겉모습만 보고 나뭇잎 따로, 가지 따로, 줄기를 따로 조립하는 형태로 그리지 않을 것입니다. 마음속 눈으로 나무가 자라는 과정까지 떠올려 보고, 줄기에서 가지로 가지에서 잎으로 뻗어 나가는 생명이 흐르는 기운을 따라 그려 갈 것입니다."

"그러면 결국 자연 속에서 자란 아이들이어서 예술적 재능에 손상을 입지 않았다는 뜻인가요?"

"그것만은 아닙니다. 아까 이 문제를 '많은 노동력을 효과 있게 이용'하는 측면에서 물으셨던 것으로 기억합니다. 일반 학교와는 달리 우리 공동체 학교에서는 '감성 교육' '표현 교육' '신체 교육'으로 흔히 알려진 여러 교육을 문화인을 만들려는 교양 교육 관점에서 시키고 있지 않습니다. 그것들은 모두 '일로 이어지는 놀이'입니다.

다시 말해서 저 아이가 하고 있는 진흙 장난은 얼마 지나지 않아 삶에 필요한 이런저런 그릇을 빚는 일로 이어집니다. 저희는 억지로 옹기장이를 만들지 않습니다. 저렇게 단지 만들기를 좋아하는 애가 끝까지 그 놀이에 흥미를 잃지 않으면 자연스럽게 옹기장이가 됩니다.

저희 대장간에서 쇠못을 불에 달구어 망치로 두들기고 노는 걸 좋아하던 아이가 세계에 알려진 금속 세공사로 자라서 우리 마을이 이름난 금속 세공업 중심지가 되었습니다. 또 저희 목공실에서 나무를 깎아 팽이나 수레를 만드는 놀이에 얼이 빠졌던 아이가 지금은 잘 알려진 교육용 나무 장난감의 대가로 자랐지요. 모두 이런 교육이 낳은 결과라고 보시면 됩니다.

자기가 좋아서 놀이 삼아 하는 일이라면, 그리고 그것이 그때마다 새롭게 창조하는 과정이라면 밤새워 일한다 해도 지치지 않을 것이 불 보듯 환하지 않습니까?

어려서부터 자기 힘과 능력에 맞게 하고 싶은 일을 하고도 살 수 있는 곳이 있다면 사람들이 이곳저곳에서 모여드는 것은 마치 물이 아래로 흐르는 것처럼 당연한 일이겠지요."

"그러니까 초기에 공동체 마을 재정 문제는……."

"예, 그 문제를 해결하기 위해서 저희 어르신들은 맨 처음에 농촌에 있는 버려진 학교 건물을 빌려 그 안에 여러 가지 놀이터이자 일터를 마련하셨다고 해요.

먼저 목공실, 대장간, 그릇 가마 같은 것을 만들었지요. 그리고 서로 농담 삼아, 오갈 데 없는 '목수장이' '대장장이' '옹기장이' '염색장이' 하고 부르던 할아버지들을 선생님으로 모셔 왔습니다. 이분들이 방학 때는 도시 아이들이랑, 평소에는 노는 날에 공동체 아이들과 함께 노셨다는데 몇 해가 지나지 않아 아이들이 눈썰미도 생기고 손재주도 익게 되었지요. 그러다 보니 처음에는 장난삼아 만들기 시작하던 것이 차츰 물건다운 물건이 되면서 그것을 바탕으로 토산품이랄 수 있는 교육용 장난감들을 만들어 낼 수 있었다고 해요.

천연염료로 물을 들여 아이들이 입에 넣고 빨아도 해롭지 않고, 아이들의 눈과 귀와 살갗을 즐겁게 해 주면서 몸도 균형 있게 자라게 하는 새로운 장난감들은 그렇게 해서 나오게 된 겁니다. 기계로 대량 생산하지 않고 하나하나 손으로 정성껏 깎고, 그리고, 두드리고, 빚어서 만들어 냈으니 아이들을 기르는 부모님들이 탐을 낼 수밖에요.

이렇게 마을의 공기와 물을 더럽히지 않고 모두 자연으로 되돌릴 수 있는 재료를 써서 만들어 낸 물건들이 팔려 나가기 시작했습니다. 또 산에는 약초를 심고 바닷가에서는 물고기와 조개를 기르고 있지요. 아까 말씀 드린 대로 농작물들을 길러 내 전통에 따른 방법으로 가공을 해서 먹고 남는 것은 내다 팔고 이러다 보니 어느 사이에 살림이 펴지더라고 말씀들을 하시는데, 그 사이에 고생이 좀 많으셨겠어요?

고생하신 것 말씀드리자면 한이 없습니다. 더구나 교육 관료, 행정 관료, 그리고 하다못해 흙으로 지은 집은 집이 아니라고 건축 허가를 안 내주는 건축 관계 공무원들과 드잡이질을 하느라고 고생하신 일은 말도 못 하지요."

이런 이야기를 하다 보면 우리 마을을 찾아온 분들 생각이 조금씩 바뀌는 것을 보게 된다.

옹기장이, 대장장이……
실험 학교 선생님들

우리 공동체 학교는 여느 일반 학교와 많이 다르다. 일반 학교와 같은 점보다는 다른 점이 너무 많아서 무엇이 어떻게 다른지를 하나하나 짚어 가면서 다 말하기는 어렵지만 그 가운데 몇 가지만 들어보겠다.

먼저 우리 공동체 학교는 국가나 공공 기관에서 학력을 인정하는 이른바 '공교육 기관'이 아니다. 따라서 학교 시설도 국가나 지방 자치단체가 요구하는 기준에 따라 갖추어진 것이 없다. 이를테면 우리 학교에는 '교실'이 따로 없다. 마을 대장간, 옹기가마, 목수 할아버지 작업장, 약초 재배장, 산속 빈터, 개펄, 논과 밭, 여러 종류 실험실, 공작실, 박물관……. 이 모든 곳이 필요에 따라 교실로 바뀐다. 그러니까 공동체 삶터 전체가 교실이라고 보면 된다.

다음으로 우리 학교 선생님은 '교사'가 직업이 아니다. 우리 마을에도 교육대학이나 사범대학을 나와서 한때 일반 학교에서 교사 생활을 했던 분이 적지 않다. 그러나 국가가 인정하는 교사 자격증은 우리 마을에서 별로 쓸모가 없다. 우리 마을에서는 '자격'이 있는 교사를 아주 높이 친다. 그러나 우리 마을 주민 가운데 누구도 '교사 자격증'이 '교사 자격'을 보증한다고 믿는 사람이 없다.

보기를 하나 들어서 설명하자. 우리 공동체 학교에서 예술 교육은 아주 중요하다. 기초학교에서 하는 교육은 모두 예술 교육이라고 보아도 될 만큼 예술이 교육에서 차지하는 자리가 크다. 일반 학교를 기준으로 예술 교육 과정을 생각하는 사람은 흔히 음악, 미술, 연극, 영화, 무용 같은 분야를 예술 교육 영역으로 머리에 떠올리기 쉽다. 그러니 일반 학교에 음악 시간, 미술 시간이 따로 있고 중등 과정부터는 여러 예술 분야에 전담 교사를 둬서 음악 교육은 음악 교사가, 미술 교육은 미술 교사가 맡아서 시키는 것 아니냐고 여기기 십상이다. 그러나 일반 학교에서 하는 미술 교육과 음악 교육은 우리 공동체 학교 예술 교육과 비슷한 점이 없다.

이를테면 일반 학교에서 미술 교사는 그림, 공예, 조각, 건축 따위가 모두 들어간 넓은 분야를 통틀어 맡는다. 그리고 일주일에 한두 시간을 배당받아 이 모든 것을 가르쳐야 한다. 한 사람이 일주일에 한두 시간 안에 이 모든 것을 가르칠 수 있을까? 그럴 수 없다. 레오나르도 다 빈치 같은 천재일지라도 오늘날 공교육 기관에서 미술 교사가 가르쳐야 하는 것으로 돼 있는 이 광범한 분야를 그 짧은 시간 안에 다 가르칠 수는 없을 것이다. 그러면 어떻게 해야 하는가? 미술 시간을 쪼개야 한다. 그림 그리는 시간, 그릇 빚는 시간, 집 짓는 시간, 쇠붙이를 만지는 시간, 장이나 농을 짜는 시간…… 이렇게 나누어야 하고 이런 일에 드는 시간이 아이들의 몸과 마음을 벼리어 공동체 삶을 넉넉하게 가꾸는 데 꼭 필요하다면 필요한 만큼 늘려야 한다.

또한 그림을 잘 그리는 사람이 반드시 장이나 농을 잘 짜리라고 기대하기 힘들다면, 그림 선생님과 장롱 선생님은 따로 두어야 한다. 오히려 국어나 수학이나 자연 시간은 따로 둘 필요가 없다. 우리 마을에서 글을 깨치는 과정은 아주 자연스럽다. 집집마다 그리고 작업장과 놀이터 그 밖에 여러 공공시설마다 방 안과 건물 벽에, 그릇과 장롱과 책상 걸상에 그림이나 조각과 함께 정성들여 쓰거나 새긴 어른들 말씀, 속담, 이야기가 자연스럽게 아이들 눈길을 끈다. '하루 일하지 않으면 하루 먹지도 말아라' '게으른 눈이 부지런한 손발 나무란다' '따뜻한 햇살과 찬 바람의 내기' '언니가 쓰고 그린 배추벌레의 한살이' '공동체 어린이 벽신문', 그리고 대웅전 담벼락에 그린 '소 찾는 그림'처럼 어디에 가나 눈에 띄는 이런 글과 그림을 눈여겨보는 동안에 아이들은 저절로 글 읽기를 배운다. 언니와 어른들이 하는 이야기를 귀담아 들으면서 듣기를 배우고, 어려서부터 공동체에서 열리는 여러 모임에 참가하여 이야기 나누고 토론하고 공동 작업도 하면서 말하기를 배운다. 그리고 공동체 안팎으로 제 또래나 언니들, 또 어른들이 쓴 여러 가지 글들을 돌려 읽으면서 정직하고 가치 있는 글쓰기가 어떤 것인지를 익히게 된다. 그러는 동안 좋은 글을 쓸 수 있는 잠재력도 기른다. 가구를 만들거나 집을 지을 때 연장과 실험 기구를 다루면서 셈을 배우고, 산과 들과 개펄에 나가 일하고 놀면서 자연 관찰을 한다. 사회와 도덕 교육도 하루하루 삶 속에서 저절로 이루어진다.

일반 학교 미술 교사 눈에 비친 공동체 학교 교과과정은 온통 미술 시간이다. 아이들은 하루 종일 그리고, 빚고, 오리고, 두드리고, 만드는 데 몰두한다. 아이들은 대장간으로, 옹기터로, 목공실로, 돌 다듬는 작업실로 자유롭게 옮겨 다닌다. 놀이 삼아 하는 노동에 익숙해진 아이들의 공이 박힌 구릿빛 손은 억세고 서늘하다. 일반 학교 음악 교사 눈에 비친 공동체 학교 교과과정은 온통 음악 시간이다. 노랫소리는 언제 어디서나 울려 퍼진다. 일반 학교에서 직업으로 교사 생활을 했던 사람들은 공동체 학교에 와서야 비로소 교사는 직업이 아니라는 사실을 깨닫는다. 미술 교사, 음악 교사만 부끄러움을 느끼는 게 아니다. 많은 교사들이 그렇게 느낀다. 수박 겉핥기식으로 익힌, 관념에만 치우친 지식은 공동체 학교에서는 아무 쓸모가 없다.

공동체 마을에서는 모두가 선생님이다. 다섯 살배기 언니가 세 살배기 동생들을 가르친다. 그렇다고 해서 공동체 학교에 일반 학교 교사에 버금가는 '선생님'들이 없지는 않다. 공동체 학교는 여느 일반 학교가 상상도 할 수 없을 만큼 많은 교사를 확보하고 있다. 앞에서 잠깐 보기를 들었듯이 일반 학교에서는 열 가지, 스무 가지도 넘는 서로 다른 미술 분야 교육을 미술 교사 한 사람이 맡는다. 그러나 공동체 학교에는 그 모든 분야에 '선생님'이 따로 있다. 조각만 하더라도 어떤 재료를 쓰느냐에 따라, 다시 말해서 쇠붙이냐, 돌이냐, 진흙이냐, 종이냐에 따라 '선생님'이 다르다. 이 모든 '선생님'들은 저마다 자기가 맡은 분야에서 내로라하는 전문가다.

공동체 학교에서 교육은 무상이다. 기초학교에서 전문학교에 이르기까지 배우고 싶은 사람은 누구나 배우고 싶은 것을 마음대로 배울 수 있다. 교사는 특별한 경우를 빼고는 명예직이다. 특별한 경우라 함은 학교 관리에 연관되는 전문 분야인데 이를테면 서무나 행정이 여기에 해당한다. 이 분야에 드는 '선생님'을 뺀 다른 선생님들은 누구나 보수를 따로 받지 않고 학생들을 가르칠 권리와 의무가 있다. 공동체 학교에서 '선생님'으로 뽑히는 것은 커다란 명예다. '선생님'은 해마다 열리는 주민 총회에서 뽑는다. 공동체 마을에서 다섯 해가 넘게 산 어른들만 선거권과 피선거권이 있다. 이분들이 모여 긴 토론을 벌인 뒤에 어떤 분야에 어떤 '선생님'이 필요하다는 것을 결정하고 그 결정에 따라 '선생님'을 뽑는데 이렇게 뽑힌 '선생님'은 '장이'로 부른다.

'장이'들은 저마다 따로 생업이 있다. 대부분 작업실도 따로 가지고 있다. '대장장이' '석수장이' '옹기장이' '약초장이' '환장이' '건축장이'……. 이 '장이'들이 쓰는 작업실은 일정한 시간 동안 모든 학생들에게 개방된다. '장이'들에게는 '작은 선생'들을 임명할 권한이 있다. '작은 선생'도 큰 명예다. 기초학교 학생들 가운데도 '작은 선생'이 있고 중등이나 고등 교육을 받는 학생들 사이에도 '작은 선생'이 있다. 어떤 해는 모든 학생들이 하나도 빠짐없이 '작은 선생'으로 임명되는 경우도 있다. 돌이는 '목수장이' 어른의 '작은 선생', 무리는 '옹기장이' 어른의 '작은 선생', 송이는 '춤장이' 어른의 '작은 선생' 이런 식으로 말이다. '작은 선생'은 저마다 '선생님'들이 굳이 직접 나서서 가르치지 않아도 되는 일들을 맡아 학생들을 가르치고 돕는다.

올해 '선생님' 선거에는 아주 재미있는 일이 있었다. 공동체 마을에서는 오래전부터 마을 수익 사업으로 약초술을 빚어 옹기병에 넣어 파는 방안을 논의하고 있었다. 그러려면 '술장이'가 필요했다. 건강에 좋고 흥을 돋우는 약초술을 어떻게 하면 잘 만들 수 있을지에 몰두한 어른이 한 분 있었는데, 처음 동기는 무척 단순했다. 우리 마을에는 술을 즐기는 분들이 많은데 자주 마시는 분 가운데 건강을 해치는 분이 더러 있었다. 그런 분은 번번이 '약초장이' 어른 신세를 져야 했는데 아예 약초를 따로 복용하지 않고도 술독을 풀 길이 없을까 하는 이야기가 농담 삼아 나왔다. 그럴듯한 생각이라는 데에 의견이 모아지자 술꾼들 가운데 한 분이 이 연구에 매달린 것이다.

여러 가지 실험이 주로 술꾼들 혀와 위를 적당히 괴롭히면서 이루어졌다. 술꾼들은 술꾼들답게 이 실험을 즐겨 받아들였다. 서너 해가 지나자 드디어 맛도 좋고 흥도 돋우면서 건강도 지켜 줄 수 있는 약초술이 몇 가지 개발되었다. 공동체를 찾아온 손님들에게 내주었더니 반응도 아주 괜찮았다. 공동체 밖으로 내보낼 길이 보인 것이다.

이 성과를 이어받고 발전시켜 공동체 안에 대대로 전해지도록 하는 것은 더 말할 것도 없고, 밖으로 내다 팔아 공동체 살림에 필요한 것들을 사들이기 위해서는 '술장이'가 필요했다. 여기까지는 큰 문제가 없었다. 그러나 이 '술장이'에게 '작은 선생'을 임명할 권한 문제가 나오자 갑자기 선거판이 시끄러워지기 시작했다. '작은 선생'이 식구들한테 자랑이자 명예이기는 하지만 어린 것들을 '술장이' 밑에 들여보냈다가 술꾼으로 자라서 알코올 중독자가 되면 어떡하나 하는 걱정이 선거에 참여한 어른들 마음속에 싹튼 것이다. 더욱이 여자 어른들 걱정이 컸다. '술장이'로 뽑힐 것이 확실한 어른은 '작은 선생'에 예외 규정이 있어서는 안 된다고 우겼다. 기초학교 아래 학년에서 전문학교 위학년까지, 필요하다고 여기는 만큼 또 학생들이 원하는 한도 안에서 뽑을 수 있는 '작은 선생'을 '술장이'라고 해서 뽑지 못하도록 해서야 되겠느냐는 것이었다.

'술의 경우에는 술맛을 모르는 아이들일수록 맛을 가리는 데 뛰어난 능력을 지니고 있다고 보아야 한다. 그런데 기초학교 위 학년만 되어도 우리 마을 전통에 따라 명절이나 잔치 마당에서 어른들에게 주도를 배우지 못하는 아이가 없을 정도로 아이들 혀가 기존 술맛에 젖어 있다. 이런 아이들을 술맛 감식가로 길러 내는 것은 문제가 많다. 그리고 술맛 감식가는 절대로 알코올 중독자가 될 수도 없고 또 그래서도 안 된다.'

'술장이' 어른이 한 주장이었다. 우여곡절 끝에 이 '작은 선생'은 자기 통제력이 어느 정도 생기는 나이인 중등학교 위 학년 이상 학생들 사이에서 뽑기로 예외 규정을 둔다는 선에서 어렵사리 타협이 이루어졌다. 자기는 어려서부터 술을 입에도 대지 않아 훌륭한 술 감식가가될 소질이 있노라, 자식들 대신 언제든지 '작은 선생'으로 봉사할 준비가 되어 있노라 하고 우겨 대는 극성 어머니들 꼬임에 '술장이' 어른이넘어간 것이다. 곧이어 흐드러지게 술판이 벌어졌다.

우리 공동체 마을에서 최고 의결 기구는 선생님들 모임인 '장이판'

이다. 우리 공동체 마을의 중심은 처음부터 학교였다. 제도 교육 판에 넌더리를 낸 몇몇 분들이 초기에 산과 바다와 들판이 잇대어 있는 이곳에 터를 잡고 계절 학교 형태로 실험 학교를 꾸렸다. 그 뒤로 산살림과 들살림과 갯살림이 함께 어우러지는 터전을 만들었고, 온갖 시련을 이겨 내면서 마을 주민들과 함께 스스로 서는 경제, 스스로 주인되는 문화가 꽃피는 창조적인 마을 공동체를 일구어 냈다.

흩어졌던 마을 주민들이 다시 돌아오고, 뜻있는 많은 분들이 처음에는 자녀들만 이 공동체 학교에 맡기다가 나중에는 온 식구가 새로운 삶을 찾아 이 공동체로 옮아왔다. 양로원에서 쓸쓸하게 죽을 날을 기다리던 많은 '장이' 어른들이 공동체 학교 '선생님'으로 오셔서 새로운 '선생님'들을 길러 냈다. 장애 때문에 골방에 갇혀 지내던 아이들도 우리 마을에 와서 몸과 마음에 자유를 얻었다. 수공업이어서 효율이 떨어진다는 까닭으로 버림받은 많은 기술들도 공동체 마을에서 되살아났다. 풍차와 물레방아 같은 전통 동력원들이 새로운 기술에 힘입어 개량되었고, 태양열을 모으거나 썰물과 밀물을 이용한 새로운 동력원도 주민들과 뜻있는 분들이 힘을 모아 만들어 냈다.

이 모든 변화의 중심은 공동체 학교였고 그 학교의 주인은 '선생님'들과 '작은 선생'인 학생들, 그리고 모두가 그 나름으로 '선생님'인 주민들이었다.

무엇보다 중요한 일깨움은 공동체 학교가 살아 있는 작은 세포로서 생체 분열을 통해 끊임없이 자기 증식을 한다는 것이었다. 이제 이 땅과 세계에서 우리 공동체 학교의 교육 이념과 공동체 생활을 통해 영감을 얻지 않는 곳이 없을 정도니까.

● 부록에 나오는 질문과 대답은 《실험 학교 이야기》 출간 20주년을 맞이하여 2014년 2월, 편
집부에서 윤구병 선생님을 만나 주고받은 이야기를 정리한 것입니다. 그동안 이 책을 보
면서 독자들이 궁금하게 여겼던 점, 20년 동안 변화된 우리 교육 현실, 그리고 새로운 공
동체 앞에 놓인 도전과 과제들에 대하여 20년 전보다 한층 깊고 넓어진 윤구병 선생님의
교육 철학으로 만날 수 있습니다.

실험 학교 20년,
윤구병의 못다 한 이야기

'실험 학교' 20년, 윤구병의 못다 한 이야기

"새로운 배움터를 향한 실험은 계속되어야 합니다"

《실험 학교 이야기》 출간 20주년을 맞아

《실험 학교 이야기》가 올해로 출간 20주년을 맞이했습니다. 그동안 교육을 고민하는 많은 사람들이 이 책을 보면서 일깨움을 얻고 힘도 받을 수 있었습니다. 참교육을 꿈꾸는 이들에게 길잡이가 되어 주었던 책이지요. 한때 절판이 되기도 했던 이 책을 출간 20주년을 맞아 다시 펴내는 소감을 듣고 싶습니다.

윤구병 이 책은 '실험 학교'를 연 지 20년이 지난 어느 때에, 그 학교 학생들과 선생님들이 과거를 돌아보며 쓴 가상현실을 담은 것입니다. 그래서 출간 20주년을 맞이하는 올해, 다른 때보다 느낌이 남다릅니다.

성래운 선생님이 칠팔십 년대에 교육을 하는 사람들, 선생님이나 학부모를 대상으로 교육 신서를 많이 쓰셨는데 그때는 별 반응이 없었어요. 지금 그 글이 어른들을 위한 교육 잡지 〈개똥이네 집〉에 다시금 실리고 있거든요. 실릴 때마다 반응이 굉장히 좋아요. 지금 교육 현실이 성래운 선생님이 그 글을 쓰셨을 때보다도 훨씬 더 악화됐기 때문에 그런 반응이 나오는 거라고 봐요. 만일 그 당시에 성래운 선생님이 쓴 글을 읽은 선생님이나 학부모, 또는 교육 정책 담당자가 일깨움을 얻어서 정책을 바로 세우고 아이들을 제대로 가르쳤다면 아마 그 글이 지금은 쓰레기통에 들어가 있겠죠. 하지만 교육 현실은 그때보다 더 나빠졌고, 교육 정책 담당자나 선생님, 학부모들이 올바른 길을 제시받지 못하면서 성래운 선생님 글이 점점 더 소중한 것으로 받아들여지고 있거든요.

《실험 학교 이야기》도 마찬가지라고 생각해요. 만일 그동안에 이 책에 나온 교육 이론을 참고삼아서 교육 실천에 도움이 됐다면 이 책도 이미 낡은 것이 됐겠지요. 그랬으면 다시 낼 필요가 없을 텐데, 교육 현실이 점점 더 나빠지면서 여기에 담긴 내용을 다시 읽어야겠다고 생각하는 사람들이 많아진 것 같아요. 그전에도 《실험 학교 이야기》가 대안학교를 생각하는 사람들, 그리고 교육 혁신을 꿈꾸는 사람들 사이에서 어느 정도는 읽혔다고 들었어요. 그런데도 지금까지 계속 찾는 사람들이 있다는 건 이 책이 여전히 우리 교육 현실에서 필요한 이야기를 담고 있구나, 하는 생각이 들었죠. 제가 그동안 교육이나 아이들 문제에 대해서 이야기한 것들이 많은데, 제가 말한 내용의 핵심이 이 책에 다 적혀 있다고 이야기하는 사람도 있더군요.

교과서 속 '정답 병'에 걸린 시대

이 책을 썼던 20년 전과 견주었을 때 요즘 아이들이 살아가는 환경이나 교육 현실에 많은 변화가 있을 듯합니다. 어떻게 보시는지요?

윤구병 제가 《실험 학교 이야기》에서 도시는 죽음의 공간이고, 이 도시에 사는 아이들은 죽은 아이들이나 다름없다고 여러 번 강조했습니다. 이 책을 쓴 지 20년이 지난 지금, 아이들이 살아가는 환경이나 교육 현실은 그때보다 훨씬 더 열악해졌어요. 제가 여기저기 강연을 다니면서 요즘 아이들을 강시나 좀비라고 표현할 때가 많죠. 적어도 이 책을 처음 썼을 때는 아이들을 두고 그런 표현까지는 안 했거든요.

지금은 20년 전에 견주어 도시화가 훨씬 더 빠르고 광범위하게 진행이 되었습니다. 부모들이 어쩔 수 없이 도시로 내몰렸기 때문에 자식들도 도시에서 자랄 수밖에 없었지요. 현재 농촌에 살고 있는 아이들이 전체 아이들 가운데 10퍼센트도 안 되는 걸로 알고 있어요. 더구나 20년 전에는 빈부격차가 지금처럼 심하지 않았거든요. 빈부격차에서 벗어날 길은 일류 학교에 들어가는 것뿐이라는 의식이 이렇게까지 절박하게 퍼져 있지 않았다는 말이지요. 그런데 이제는 가난한 사람이 그 가난에서 벗어날 수 있는 거의 유일한 길이 일류 학교에 가는 것밖에 없는 것처럼 여기게 됐어요. 게다가 돈이 학교 교육을 지배하면서 소위 일류 학교라는 데에 들어가는 것도 이제는 부잣집 아이들 차지가 돼 버렸지요. 그러다 보니 교육열은 점점 더 심화됐고, 아이들한테 몸 놀리고 손발 놀리게 하는 일들은 거의가 사라져 버렸어요. 오로지 대학 입시에 나오는 교과서 정보로 아이들 머리를 가득 채우게 됐지요.

살면서 겪게 되는 문제들에 정답이 하나뿐인 건 하나도 없는데 교과서에서는 정답이 하나라고만 우기죠. 그렇다고 그 교과서를 비판적으로 읽거나 창의적으로 해석할 길이 없어요. 그랬다가는 정답을 못 맞히게 되거나 당장 불이익이 돌아오니까요. 이렇듯 교과서에 담긴 지식은 모든 비판 의식과 창조 의식을 마비시켜 버리거든요. 당연히 아이들 의식도 획일화되겠지요. 아이들에게 하나밖에 없는 획일적인 정답을 요구하는 것이 바로 교과서고, 교과서가 제시하는 정답 병에 너도

나도 다 걸려버렸어요.

도시에 사는 아이들은 의식뿐만 아니라 감수성마저도 획일화되었죠. 감각이라는 것은 오관, 즉 눈, 귀, 코, 혀, 살갗을 통해서 자연에서 일어나는 일들을 생생하게 받아들일 수 있어야 제대로 건강하게 그 기능을 발휘할 수 있어요. 그 감수성을 토대로 자기만이 가진 독특하고 자율적인 표현 능력도 기를 수 있고요. 하지만 도시에서는 감수성을 키울 어떤 길도 다 막혀 버렸단 말이에요. 자연과 동떨어져 사람만이 살고 있는 이 도시에서, 어떻게든지 아이들을 자연으로 이끌어 낼 수 있는 징검돌을 마련해야 해요. 아쉽게도 그런 대안을 찾고 있는 사람들이 제가 보기에는 드문 것 같아요. 그걸 이론으로 왜 그래야 하는지 밝히는 책들도 잘 나오지 않고 있고요.

20년 전과 견주어 지금 또 다른 변화가 있어요. 그전에는 교과서가 아이들 의식이 획일화되도록 덫에 가두었다면 요즘에는 게임이나 사회관계망서비스(에스엔에스(SNS)) 같은 것들까지 여기에 가세를 하고 있지요. 우리가 게임이나 사회관계망서비스에서 보는 세계는 현실 세계하고 다 동떨어져 있어요. 현실 세계에서는 봄, 여름, 가을, 겨울 이렇게 철마다 살아 있는 생명체들이 바뀌는 것을 볼 수 있고 또 우리 감각으로 받아들일 수가 있지요. 하지만 도시에서는 구체로 우리 감각에 들어오는 것은 하나도 없고 전부 영상으로 제공이 됩니다. 영상에서 드러나는 시간은 사람이 만든 시간이지 생명의 시간이 아니에요.

이를테면 영화 필름 한 장 한 장은 전부 정지된 화면이에요. 밖에서 넣어 준 동력으로 영사기가 돌아가니까 그 잔상이 남아서 그 안에 있는 인물들이 살아 움직이는 것처럼 보이는 것뿐이지요. 그런 인위적인 시간, 인공으로 설정된 공간에서만 살다 보면 실제로 자연의 변화가 어떻게 이루어지는지 알 길이 없어요. 언젠가는 아이들이 자연 속에서 먹을 것 입을 것, 그리고 잠자리까지 스스로 마련해야 할 때가 올 텐데, 이렇게 자연과 완전히 격리되고 동떨어져 있으니 문제가 심각하지요. 여기 이 자연에 너희들이 먹을 것, 입을 것과 잠자리를 만들 재료가 있다고 이야기를 해 줘도 아이들은 그걸 이용할 길을 몰라요. 몸 놀리고 손발 놀릴 줄은 모르고, 머리 굴리기만 배웠거든요.

몸을 놀린다, 손발을 놀린다는 것은 놀게 한다는 말이에요. 기계처럼 외부에서 동력이 들어가야만 움직이는 것이 아니라 우리 내부에서 힘이 밖으로 뻗쳐 나가는 거지요. 우리 몸 가운데 가장 자유롭게 노는 게 손이에요. 사람은 엄지손가락과 다른 네 손가락이 분화가 됐지요. 이 손으로 낫도 쥐고 칼도 쥐고 연필도 잡고 또 여러 가지 공작 기구도 잡을 수 있어요. 삶의 문제도 손으로 해결할 수 있고요. 하지만 손발 묶어 놓고, 몸 딱딱하게 굳혀 놓고 머리만 굴리도록 하는 이 교육이 지속되는 한은 이 아이들에게 살길을 열어 줄 수가 없습니다.

힘없는 사람들의 선택, '우연의 자유＝무늬만 자유'

《실험 학교 이야기》를 읽고 이런 말씀을 하는 분이 있더군요. 자기 눈엔 도시 아이들도 밝고 건강하게 잘 자라고 있는 것 같은데 왜 자꾸 죽어 간다고만 하느냐고요. 이 책에서 여러 번 강조하셨던, 도시 아이들은 모두 다 불행하다는 생각에는 변함이 없으신가요?

윤구병 도시 아이들이 밝고 건강하게 자라고 있을 거라는 그 생각은 틀렸어요. 현실을 직시하지 못하기 때문에 하는 말이지요. 우리는 여러 가지 환상을 품잖아요. 어떤 대상을 직접 보거나 만지거나 하지 않은 채, 영상 매체에만 빠져 있다든지 하면 꿈과 현실을 구별할 수가 없어요. 도시에 살고 있는 사람들은 아이, 어른 할 것 없이 대부분 환상 속에서 살고 있다고 봐요. 나무 한 그루 제대로 볼 수도 없고 지렁이 한 마리 꿈틀거리는 거 제대로 볼 수 없잖아요. 화면을 통해서 볼 뿐이지요. 그 화면은 이미지고 영상이잖아요. 영상에 빠져들다 보면 그 영상이 던져 준 자료를 가지고 자기 나름으로 환상의 세계를 꾸며 내게 됩니다. 그러다가 실제 현실에 당면했을 때 먹을 거, 입을 거, 잠자리를 직접 자기 손으로 마련할 수 있어요? 없단 말이지요. 없으면 어떻게 해야 돼요? 남의 것 빼앗아야 하잖아요. 빼앗으려면 짓눌러야 하고요. 이게 실제로는 체제처럼 돼 버린 거예요. 도시에서는 사람끼리 죽고 죽이지 않으면 살 수 없는 삶이에요. 마치 흡혈귀 영화처럼 힘센 사람이 힘없는 사람의 피를 빨아야 살 수 있는 세상이 되어 버린 거지요.

도시 안에서 모든 문제를 해결하려는 것은 환상이에요. 도시에 사는 사람들은 이것이 불편한 진실이기 때문에 이 사실을 받아들이려고 하지 않아요. 현실에서 다른 대책은 없으니까요. 아마 그분들 가운데서도 도시에서 살고 싶어서 사는 사람은 얼마 안 될 거예요. 다른 길이 없기 때문에 어쩔 수 없이 사는 분들이 많을 겁니다.

사람들은 선택의 자유가 있다고들 이야기하지요. 힘없는 사람들이 누릴 수 있는 자유라는 게 이런 거예요. 힘 있는 놈들이 무늬나 상표만 조금씩 바꿔 가지고 꼭 같은 물건을 내놓고 이 가운데 하나를 고르라고 한단 말이지요. 그것 중에 하나를 고르지 않으면 당장에 살길이 없으니까, 꼭 같은 줄 알면서도 어느 하나를 고를 수밖에 없어요.

이를테면 최저임금 주는 편의점에서 밤새우는 젊은이들을 보세요. 이 편의점이나 저 편의점이나 대우가 꼭 같아요. 그런데 '네가 그 길을 골랐으니까, 네가 선택의 자유에 따라서 골랐으니까 그건 너한테 책임이 있다, 살든 죽든 너한테 책임이 있다'는 거 아니에요. 마찬가지로 인구 절반 이상을 비정규직으로 몰아넣으면서 그건 네가 그 직장을 자유롭게 선택했으니까 그 책임은 너한테 있다고 하는 꼴이라고요. 이런 경우를 철학에서는 '우연의 자유'라고 해요. 무늬만 자유라는 거지요. 막다른 골목에 이른 사람이 이도 저도 못하게 만들어 놓고는 여기서 죽을래, 저기서 죽을래 하는 식으로 선택하라고 내모는 거지요. 사람들은 막다른 골목에 몰리니까 방법이 없는 거예요. 그거라도 선택을 하는 수밖에.

권정생 선생님이 그랬잖아요. '좋은 책이라는 게 뭐냐, 읽고 나서 불편해지는 책이 좋은 책'이라고요. 얼버무려서는 안 돼요. 도시에서도 길이 있는 게 아니냐는 이야

"도시 아이들이 밝고 건강하게 자라고 있을 거라는 그 생각은 틀렸어요. 현실을 직시하지 못하기 때문에 하는 말이지요. 도시에 살고 있는 사람들은 아이, 어른 할 것 없이 대부분 환상 속에서 살고 있다고 봐요."

기를 강연할 때마다 들어요. 그럴듯하게 이야기하는 사람은 쿠바의 아바나 예를 들고요. 그런데 거기서 곡식을 길러 자급자족할 수 있어요? 없다고요.

이제는 부모님들이 결심을 해야 할 때가 됐어요. 우리 아이들을 살리기 위해서는, 자연 속에서 이 아이들을 길러야 한다는 확신을 세워야 할 때가 됐습니다. 제가 괜히 위로하는 말로 도시에서 아이들을 길러도 괜찮다고 하게 되면 오히려 그런 확신을 세울 때 주저하게 만들 수 있다고 생각해요. 실제로 도시의 삶이 지닌 민낯을 드러내 줘야 사람들이 불편한 가운데서도 자기 자신을 돌아보게 될 겁니다. '어? 도시

에서도 살길이 있네' 이런 식으로 입에 발린 말을 하게 되면 결국 도시에서 못 벗어나요.

지금 아이들이 자라면 스스로 살길을 찾아야 하는데, 이 아이들이 전보다 더 큰 어려움에 처해 있어요. 지난 50년 동안 저도 포함해서, 이 어른들이 물 죄다 더럽혀 놨지, 땅 오염시켜 놨지, 공기마저도 오염시켜 놨어요. 수천 년을 거쳐서 맑은 물, 맑은 공기, 기름진 땅을 일구어 온 것을 50년 사이에 다 말아먹어 버렸거든요. 물려줄 유산이 없어요. 그런데도 우리 아이들은 이 척박한 땅에서, 숨쉬기도 어려운 공기와 더러운 물을 마시면서 살아야 돼요.

게다가 이 교육이 아이들에게 머리만 굴리고 손발은 꼼짝 못하게 하니까 나중에라도 자연 속에서 살아야 할 때 아이들이 살아갈 길이 없어요. 몸 놀리고 손발 놀리는 것을 자연스럽게 익힌 경험이 없기 때문에 몸이 이미 굳어 있거든요. 그 아이들은 나중에 막상 자연하고 대면해서 거기서 함께 살길을 찾는 때가 오면 엄청나게 고통스러울 겁니다. 그렇게 살도록 해서는 안 됩니다.

언젠가는 이 아이들이 농촌으로 가야 하는데, 그러자면 미리부터 준비를 시켜야 합니다. 지금 농촌에서는 노동력을 거의 잃어 가는 노인들이 대부분이죠. 우리가 식량을 계속해서 수입해서만 먹고 살아갈 수는 없잖아요. 결국에는 일할 능력이 부족한 힘없는 노인네들을 전부 이 아이들이 먹여 살려야 해요. 우리가 기르고 있는 아이들이 나중에는 우리들을 먹여 살려야 한단 말이에요. 막다른 골목에 이르러 있는 이 아이들을 그나마 살려 놓지 않으면 기성세대들도 살길이 없다는 겁니다.

"자연을 대신할 수 있는 큰 선생님은 없어요"

이 세상에서 가장 훌륭한 교과서는 자연뿐이고, 아이들 삶에 필요한 교육을 할 수 있는 선생님도 자연뿐이라고 하셨습니다. 도시에서 이루어지는 교육도 제 나름으로 뜻이 있을 텐데 그 부분을 너무 부정하는 것은 아닌지요.

윤구병 아이들이 감각기관으로 받아들인 것을 한데 끌어 모아서 이런 상황에서는 이렇게 대처해야 하겠구나, 저런 상황에는 저렇게 대처해야 하겠구나 하는 것을 제대로 배울 수 있는 것은 오로지 자연 속에서입니다. 어릴 때 마음껏 뛰놀면서 손발 놀리고 몸을 놀릴 수 있어야 그때 배운 것이 온전한 모습으로 우리 머릿속에 저장이 된단 말이지요.

　삶의 지혜란 이런 겁니다. 제가 늘 이야기하는 거지만, 우리가 철든다 철난다고 하는 것은 봄철 여름철 가을철 겨울철 이렇게 한 철, 한 철 접어들면서 철이 들고, 한 철 한 철 나면서 철이 나거든요. 아이들은 철 없는 상태에서 태어나기 때문에 바로는 자기 삶의 문제를 스스로 해결하지 못하지만 자연 속에서 한 철 한 철 접어들고 한 철 한 철 나면서 철 있는 사람으로 바뀌게 됩니다. 철 있는 사람이란 자기 삶의 문제를 스스로 해결할 수 있는 힘을 지닌 사람이라는 뜻이고요. 아이들은 마음껏 뛰어놀며 자연과 가까워지고 그러면서 자연이 주는 가르침을 배우는 거지요. 이 세상의 어떤 위대한 스승도 자연을 대신할 수 있는 큰 선생님은 없어요.

　일과 놀이를 따로 떼어 놓고 생각해서는 안 돼요. 열심히 몸 놀린다, 손발을 놀린다는 말은 부지런히 일한다는 말과 똑같은 말이거든요. 아이들은 놀면서 자연스럽게 일을 배워요. 일과 놀이가 둘이 아니에요. 아이들이 땀 뻘뻘 흘리면서 일하는 걸 보면, 그걸 일이라고 생각하지 않고 놀이라고 생각하기 때문에 그렇게 집중을 해요. 손과 발과 때로는 머리까지 쓰면서 즐겁게 그 일을 하고 있단 말이에요. 어린 시절을 자연 속에서 즐겁게 놀면서 보낸 아이들은 나중에 즐겁게 일할 수 있는 사람이 됩니다. 우리가 잘 살아야 하잖아요, 즐겁게 살아야 하잖아요. 딱딱한 책상머리에 앉아서 머리만 굴리는 아이들을 보면 그 표정이나 모습이 즐겁지가 않아요. 그 아이들은 나중에 어떤 일을 하게 되도 그것을 강제로 받아들이지 즐겁게 맞이하기는 어렵다고 봅니다.

신체 발달 과정에 따라 아이들의 인지능력이 어떻게 발달하는지, 객관된 실험과 관찰을 통해서 처음으로 이론을 정립한 사람이 스위스 심리학자 피아제거든요. 피아제 이론에 따르면 일곱 살 정도 나이가 될 때까지, 그러니까 취학 전까지는 감각운동기라고 해요. 그때는 노래하고 춤추는 것만 익혀도 돼요. 그저 놀기만 해도 된다는 거지요. 그 이상 아이들에게 부담을 주면 아이들의 정상적인 발달에 도움이 안 된다는 것이 피아제 이론에서 밝혀졌어요. 초등학교 때는 구체적인 조작기라고 하는데, 온갖 사물들을 눈으로 보고, 귀로 듣고, 코로 냄새 맡고, 혀로 맛보고, 살갗으로 느끼면서 그 감각 자료들을 통합하는 힘을 기르는 때죠. 구체적인 활동이 있어야만 배울 수 있는 시기입니다.

그렇기 때문에 초등학교 과정을 자연 속에서 보내는 것이 무엇보다도 중요합니다. 초등학교 시절에는 아무리 선행 학습을 시켜 봐야 소용이 없습니다. 스스로 어떤 상황에 직접 놓이거나 구체 사물이 자기한테 주어지지 않으면 머릿속에서 추상적인 문제를 생각해 낼 힘이 없기 때문이지요. 돈 들이면서 아무리 욕심을 부려 봐야 성과가 안 나타난다는 겁니다. 그때는 자연 속에서 살도록 하는 것만으로도 아이들한테 가장 큰 교육이라고 할 수 있죠.

도시 아이들 가운데 계곡물이 더럽다고 들어가기 싫어하거나 곤충을 보면 겁부터 먹는 아이들이 있습니다. 이렇게 자연을 두려워하거나 싫어하는 기질은 모두 후천적인 겁니다. 인도의 갠지스 강에는 온갖 똥물이 다 흐르고 똥도 동동 떠 있다고 그러거든요. 그런데도 사람들이 거기서 아무렇지 않게 목욕하고 그래요. 우리 나라는 숲이 많고 계곡이 가팔라서 흙탕물 내리는 일은 없잖아요. 사람이 뒤집어 놓지 않는 한에는. 도시 아이들이 겉으로 보기에 깨끗한 물에서만 살다 보니까 계곡에 조금만 흙탕이 섞여 있어도 더러운 물이라고 보는 거지요. 바퀴벌레 하나만 봐도 기절할 듯이 놀라고 그러는 것도 다른 생명체하고 함께 살아 보지 않아서 생기는 현상이에요.

어릴 때부터 자연과 더불어 살아온 아이들은 지렁이가 나오면 데리고 놀기도 하고 손으로 마음껏 집기도 하고 그래요. 두엄 같은 데서 사슴벌레 애벌레가 보여도 데리고 놀아요. 겁이 없죠. 뱀도 별로 안 무서워하고. 도시 애들은 아마 징그럽다고 기절할지도 모를걸요. 그게 다 후천적으로 길러진 두려움이지요. 안 봤기 때문에 그런 거예요.

모든 걸 잘라 내고, 끊어 내는 도시 환경

아이들은 끼리끼리 어울려야 하고, 한두 살 많은 언니 오빠가 어떤 훌륭한 어른보다 좋은 선생님이라고 책에서 말씀하셨지요. 지금 시골에는 아이들이 많이 없는데, 또래가 없더라도 여전히 도시보다는 자연에서 사는 것이 아이들한테 더 좋다고 보시나요?

윤구병　시골에 또래 아이가 없더라도, 자연 속에서 그 아이가 자라는 것이 도시에서 크는 것보다는 훨씬 더 좋다고 생각해요. 배우는 것도 많고 자기 생명을 가꾸는 힘이 더 커진다고 보기 때문이죠. 지금 또래가 없는 시골 마을인데도 아이들을 데리고 살아가는 사람들이 더러 있지요. 이 아이들을 보면 도시 아이들하고는 좀 달라요. 강한 생명력이 느껴진다고 할까요. 그래서 저는 시골에 자녀들 또래 아이가 없더라도 용기를 갖고 먼저 내려가라고 말하고 싶어요. 도시에서 아이들을 질식시키는 것보다는 자연한테 맡기는 것이 훨씬 좋다고 확신하니까요.

이처럼 어느 한 사람이 용기를 내서 자연과 함께 더불어 사는 모습을 보이게 되면, 그것이 핵이 되어서 그 둘레로 모이는 사람들이 있을 거예요. 조금씩 아이들이 늘어날 길이 열리는 거지요.

사람들이 감각기관 가운데 가장 중요하게 여기는 것이 시각하고 청각이잖아요. 요즘 도시 문명에서는 시각 문화나 시각 정보가 압도적이고 시골은 청각 문화가 중심이에요. 물론 시골에서도 시각 정보가 제 앞가림을 하는 데 필요해요. 이것과 저것을 가려보는 데 쓸모가 있죠. 어떤 것이 내 삶에 도움이 되고 걸림돌이 되는지 가려내서, 걸림돌이 되는 것은 멀리하거나 피하고 내 삶에 도움이 되는 것은 받아들이고 해야 하니까요. 그렇지만 시골에서는 시각 문화보다 청각 문화가 훨씬 더 삶과 가깝습니다. 바람 소리, 물소리, 새소리처럼 살아 있는 온갖 소리들이 들리거든요. 개구리는 개굴개굴 울고, 여치는 찌르르 울고, 매미는 맴맴 하고 울지요. 이렇게 시골에서는 생명이 있는 온갖 것들이 서로 다른 소리를 냅니다. 그에 반해 도시는 기계 소리가 많이 들리죠. 기계 소리는 귀를 닫게 만들어요. 도시 아이들 가운데 음치가 점점 많아지는 것은, 도시에서 들리는 기계음이 자기가 사는 데 도움이 안 되고 오히려 방해가 되니까 자꾸 귀를 닫아 버리기 때문에 그런 거예요.

여럿이 함께 도와서 살려면 말을, 이야기를 나눠야 하지요. 글은 대화를 위한 것이 아니에요. 일방적인 독백이고, 주는 것이거든요. 편지를 아무리 주고받고 하더라도 소리와 울림이 주는 것을 못 따라가요. 조그만 마을 공동체에서는 다 말로 하잖아요. 글이 필요 없죠. 말은 서로 얼굴을 마주 보면서 하는 이야기이기 때문에 '말'을 나누는 것, '대화'야 말로 진정한 의미에서 소통이라고 볼 수 있어요. 아무리 스마트폰으로 글을 보내고 또 답을 빨리 받아 본다 하더라도 그것은 진정한 소통이 안 돼요. 일방적이잖아요.

말은 상대방 얼굴도 살피고 상황도 살펴 가면서 그때그때 바꿀 수가 있어요. 내가 이런 말을 하는데 이 사람이 못 알아듣는다, 혹은 상처를 받았다 하면 다른 식으로 바꿀 수가 있죠. 상황에 따라서 이때는 이런 말을 하고 저때는 저런 말을 할 수 있잖아요. 글은 그게 안 돼요. 글은 어떤 공간에 고정이 되어서 한 번 남게 되면 영원히 남게 돼요. 말은 공간에 남지 않고 시간에 따라 흘러가죠. 부처님이 오죽 말씀이 많았으면 경전만 해도 8만 4천 개라고 해요. 그때그때 상황에 따라서 그 사람에게 알맞은 말로 그만큼 이야기를 많이 주고받았다는 걸 말해 줍니

"시골에 자녀들 또래 아이가 없더라도 용기를 갖고 먼저 내려가라고 말하고 싶어요. 도시에서 아이들을 질식시키는 것보다는 자연한테 맡기는 것이 훨씬 좋다고 확신하니까요."

다. 이렇게 의사소통에서 가장 중요한 도구는 말이에요.

　청각으로 받아들이는 것, 그러니까 파동으로 울리고 시간에 따라 흘러가는 것에 익숙하지 않으면 모든 것을 잘라 내고 끊어 내게 돼요. 시각은 잘라 내고 끊어 내는 몫을 하거든요. 이것과 저것이 다르다고 하면서요. 이렇게 표현 방식에 따라서 시각하고 청각이 지향하는 것은 아주 달라요. 시각 문화하고 청각 문화가 얼마나 다른지는 감수성 측면에서 보면 더 또렷이 드러나지요. 케이팝(K-pop) 그룹들이 잠실 운동장 같은 공연장에 뜨면 수만 명이 모이잖아요. 그런데 피카소나 로댕 같은, 세계적으로 잘 알려진 화가나 조각가가 만들어 낸 작품을 전시하면 사람들이 그렇게 많이 가나요? 아니거든요.

　우리의 감성과 연관해서도 소리는 엄청나게 중요한 몫을 해요. 오죽하면 공자도 그렇고 플라톤도 그렇고, 음악 교육을 그렇게나 중요하게 생각했겠어요? '시경'은 노래 모음인데, 공자가 건강한 감수성을 길러 주는 곡들만 모아서 엮은 거예요. 플라톤도 여러 가지 음악 가운데 화려한 이오니아나 트라키아 음악보다 도리아 음악이 가장 소박하고, 또 사람들에게 건강한 감수성을 길러 준다고 해서 이 음악을 바탕으로 음악 교육에 아주 큰 힘을 기울였거든요. 공자도 플라톤도 이상적인 건강한 사회가 오려면 먼저 우리가 좋은 소리를 낼 수 있어야 하고, 그에 더해 건강한 뜻이 담긴 노래를 어렸을 때부터 가르치는 것이 굉장히 중요하다고 생각해서 그렇게 한 거예요.

창조력을 키우는 힘 '순응하지 않기'

'실험 학교'에 다니는 아이들은 배우고 싶을 때 배우고, 놀면서 배운다고 했습니다. 그랬을 때 책에 나오는 종이공예가가 된 아이처럼, 자기 소질을 스스로 찾아서 계발하는 경우도 있겠지만 '배움'에 대한 동기가 저절로 일어나지 않는 아이들도 있을 것 같습니다. 그런 경우에도 이 아이들을 마냥 자유롭게 뛰어놀도록 내버려 두어도 괜찮을까요?

윤구병 실제로 변산공동체학교에서 겪었던 일을 예로 들어서 이야기해 볼게요. 처음에 아이들을 계속 놀리기만 하고 하루에 세 시간도 학과 공부를 안 시키니까 부모들 걱정이 태산 같았어요. 제가 그전까지 대학교수였으니까 아이들 교육을 잘 시킬 줄 알았나 봐요. 그래서 농사는 자기들이 지어 줄 테니 딴 생각 말고 아이들 교육이나 맡으라고 부모들이 말했는데 제가 그걸 거절했거든요. 농사일을 배우는 게 급선무이기 때문에 제가 대학 선생을 그만두고 변산에 온 거니까요.

그러다가 부모들이 하도 걱정들을 하니까 겨울방학 때 검정고시 준비를 딱 석 달 시켰거든요. 그랬더니 검정고시 준비를 시킨 아이 가운데 한 명이 검정고시를 시험 삼아서 한번 보겠다는 거예요. 너희들은 이태가 남았으니 아직 안 봐도 된다고 하니까, 이 아이가 부득부득 보겠다고 하는 거죠. 함께 공부한 나머지 네 아이들까지 더해서 하도 졸라 대니까 시험을 보러 갔거든요(제가 우리 나라에서 유일하게 쓸모 있는 시험이라고 보는 것이 검정고시예요. 왜냐하면 떨어뜨리기 위해서가 아니라 붙이기 위해서 보이는 시험이기 때문이죠). 그런데 다 합격을 했어요. 게다가 그 가운데 한 아이는 전북 지역에서 가장 성적이 좋았어요. 그랬더니 여기는 생태 교육뿐만 아니라 영재교육까지 시키는구나 하고 여기저기서 난리가 난 거죠.

실제로는 아이들이 자유롭게 뛰어놀다가도 도서관에서 자기가 보고 싶은 책을 골라서 보게 되면 놀랍게 집중력이 생겨요. 시작종도 끝종도 없는 데서는 강요하지 않아도 그렇게 돼요. 앞서 말한 검정고시 이야기도 그 아이가 스스로 하고 싶다고 해서 보게 된 거였잖아요. 억지로 시킨 게 아니고요. 스스로 하겠다고 생각하니까 집중력이 생겨서 짧은 시일 내에 정답이 하나뿐인 교과서 공부를 잘 해냈고 합격도 한 거죠. 말을 물가까지 끌고 갈 수는 있어도 억지로 물을 먹일 수는 없다는 말과 마찬가지로, 아이들이 스스로 하고자 하는 자발적인 동기가 없으면 아무리 책상머리에 오래 앉아 있더라도 공부를 하지 않아요. 하지만 도서관에서 자기가 보고 싶은 책 보고, 또 자유롭게 공부를 하게 되면 자연스럽게 집중력이 생기게 됩니다.

아이들이 '배움'에 대하여 스스로 동기를 찾아내지 못할 거라고 많이들 걱정을 하시죠. 그렇기 때문에 사람들이 학교를 바라게 되는 걸 테고요. 아이가 자발성이 없어도 학교가 억지로라도 붙들어 놓고 지식을 주입시켜 주니까요. 사람이 참 재밌는 동물인 게, 좋아하는 것이 엄청나게 많아요. 우리 나라가 제공할 수 있는 직업의 수보다도 사람들이 좋아하는 것들 숫자가 훨씬 많을 거예요. 만일에 이 아이들이 자기가 좋아하는 쪽으로 즐겁게 뭔가를 몰두해서 하게 되면 창조적인 에너지가 모아져서 굉장히 새로운 세상이 열릴 거예요. 그런데 부모들이 못 믿는 거지요. 교과서가 제공하는 지식이 가장 확실한 지식이라고 생각하기 때문에 아이들을 못 믿어요. 아이들을 믿어 주세요. 부모가 대신해서 아이들 일생을 살아 줄 것은 아니잖아요. 아이들이 앞으로 맞이할 세계는 전혀 새로운 세상일 테니까 그 세상을 아이들이 제 힘으로 맞이해서 헤쳐 나갈 수 있도록 믿고 사랑만 하면 됩니다.

아이들이 좋아하는 뭔가를 찾았다고 해도 그게 이 사회에서 쓸모가 있을지, 나중에 사회에 잘 적응할 수 있을지 걱정하는 것도 마찬가지예요. '적응'이라는 관점으로만 아이들 삶을 바라봐서 그래요. '현실에서 주어진 것에 적응해라, 그것밖에 다른 길이 없다, 현실에서 주어진 것에서 이걸 고르든 저걸 고르든 해야지 새로운 길은 없다'는 식으로 생각을 하기 때문에 그런 거지요. 스스로 창조적인 영역을 개척하는 사람, 적응하지 않고 순응하지 않는 사람이 어떤 계기를 만나게 되면 훨씬 더 많은 힘과 능력을 발휘할 수 있다고 봐요. 적응하고 순응하느라고 자기 아까운 시간을 다 뺏겨 버린 아이들은 삶의 에너지가 전부 그쪽으로 쏠렸기 때문에 결국은 적응하는 것만으로도 허덕거리게 되죠. 그야말로 야생마처럼 마음껏 놀아 본 사람은 어떤 상황에 부딪히든지 그것을 창조적으로 개척할 수 있는 힘이 생긴다고 봐요.

대안교육과 공교육, 교육 정상화를 위한 쌍두마차

많은 분들이 《실험 학교 이야기》가 여러 대안학교들이 생겨나는 데 밑거름이 됐다고 이야기합니다. 실제로 이 책이 나온 뒤로 대안학교들이 하나둘 나타나기 시작했고, 지금은 변산공동체학교처럼 인가받지 않은 학교 숫자까지 더하면 우리 나라에 대안학교가 100여 개에 이른다고 합니다. 이 대안학교들이 '실험 학교' 정신과 맞닿는 교육을 펼치고 있다고 보시나요?

윤구병 제가 대안학교나 혁신학교에서 이루어지는 교육을 잠깐씩 둘러본 적은 있지만 몇 년에 걸쳐 지속되게 살펴보지는 못했어요. 그래서 대안학교 교육 현실에 대하여 이렇다 저렇다 말하기는 좀 어려워요. 다만 풀무학교는 예전에 몇 차례 가 봤어요. 그때 교장 선생님하고도 이야기를 많이 나누었고요. 풀무학교는 초기에 비인가 학교였어요. 교육부에서 제공하는 교과과정을 포기하고 학생들에게 맞는 교과서를 스스로 만들어서 교육을 시킨 곳이었죠. 학생들이 일을 하면서 스스로 익히고 깨칠 수 있도록 이끄는 '노작교육'과 학과 교육을 동시에 했고요. 이 학교가 나중에 고등학교로 바뀌면서 전공부가 새로 생겼는

데 거기서도 노작교육은 중요한 몫을 차지하고 있지요.

그에 비해 다른 대안학교들은 농촌에 자리 잡은 곳이라도 의식주에 관련된 노작교육이 제대로 이루어지지 못하고 있는 것으로 알고 있어요. 자연에 자리를 잡고 거기서 아이들이 자유롭게 공부를 할 수 있기는 하지만, 자연과 완전히 밀착돼서 아이들 손발을 놀리게 하는 교육은 잘 안 되고 있는 것으로 보고 있어요.

대안학교에도 좋은 뜻을 가진 선생님들이 많아요. 아이들이 자연 속에서 땀 흘려 일하면서 많은 것을 깨칠 수 있도록 이끌려는 선생님들이 많이 계시거든요. 그런데 그 뜻을 펼치기가 불가능하거나 한계에 부닥칠 수밖에 없는 측면이 있습니다. 대안학교 가운데 무상으로 아이들을 받는 곳이 거의 없잖아요. 많게는 100만 원 넘게, 그리고 적게 들어도 60만 원 넘게 다달이 들어간다고 들었습니다. 그 아이들이 공교육 기관에 있다면 무상으로 교육을 받을 수 있는데 말이지요. 말하자면 대안교육이 사교육처럼 된 거죠. 그 많은 돈을 들여서 아이들을 사교육 기관에 맡길 때는 부모들한테 욕심이 있을 거 아니에요.

무상교육을 하는 변산공동체학교에서도 초기에는 이런 욕심이 있는 학부모들이 있었어요. 머리 쓰는 공부는 하루에 서너 시간도 안 가르치고 나머지 시간에는 전부 일만 시킨다고 생각한 거죠. 다른 아이들은 과외도 하고 자율 학습도 해서 다 머리가 비상해질 텐데, 변산공동체학교 아이들은 멍청이가 되는 게 아닐까 하고 걱정을 했단 말이에요. 하물며 다른 대안학교에 아이를 보낸 학부모들은 사교육비를 많이 들였으니 신경이 온통 그 학교 교육과정에 쏠려 있을 거 아니에요. 자연스럽게 성과를 내라고 독촉하게 되고, 그렇게 되면 학교도 옴짝달싹할 수 없는 거예요. 어쩔 수 없이 입시 교육을 시키게 돼죠.

그러다가 어떤 학교는, 이 학교에 보냈더니 명문 학교에 몇 명 갔다는 식으로 소문이 나거든요. 그러면 당장에 학부모들이 너도나도 그쪽으로 아이들을 보내려고 하죠. 아무리 올바른 교육을 시키는 학교라 해도 거기서 아무도 대학에 못 가더라 하면 실제로는 학부모들이 그 학교에 등을 돌리게 돼 있어요. 이런 현실에서 대안교육에 대한 꿈을 가진 선생님들도 어쩔 수 없이 좌절할 수밖에 없는 그런 지점이 있다는 겁니다. 대안학교들이 아이들을 자연 속에서 다른 생명체와 감각으로 만날 수 있게 한다는 것만으로도 고마운 일이긴 하지만, 입시 교육을 하는 한은 한계가 분명히 있는 거라고 봐야겠지요.

우리가 대안교육이라 할 때 두 가지 측면에서 생각을 해야 됩니다. 하나는 공교육 밖에 학교를 따로 세워 대안교육을 하는 겁니다. 다른 하나는 공교육 체제 안에서 현재 부족한 것을 메우고 아이들한테 지나치다고 생각하는 것, 즉 없을 것을(은) 없애고 있을 것을(은) 있게 하는 그런 교육을 하는 것이지요. 저는 공교육 체제가 바뀌는 게 먼저라고 생각합니다. 대안교육이라고 할 수 있는 많은 것들이 공교육 기관 안에서 먼저 이루어져야 한다고 보는 거지요. 지금 그런 흐름이 조금씩 퍼지고 있어요. 따로 사교육비를 들여 대안학교에 보내기에는 너무 부담이 크다거나, 대안학교에서도 기대하는 성과가 나지 않는다고 여기는 사람들이 공교육 안에서 이 문제를 해결해 보자고 혁신학교 교육을 시작했지요. 지금 곳곳에 진보 교육감이 들어서면서 혁신학교가 계속 늘어나고 있는데, 이름은 조금씩 다르지만 전부들 교육을 다시 고쳐 보자, 혁신하자는 마음으로 움직이고 있는 거예요.

혁신학교는 경기도에서 김상곤 전 교육감이 들어서면서 처음 시작했잖아요. 처음에는 어떤 성과가 날지 아무도 모르기 때문에 모범학교 비슷하게 한두 개 정도만 만들었는데 나중에 보니 그 성과가 좋았죠. 그러니까 학부모들이 당장 아이들을 그 학교로 보내려고 거주지까지 옮겨서 우르르 몰려들었어요. 그래서 혁신학교 있는 곳 땅값이 오르기도 했고요. 우리 교육이 이래서는 안 되겠다는 생각에, 교사와 학부모들이 연대해서 어느 곳이나 혁신학교처럼 만들어 보자는 움직임이 새롭게 일어나고 있습니다. 경기도에서도 해마다 혁신학교를 크게 늘리고 있죠. 나중에는 모든 학교를 다 혁신학교로 만들겠다고도 해요.

이처럼 공교육을 먼저 정상화하는 것이 중요해요. 사교육비 들여서 몇몇 아이들만 따로 모아서 가르치는 것은 한계가 있어요. 공교육 기관을 이용해야 합니다. 전북에 있는 한 시골 학교는 뜻있는 교사들이 학교를 바꿔 냈어요. 동네 분들한테 텃밭이나 논을 빌려서 아이들에게 여러 가지 밭작물도 심게 하고, 모를 손으로 심게 하는 교육도 시키고 있지요. 그렇게 될 수 있도록 교과과정도 바꾸고 있고요.

뿐만 아니라 공교육 기관인데도 학부모들과 교사들이 함께하는 회의가 굉장히 잦아요. 학부모들과 교사들이 힘을 합해서 교육 문제뿐만 아니라 아이들 삶의 문제에 이르기까지 여러 가지 문제들을 함께 해결해 나가는 모습을 그 학교에서 봤어요. 그렇다 보니 전주에 있는 학부모들도 이 학교로 아이들을 보내려고 한다더군요. 이처럼 공교육 기관 하나가 제대로 된 교육을 해낸다면 그곳을 중심으로 사람들이 모이게 돼요. 지금 부모들 마음이 얼마나 급한지 몰라요. 우리 아이들을 확실하게 살릴 수 있는 교육을 시켜 주는 데가 있다고 하면 그쪽으로 이사라도 가서 아이들을 보내고 싶다는 부모들이 굉장히 많거든요. 앞서 말한 예처럼 뜻있는 학부모들과 교사들이 힘을 모아 결합하는 게 중요해요. 어느 한 곳에서 좋은 모범을 보이게 되면 그게 씨앗이 돼서 나중에는 크게 퍼질 수 있어요.

이에 더해서 시골 폐교 문제도 잠깐 이야기하고 싶어요. 지금도 시골에는 폐교들이 계속 생기고 있는데, 문제는 이 폐교들이 이윤을 좇는 시설로 바뀌고 있다는 겁니다. 폐교는 공공재산이기에 공공을 위해 써야 맞다고 봅니다. 교육감들이 폐교를 개인한테 팔아 치우지 못하게 하는 정책을 세워야 합니다. 그건 교육감 권한으로 할 수 있는 일이거든요. 언젠가 다시 아이들이 시골로 돌아왔을 때 학교를 되살릴 수 있도록 미리부터 준비를 해야 합니다.

학부모나 마을 주민들도 폐교를 마구잡이로 개인한테 넘기는 부분을 직접 교육기관에 따질 수 있어야 하고요. 이제라도 '폐교 되살리기 운동'을 시작해야 합니다. 언젠가 다시 그 폐교가 공교육 기관으로 자리 잡을 수 있도록 그렇게 운동을 해야 돼요.

교사, 학부모 연대로 "학교를 점거하라!"

'실험 학교'는 책에 나오는 것처럼 자연과 더불어 사는 마을 공동체에서만 실현할 수 있을까요? 다른 공간, 특히 도시에서는 '실험 학교'를 꾸려 갈 길이 없겠습니까?

윤구병 도시에서 살 수밖에 없는, 도시를 벗어나면 당장 살길이 없는 사람들에게는 도시에서라도 아이들을 제대로 기를 수 있는 길을 찾는 게 아주 긴급한 문제입니다. 아이들은 나날이 자랍니다. 한 시간도 기다릴 수가 없어요. 너 자라지 마, 이렇게 이야기할 수가 없어요. 자라나는 아이들이 건강한 감수성을 지닐 수 있게, 그래서 앞으로 부닥치게 될 문제들을 슬기롭게 해결해 나갈 수 있도록 하기 위해서는, 도시라는 제한된 공간 속에서 뭐라도 해 줘야 한다는 이야기지요. 나중에 사회에 큰 변동이 있어서 시골에서 아이들을 기르는 것이 최선이라는 생각이 현실로 되더라도, 그전까지는 이 아이들을 강시나 좀비로 만들어서는 안 되는 거예요. 그렇기 때문에 제도권 학교를 어떻게든 바꿔 내

야 합니다. 뜻있는 선생님들과 학부모들이 서로 힘을 모으면 그 길을 하나씩 만들어 갈 수 있습니다.

우선은 아이들을 끊임없이 자연으로 끌어내야 합니다. 학제를 바꾸면 가능합니다. 지금 한 달 남짓인 방학을 두 달이나 석 달로 늘이는 방법이 있지요. 여섯 달이면 더 좋고요. 일 년에 육 개월만 교실에서 지내도록 하고 나머지 육 개월은 바닷가나 산, 들판에 가서 한편으론 일손을 돕고 한편으론 마음껏 뛰어놀면서 자연스

"학교에 텃밭을 만들어 자연을 가까이 만나게 해 주고, 그릇 빚고 목공 일도 할 수 있게 교과과정을 바꿔야 합니다. 지금은 몸 놀리고 손발 놀리는 교육을 제도 교육 속에 도입하는 일이 너무나 시급합니다."

럽게 자연 생태를 익히도록 만들어야 한다는 거지요. 제가 보기엔 그것으로도 부족해요. 학교 문을 절반쯤은 닫아도 상관없을 것 같아요. 그 대신 자연에서, 산이나 들이나 바닷가에서 아이들이 배우는 시간을 대폭 늘려야 이 교육 문제가 조금씩이라도 해결이 된다고 봅니다. 머리에다 주워 담는 교과서 지식을 주입하는 시간은 하루에 세 시간만으로도 넘치고 남습니다.

당장에 이렇게 하기가 어렵다면, 선생님들과 학부모들이 서로 힘을 합해서 조금씩이라도 제도 교육을 바꾸려는 노력을 기울여야 합니다.

마을 도서관이나 학교 도서관, 또는 공공 도서관에 좋은 책들을 갖추는 일부터 시작할 수 있겠지요. 어떤 문제에 부닥쳤을 때 교과서에 있는 해결책만이 아니라 다른 답도 있다는 것을 아이들이 어렸을 때부터 자연스럽게 익힐 수 있는 환경을 만들어 주는 거지요.

이런 말씀도 드리고 싶어요. "학교를 점거하라!" 교사와 학부모가 연대해서 학교를 점거하세요. 운영위원회에 참여해서 끊임없이 문제 제기를 하십시오. 도서관에 좋은 책을 골라서 놓자, 학교에 탈춤반과 풍물반을 만들고 도자기 성형실이나 목공실, 천연염색실이나 쇠붙이 만지는 대장간 같은 것을 마련하자고 말이지요. 학교에 텃밭을 만들어 자연을 가까이 만나게 해 주고, 그릇도 빚고 목공 일도 할 수 있게 교과 과정을 바꾸자는 겁니다. 이 죽어 가고 있는 아이들을 그나마 덜 죽게 하는 걸 교육제도로서 해 보자는 거예요. 그렇게 해서 아이들이 다가올 위기에 대비하도록 만들어 주는 것이 지금 우리가 현실에서 할 수 있는 거의 유일한 일이라고 보기 때문에 교육제도를 바꿔 보자고 이야기하는 겁니다. 지금은 몸 놀리고 손발 놀리는 교육을 제도 교육 속에 도입하는 일이 너무나 시급합니다.

쓸모없고 위험하기까지 한 교사 자격증

이 책에 나오는 '실험 학교'에서는 국가가 인정하는 교사 자격증은 별로 쓸모가 없다고 이야기합니다. 교사 자격증이 있어야만 아이들을 가르칠 수 있는 현 교육제도와 맞닿을 수 없는 지점인데요. 교사 자격증이 필요 없다고 생각하신 까닭은 무엇인가요?

윤구병 제가 얼마 전에 《우리는 차별에 찬성합니다》(오찬호, 개마고원)라는 책을 읽었어요. 이 책을 쓴 사람이 말하길, 자기가 강사로 여러 대학을 나가면서 대학생들을 수천 명 넘게 만났는데, 그 아이들이 다 괴물이 돼 있더라는 거예요. 그 아이들은 비정규직에 대해서 같이 가슴 아파하는 게 아니라, '너 그동안 놀아서 그렇잖아, 난 열심히 했고. 열심히 한 사람하고 열심히 하지 않은 사람하고 차별이 없으면 돼? 그 사람은 게으르고 열심히 안 했기 때문에 비정규직이 되고 나는 열심히 했으니 당연히 정규직이 돼야지' 하는 의식을 가지고 있다는 겁니다. 다른 사람과 서로 도우면서 한데 어울려 살 마음가짐이 안 돼 있는 학생들로 돼 버린 거예요. 사람은 서로 도와서 살 수밖에 없는데요.

자기는 선민이고, 비정규직이라든지 알바를 하는 사람은 그 사람이 열심히 하지 않았기 때문에 다 그 사람 탓이라고 돌려 버리는 것이 이 책에 비친 요즘 대학생들 모습이에요. 사회제도나 체제에 대한 것은 전혀 고려하지 않는 그런 사람들로 지금 자라고 있는 거죠.

제가 《실험 학교 이야기》에서 국가가 인정하는 교사 자격증은 별로 쓸모가 없다고 여러 번 이야기했죠. 지금은 책에 쓴 것보다 더 가혹하게 이야기할 수밖에 없어요. 옛날에는 가난한 집안 자식들이 자라서 선생님이 된 경우가 많아요. 교직에 있으면 가장 확실한 생계 보장이 되니까요. 그 사람들은 어려운 애들, 공부 못하는 애들하고 늘 같이 어울려서 지냈기 때문에 그 아이들 마음을 이해할 수 있었어요. 그런데 지금은 어떻게 됐지요? 거의가 어지간한 명문 대학 학생보다 성적이 좋은 학생들이 교직에 간단 말이죠. 이 사람들은 공부 못하는 아이들을 이해 못해요. 자기들은 꼬박꼬박 선생님이 가르치는 대로 부지런히 빨아들여서 정답을 제일 잘 맞히는 학생이었잖아요. 창의성과 비판력을 전부 희생하는 대가로 제도 교육에서 요구하는 것을 다 따른 사람들이란 말이지요. 그런 사람들 눈에는 비판 정신을 가지고 있거나 창의력을 가지고 있는 애들은 이해가 안 되는 거예요. 몸 놀리고 손발 놀리는 아이들보다 얌전히 앉아서 자기 이야기를 집중해서 듣는 사람이 예쁘고, 그렇지 않은 아이들은 이상한 아이들처럼 보인단 말이에요. 자기가 한 번도 그렇게 놀아 보지 않았으니까 그렇게 될 수밖에 없어요.

그렇다 보니 자기처럼 순응하고 적응 잘하는 아이들만 좋아하게 되고, 제도 교육에 적응하지 못하거나 순응하지 못하는 아이들은 싫어하게 되는 거지요. 자기가 밑으로, 아이들 수준으로 내려가야 하는데 자꾸 억지로 아이들을 자기 수준으로 끌어올리려고 해요. 이건 사회적으로 굉장히 큰 문제예요. 지금은 교사 자격증이 쓸모없는 자격증을 넘어 위험한 자격증에까지 이르렀다고 보거든요. 교사들은 이 말을 듣고 많이 아파야 합니다. 밑으로 내려가려면, 깨지려면 자기부터 먼저 망가져야 해요. 요즘 힐링이 대세가 되고, 자기 계발이 사람들 사이에 아주 중요하게 여겨지고 있는데 이런 식은 아니라고 봅니다. 종기는 짜내야 하는데 자꾸 어루만져서 오히려 병을 더 키우고 있는 것 같아요. 선생님 문제도 마찬가지예요. 다 벗겨 내야 합니다. 탈을 홀랑 벗겨서 민낯으로 자기 자신을 들여다볼 수 있도록 해야 합니다.

선생님들은 이제라도 다시 교육을 받아야 합니다. 재교육은 머리에 새로운 생각을 집어넣는다고 되는 것은 아니에요. 선생님들을 땀 흘려 일하는 생산지인 농촌이나 공장으로 보내서 몸으로 배우도록 해야 합니다. 농촌이나 산촌, 어촌 같은 곳에서 몸으로 일하면서, 몸으로 살길을 일러 주는 참교사들한테 다시 배워야 한다는 말이지요. 그래야 새롭게 자기 자신을 바꿔 낼 수 있습니다. 그러자면 선생님들이 생산현장에 직접 들어가 자연에서, 그리고 마을에서 땀 흘려 일하는 어른들한테 새롭게 배울 수 있는 제도를 만들어야 할 테지요.

제도 교육 안에서는 교사 연수에 이런 프로그램을 만들어서 보완할 수도 있을 겁니다. 물론 쉽지는 않겠지요. 이런 교사 재교육 제도를 실시하려면 아이들 미래에 대해서 정말 마음 아파하고 걱정하는 새로운 정부가 들어서야 할 겁니다. 그런 다음에 교육 정책을 담당하는 사람이 새로운 틀을 짜내야 하겠고요. 지금은 제가 하는 말을 전부 공상처럼 들을지도 모른다는 생각이 들어요. 앞으로 10년이 되기 전에 이런 교육제도로는 우리 아이들을 살릴 길이 없다는 것이 내 눈에는 환히 보이는데, 다른 사람들 눈에는 안 보이는 게 안타깝기만 해요.

'교육 황폐화' 주범은 자본주의

선생님은 이 책에서 학교 교육의 이념이 자본주의사회에서 비롯되었다고 말씀하셨습니다. 그렇다면 자본주의사회가 되기 전에는 동양과 서양에서 학교 교육이 어떻게 이루어졌습니까?

윤구병 자본주의사회가 되기 전에는, 중심이 되는 교육이 마을 공동체에서 다 이루어졌어요. 자연이 가장 큰 스승이 되고 나이 든 분들이 스승이 되고. 동서양 통틀어서 다 그랬다고 봐도 틀리지는 않을 거예요.

우리 나라를 보면 마을마다 서당이 있었죠. 마을 공동체에서 나이 많은 분들 가운데 지식 있는 정신 지도자가 서당 교육을 시켰어요. 서당 교육은 실천을 중심으로 했지요. 쇄소응대(灑掃應對)라는 말처럼 씻고 닦고, 비로 쓸고 걸레질하고 이런 것들을 먼저 배워요. 그다음에 어른들한테 말을 할 때 어떻게 해야 한다든지, 앞으로 나가고 뒤로 물러설 때는 어떤 예절을 지켜야 하는지에 대한 걸 배우죠. 이처럼 예절 교육하고 실천을 전제로 한 교육들이 먼저 이루어졌어요. 교과서 훈련은 아니라는 거지요.

서양 예를 들어 볼게요. 아테네에서 이른바 학원이라는 것이 처음 생겼어요. '아카데미아 리케이언'이라고 하죠(프랑스어에서 '리쎄'라고 하는 것은 아리스토텔레스가 가르쳤던 학원 리케움을 본떠서 그렇게 이름 붙인 거예요). 플라톤이 사람들을 모아서 가르쳤던 것이 아카데미아인데 그것을 나중에 아카데미라고 하게 되지요. 그리스의 도시 국가 아테네가 델로스동맹으로 주변 국가를 전부 흡수해서 제국이 됐을 때, 통치를 해야 할 필요가 생기잖아요. 아테네가 직접민주주의였다고 하지만 그건 거품만 그런 거고, 실제로는 말 잘하는 사람들이 대중을 선동해서(포퓰리즘이라고 하지요) 자기를 뽑도록 만들어 정치를 하는 제도였거든요. 말 잘하는 사람이 최고지요. 다른 사람하고 상대하고 맞섰을 때 그 상대방을 말로 무찌르는 걸 '엘렌코스'라고 그래요. 플라톤은 아카데미아에서 엘렌코스 같은 대화술하고 웅변술을 주로 가르쳤어요. 정치로 출세하려는 사람을 위해서 가르친 거죠. 겉으로는 정치 지도자를 키우기 위해서라고 내세우면서.

국가는 두 가지 기구를 가지고 있어요. 그 가운데 하나는 폭력적인 국가 기구예요. 우리 나라 같으면 국정원, 검찰, 경찰, 법원, 판사, 검사 같은 게 전부 폭력적인 국가 기구와 그 하수인들인데, 그 기구로 폭력을 행사해서 사람을 복종시키는 방법이 있어요. 그런데 그렇게만 해서는 사람들한테 복종심을 온전히 끌어낼 수 없으니까 이념적인 국가 기구가 생긴단 말이에요. 서양 중세에서 가장 큰 이념적인 국가 기구는 교회였어요. 교회에서 사람들을 설득해서 순종하도록 만든 거예요. 천주교에서 '순명'이 절대적이잖아요. 겉으로는 하나님의 뜻에 따르라는 말이지만 결국은 교황의 명령에 순종하라는 뜻이에요. 그렇게 해서 교회에서 가르치는 교육제도가 성립했지요.

그다음에 어렸을 때부터 장인 밑에서 배우는 도제제도가 있어요. 도제제도가 산업혁명을 마련한 밑바탕이 된 건 사실이에요. 길드라는 것도 도시에서 발생을 해요. 길드는 만드는 문화지요. 도시 문명이 점점 힘이 강해지면서 농촌에 있는 사람들을 도제 형식으로 많이 끌어들여서 수공품 산업을 불러일으킨 거예요. 그래도 그때는 사람들 대부분이 시골에서 살았지요. 많아 봐야 인구에서 10퍼센트도 안 되는 사람들이 도시에서 살았을 거예요. 옛날에는 도시가 적었으니까 대부분은 농촌에 살면서 부모나 할머니, 할아버지한테 배우고 또 자연에 순응하면서 살았어요. 자연이 학교고 부모가 일러 주는 말이 교육이었던 거지요.

지금처럼 아이들을 학교라는 울타리 안에 가두어 놓는 교육이 시작된 건 서양에서는 200년, 우리 나라는 100년도 채 안 되었어요. 우리 교육이 이처럼 잘못된 길로 가고 있는 건 자본주의사회의 발달과 그 맥을 같이하고 있다는 말이지요. 자본주의 시장경제가 '학교'라는 이름으로 우리 아이들과 교육을 끊임없이 황폐하게 만들고 있는 겁니다.

도시화는 자본주의 질서에 따라 점점 강화되고 있잖아요. 친구들이 있고 부모가 울타리가 돼 주는 고향을 그 누구든 떠나고 싶겠어요? 시골에서는 살 수가 없고 살길도 없으니까 어쩔 수 없이 떠나게 되는 거지요. 도시라는 이 죽음의 땅으로 들어서게 만든 체제가 있는 거예요. 궁극으로는 이 체제를 바꾸지 않으면 살길이 없다는 건 분명해요. 이 사회가 바뀌려면, 그래서 우리 교육이 제대로 서려면, 이 죽음의 원리에 목숨을 걸고 맞서는 치열한 투쟁이 필요할 겁니다. 그리고 그 과정에서 이 사회를 변혁하고 세상을 뒤집는 힘을 끌어내야 하지요.

중국 예를 하나 들게요. 마오쩌둥이 1966년에 문화혁명을 일으키죠. 마오쩌둥은 그 당시 중국 기득권층이 머리만 굴리는 교육 쪽으로 급속히 쏠리는 모습에 문제의식을 느꼈어요. 그래서 중학교부터 대학교까지 전부 문을 닫게 하고 학생들을 모두 하방시켰어요. 조그만 공작소나 농촌으로 전부 다 보낸 거지요. 초등학교는 부모가 옆에서 지키고 있어야 할 아이들이 다니니까 그대로 뒀고요. 물론 어느 날짜를 딱 정해서 모든 학교가 한꺼번에 다 문을 닫은 건 아니에요. 차츰차츰 시행했지요. 문화혁명은 큰 사회혁명이거든요. 이런 큰 사회변동이 있을 때는 강제로라도 사람들을 농촌에 가도록 만들 수 있어요.

물론 더 좋은 것은 스스로 가는 거지만, 그 길은 지금으로선 요원해요. 이런 것들은 아마도 큰 사회변동이 있어야, 위기가 몰아닥쳐야 큰 폭으로 이루어질 수 있을 거예요. 도시에서는 더 이상, 도무지 살길이 없다고 사람들이 절박하게 느껴야만 가능한 일이에요. 외국에서 수입하는 식량 시장이 교란이 돼 버린다든지, 어떤 식으로든 큰 위기가 닥쳐야만 나라에서도 정신 차리고 생산지를 살리자, 농촌을 살리자는 그런 자각을 하게 될 거예요.

지금 중국공산당 중견 간부가 돼 있는 사람들이 거의가 문화혁명 세대거든요. 중국이 지금 미국하고 맞설 만큼 경제력을 키운 것도, 그러면서도 미국처럼 신자유주의가 낳은 사회 문제가 아직 크게 발생하지 않는 데에는 그 사회 안에 깔린 보이지 않는 신뢰가 중요하게 작용한다고 봐요. 중국은 지금 공식으로는 농민이 90퍼센트가 넘는다고 해요. 실제로는 그보다 조금 낮을 거라고 짐작이 되기는 하지만요. 그 사람들은 도시와 견주었을 때 더 열악한 환경에서 살고 있어요. 중국에서도 빈부 격차가 계속 커지고 있고 부정부패도 생기고 있거든요. 그런데도 이 사람들, 농민과 노동자들이 중국을 통치하는 사람들에게 기대하는 게 있어요. 저 사람들은 우리하고 같이 땀 흘려 일한 경험이 있는 사람들이기에 믿을 수 있다는 마음을 갖고 있죠. 그렇기에 중국이 60년 넘게 하나로 통일된 국가로 유지되고 있는 것으로 저는 생각해요. 중국은 진시황 시절에도 잠깐 통일이 됐다가 다 갈라진 나라잖아요. 그런데 지금 소수민족이 거의 백여 개 가까울 만큼 많이 있는데도 아직도 통합성을 지키고 있는 것만 봐도 그렇지요.

우리도 사회 통합이 제대로 되려면 이 사회를 이끌어 가는 사람들이 땀 흘려 일하는 체험을 해야 한다고 생각해요. 그렇지 않으면 빈부 격차뿐만 아니라 의식 격차도 점점 더 커질 수밖에 없다고 봐요.

국가의 간섭 없는 자유롭고 평등한 마을 공동체

자본주의가 교육을 황폐하게 만든 주범이라고 말씀하셨는데, 그렇다면 자본주의사회 이전으로 돌아가면 이 문제가 해결이 될까요? 지금과 모습은 많이 다르겠지만 옛날에도 도시 문명이 있었고, 온전히 자연 속에서만 이루어진 삶은 아니었을 텐데요.

윤구병 '문화'라고 하는 걸 영어로는 '컬처'(culture)라고 그러지요. 독일어로는 '쿨투어'(Kultur), 프랑스어로 '퀼뛰르'(culture)라고 하고요. 영어로 '컬처'라고 하는 것, 즉 '문화'라는 말이 어디서 생겨났는지를 먼저 생각해 봐야 합니다. 이 문화라는 말은 마을 공동체에서 생겨났어요. 라틴어 '콜로'(colo)라는 말은 '가꾼다, 농사짓는다, 일군다, 경작한다'는 말이에요. 그것의 과거분사형이 '쿨투스'(cultus)고 거기서 '컬처'라는 말이 나온 거지요. 사람을 흥겹게 하고 즐겁게 하고, 또 생각이나 느낌의 지평을 넓혀 주는 자율적인 문화는 생산 공동체인 마을에서 생겨날 수밖에 없어요. 모두 함께 나누는 문화 말이지요. 시골에서는 춤꾼이 따로 있어서 춤추는 걸 구경하거나 그러지 않죠. 전부 함께 춤추는 문화잖아요. 지금 도시에서는 문화인 따로 있고 예술가가 따로 있어서 나머지는 구경꾼이 돼 버리죠? 이건 진정한 문화가 아니에요. 문화는 마을 공동체에서 자연스럽게 움 돋고 싹트고 꽃피는 그런 것이에요. 문명의 세계는 문화와는 좀 달라요. 문명은 영어로 '시빌리제이션'

(civilization)이라고 하죠. '시빌리제이션'은 라틴어 '키비스'(civis), 즉 '도시인'이라는 말에서 나와요. '키빌리스'(civilis) 하면 '도시인다운'이라는 뜻이고, '키빌리타스'(civilitas)는 '도시인이 사는 곳'을 말하죠.

이 '키비스'가 알파벳으로는 '시'(c)로 표현되니까 그게 '시빌'(civil)로 바뀐 거고 그 말에서 시빌리제이션이 나왔어요. 그게 바로 도시문명이지요. 문화와 문명이 이렇게 어원이 달라요. 도시 문명은 사람과 사람 사이에서만 움트는 문명이에요. 사람과 자연 사이에 놓인 관계는 완전히 단절돼 버리죠. 도시 문명이라는 건 결국은 사람이 중심 되는 문명이고 거기에 다른 생명체는 끼어들 여지가 없어요.

밀과 보리 같은 주곡은 이미 사람 손을 탔기 때문에 자기 혼자서는 그 종자를 유지하지 못해요. 사람이 해마다 심고 거두어서 일부를 보관했다가 이듬해 그 씨를 뿌려야 그 종자가 살아남을 수 있어요.

사람도 마찬가지죠. 심어서 가꾸고, 거두어서 먹고, 일부는 또 남겨서 다시 심어야 먹고 살 수 있지요. 그렇기 때문에 밀, 보리와 사람은 서로 상생 관계입니다. 서로 도와서 사는 관계지요. 자연 속에서 사람이 농사짓는 모든 작물이 다 마찬가지예요. 사람하고 상생 관계를 이루죠. 그 작물들도 사람 손이 가지 않으면 살아남을 수 없고 사람도 그 작물이 아니면 살아남을 수 없으니까요. 도시에서는 이런 상생 관계가, 사람과 사람끼리 상생 관계가 잘 되고 있나요? 잘 안 되지요? 오히려 서로 잡아먹지 않으면 살 수가 없어요. 게다가 도시민들은 농민들을 착취하기까지 하죠. 농촌에서 식량을 갖다 먹어야 하니까요. 도시에서 살게 되면 자기도 모르게 식민주의자로 되는 겁니다. 농촌 지역 생산 공동체를 식민지로 만들어서 자기들 살길을 찾는 일에 참여하고 있는 셈이에요. 이게 과연 정상적인 삶일까요?

억압과 착취가 없는, 자유롭고 평등한 마을 공동체에 대한 꿈은 아주 오래전부터 있어 왔어요. 이 꿈은 플라톤 시절 또는 노자 시절부터 지금까지 여전히 지속되고 있는데 현실로 되지는 않고 있지요. 플라톤은 조그만 공동체를 꿈꿨어요. 외적이나 외부에 있는 힘센 사람들로부터 완전히 격리돼 있는 섬으로 된 공동체, 아틀란티스 같은 것을 꿈꿨지요. 토마스 모어 같은 경우도 유토피아를 외부 침입이 완전히 단절된, 독립된 곳으로 상정했어요. 노자도 소국과민으로 표현되는 마을 공동체를 꿈꿨고요. 이웃 마을에서 닭 우는 소리, 개 짖는 소리가 들려와도 오가지 않고, 아무리 머리 좋은 사람도 그 머리를 쓸 데가 없고, 창과 칼은 전부 대장간에 가서 보습이나 낫으로 바꾸는 곳이 바로 소국과민이거든요. 지금은 마을 공동체에 대한 꿈이 아나키즘이나 코뮌으로 나타나기도 하죠. 완전한 공산주의사회가 오면 국가가 해체될 거고 그러면 전부 마을에서 자율적인 단위로 살아가야 한다고 해서 그 길들을 찾은 거예요.

제가 《실험 학교 이야기》에서 꿈꾼 것도 국가의 간섭이 전혀 없는 그런 새로운 공동체였죠. 그 마을에서 태어난 사람끼리 그 안에서 먹고살고 문화도 이루면서 잘 살면 되는 그런 공동체지요. 인구로는 2만 정도, 가구로 하면 5천 가구 정도만 되면 그 마을에서 모든 것들이 충족될 수 있어요. 그런 곳은 마을이 바로 국가고 사회가 돼죠. '실험 학교'는 그런 곳을 생각하고 그린 것이에요. 변산공동체학교도 그런 꿈을 실천하고자 시작했고요. 국가라는 게 세금만 뜯어 가잖아요.

제가 20년 가까이 변산공동체학교에 사는 동안 경찰이 집을 뒤지거나 사람 붙들어 가는 걸 본 적이 없어요. 경찰이 할 일이 없어요. 법원도, 판검사도, 공무원도 거기서는 할 일이 없어요. 세금 뜯어 가는 것밖에는. 그러니까 마을 공동체에서는 생산에 종사하지 않는 사람들은 불필요해요. 정신적인 지도자만 빼놓고는.

기술 발달이라는 것이 두 길로 가게 되죠. 대장간에 가는 사람이 어떤 목적을 가지고 있느냐에 따라서 그 벼리는 연장의 쓰임이 다르잖아요. 무기도 되고 삶에 필요한 도구도 되고. 이렇게 삶에 도움이 되는 기술이 있고 우리 삶을 해치는 기술이 있어요. 도움이 되는 기술을 발전시키고 도움이 되지 않는 기술은 없애야 되겠지요. 그게 사실은 굉장히 힘들어요. 기술이라는 것이 머리를 써야 하는데, 주로 머리 좋은 사람들이 기술 개발을 하잖아요. 기술 개발을 하는 사람들 가운데 탐욕이 있는 사람들이 많아요. 욕심이 있는 사람들이지요. 그렇기 때문에 어려움이 있고, 인류가 아직 이 단계에 머물러 있는 거예요. 온통 전쟁판이고 착취와 억압, 이런 것이 일상처럼 되어 있는 단계죠.

그래도 삶의 모든 문제를 마을 단위에서 해결하려는 꿈은 좋은 꿈이잖아요. 좋은 꿈이니까 그 꿈을 버려선 안 돼요. 자연 속에서 사람이 자기 생체 에너지를 통해서 살길을 찾지 않는 한은 지속 가능한 미래가 열리지 않기 때문입니다. 또 위기는 계속 심화되고 그에 대한 불안감

"새로운 공동체 내에서 하는 교육은 사람들을 해방시켜 주는 교육입니다. 스스로 제 앞가림도 할 수 있고 서로 도와서 살 수 있는 길을 열어 주는 교육이에요."

도 점점 더 확산되고 있기에, 이런 문제점을 완화시키는 몫을 그 꿈이 할 수도 있고요.

새로운 공동체 내에서 하는 교육은 사람들을 해방시켜 주는 교육입니다. 스스로 제 앞가림도 할 수 있고 서로 도와서 살 수 있는 길을 열어 주는 교육이에요. 그런 공동체들이 계속 많아지면 '저렇게도 즐겁게 잘 사네, 죽지 않네' 하는 생각들이 사람들한테 일어나게 되겠지요.

그러면 우리도 저렇게 살아보자는 생각이 조금씩 생겨날 거예요. 억압과 착취가 지배하는 질서 속에서 자기만 살아남겠다는 의식도 엷어지고, 서로 도우면서 몸 놀리고 사는 것이 참 좋은 삶이라는 생각이 커지게 될 수 있고요. 이제까지는 농촌에 사는 것을 밑바닥 삶으로 알았잖아요. 하지만 이 꿈을 실천하는 사람들이 많아지면 그런 삶이 더 고귀하고 가치 있다는 확신이 퍼지게 되겠죠. 그러다 보면 자본주의라는 탐욕적인 세계 질서가 더 나은 질서로 바뀔 수 있다는 생각을 하는 거예요. 간디가 말한 것처럼 마을이 세계를 구할 수 있다고 보는 거지요. 마을 공동체에서 행복한 삶이 이루어질 수 있어야 이 세상도 바뀔 수 있다고 생각해요. 지금은 그 길밖에 없다고 봐요.

장애인도 소수자도 모두 행복한 평화 공동체

책에서는 공동체 마을 성격을 장애인도 함께 사는 것으로 규정했고, 그랬기에 '개코 선생님'처럼 장애가 있는 사람이 그곳에서 살길을 찾을 수 있었습니다. 장애인을 비롯하여 이 사회에서 약자이자 소수자로 살아가는 사람들을 위해 우리 사회는, 또 새로운 공동체는 어떤 몫을 할 수 있을까요?

윤구병 실제로《실험 학교 이야기》를 읽고 변산공동체학교에 살러 온

장애인이 있었습니다. 그 사람과 함께 지내면서 저나 공동체 식구들이 느낀 점도 배운 점도 참 많았지요. 사람이 사람답게 산다는 것은, 모든 사람이 사람으로 태어났다는 한 가지 이유만으로도 다 자유롭고, 평등하고, 평화롭고, 우애롭게 산다는 것을 뜻합니다. 마을 공동체는 머리나 돈이나 지위와는 상관없이 수평으로 이루어진 곳이기에, 장애인을 비롯한 소수자들이 다른 사람들과 함께 어울려 살아가기에 좋습니다. 장애가 걸림돌이 되지 않고, 생긴 모습 그대로 떳떳하게 사람대접 받으면서 살 수 있어요. 도시에서는 쉽지 않은 일이지요. 몸을 움직이는 것부터가 곳곳에 장애물투성이라 힘이 드니까요.

또한 장애 아이들과 비장애 아이들이 함께 더불어 살 수 있다면, 장애가 있는 아이들보다 정상이라고 스스로 생각하는 아이들이 얻는 것이 훨씬 더 많을 거라고 봐요. 꼭 공동체 학교가 아니라도, 일반 학교에서도 장애아들과 비장애아들이 함께 어울려 공부할 수 있으면 좋을 거 같아요. 앞으로 한 학급에 아이들 숫자가 더 줄어들고, 선생님이 조금만 더 그 아이에게 관심을 보일 수 있다면 일반 학급에 장애아가 같이 섞여서 공부하고 생활하도록 하는 것이 필요하다고 봅니다.

더불어서 이야기하자면 요즘 농촌에는 다문화 가정이 아주 많습니다. 앞으로 오륙 년만 지나면 다문화 가정에서 태어난 아이들 숫자가 전체 농촌 인구에서 절반 가까이 차지하게 될 거라는 신문 기사도 있더군요. 이렇듯 앞으로 농촌에서 다문화 가정 아이들 비중이 점점 더 커지게 될 텐데, 이 아이들과 더불어 잘 지낼 수 있는 환경을 만들어 가는 것도 중요하게 생각해야 할 것 같습니다. 그곳이 새로운 공동체 학교든 일반 학교든 마찬가지겠지요. 보통은 지역에서 다문화 가정 부모들한테 한글이나 우리 문화를 가르치는 프로그램들을 꾸립니다.

마찬가지로 다문화 가정 아이들을 위한 교육 프로그램도 많이 나와야 할 겁니다. 이 아이들은 어머니가 외국에서 온 경우가 많거든요. 어머니 나라에 대해서 긍지를 갖고, 그 나라 문화를 받아들일 수 있도록 이끌어 주는 교육이 필요해요. 어머니 나라 노래도 들려주고, 그림책도 보여 주고, 그 나라에서 나온 좋은 책도 읽혀 주고 하는 것도 한 방법이 되겠지요. 그렇게 해서 자기 어머니 나라가 자랑스러운 곳이라는 긍지를 심어 주면 좋겠어요.

인종주의라고 있죠. 허옇게 생긴 사람들이 까맣게 생긴 사람이나 노랗게 생긴 사람을 차별하는 거. 제가 어디에선가 이런 이야기를 본 게 있어요. 미국에 한 백인 부모가 있는데 자기 아이한테 흑인 애하고 놀지 말라고 늘 일렀던 모양이에요. 어느 날, 그 부모가 자기 아이랑 흑인 애가 노는 모습을 봤대요. 그래서 자기 아이한테 흑인 애하고 놀지 말라고 했는데 왜 노느냐고 물으니까 그 아이가, "나 그 애가 흑인인 줄 몰랐어요" 하고 말했다고 해요.

이런 것처럼 우리는 '차이'가 '차별 의식'으로 바뀌는 경우를 자주 보게 됩니다. 낯선 것에 대한 두려움이 차별 의식을 낳는 거라고 볼 수 있어요. 이 이야기에 나온 아이는 낯선 것에 대한 두려움이 없었기 때문에 흑인 아이라고 해서 차별을 하지 않았던 거죠. 이렇듯 다른 여러 나라에 대한 인식이 넓어지고 깊어지면, 우리 아이들이 '차이'를 '차별'로 인식하고 행동하는 것이 덜해질 수 있을 겁니다.

더 나아가서 새로운 공동체는 다른 나라에 있는 깨어 있는 시민, 깨어 있는 공동체와 연대하는 것도 중요합니다. 장애인을 비롯한, 우리 사회에서 소수자이자 약자로 살아가는 많은 사람들이 행복할 수 있는 삶터를 온 지구에 퍼뜨리는 씨앗이 되어야 한다는 말이지요. 소수자나 약자 문제는 자본주의사회가 들어서면서 무척 심각해졌어요. 한 나라 문제에 그치는 것이 아니라는 말이에요.

    장애인도 소수자도 행복한 삶터, 누구나 평등하고 자유롭고 인간답게 살아갈 수 있는 새로운 공동체는 다른 나라에 있는 여러 공동체와 연대를 함으로써 더 멀리, 더 넓게 퍼질 수 있을 겁니다. 평화로운 인류 공동체를 만들어 가는 길에 징검다리 몫을 하는 것, 새로운 공동체가 궁극으로 지향해야 할 모습이라고 생각합니다.

개인과 공동체, 공동체와 개인

실험 학교의 정신을 실천하기 위해서 꼭 공동체라는 틀을 갖춰야만 할까요? 억압, 획일화, 강제 같은 것들은 공동체가 지닌 한계로 볼 수도 있을 듯한데, 공동체라고 무조건 좋다고만 할 수 있을까요?

윤구병 공동체에는 여러 갈래가 있어요. 크게 보면 생명 공동체가 있습니다. 살아 있는 생명체가 모두 함께 잘 살게 되는 그런 생명 공동체를 꿈꿀 수 있지요. 그다음으로 인류 공동체에 대한 꿈을 실현하자는 생각으로 국제연합 같은 기관을 만들어 내기도 했고, 유럽공동체가 현실이 되기도 했어요. 이렇게 큰 단위 공동체인 국가들을 묶어서 만든 인류 공동체가 있지요. 한 나라도 공동체라고 볼 수 있죠. 민족 공동체나 언어 공동체라든지 해서요. 그다음에 성격으로 구분할 수 있는 공동체가 있습니다. 이념 공동체, 종교 공동체를 비롯하여 변산공동체학교 같은 생태 공동체가 그런 곳이지요. 그 가운데 생태 공동체는 햇빛이나 물, 땅과 공기 같은 것들이 우리 삶에 전부 영향을 미치기 때문에, 사람만으로는 살 수 없고 자연과 더불어 살아야 한다는 정신을 바탕으로 한 공동체입니다. 우리가 조상 대대로 물려받은 그대로 우리 후손들한테 물려줘서 이 공동체가 지속할 수 있는 길을 열어 줘야 한다는 거지요. 마지막으로 공간 규모로 봤을 땐 조그만 마을 공동체가 있어요. 수천 년 동안 인류는 작은 마을 공동체 형태로 유지되어 왔죠.

그러다가 점차 외부 세력, 힘 있는 사람들이 마을 공동체를 자기 세력권 안에 끌어들여 통치를 하면서 계급이 형성됐지요. 세계 여러 나라에서 거의 공통으로 이루어진 일이에요. 이를테면 인도에서는 브라만에서 수드라까지 계급이 있고, 우리 나라는 양반 상놈 이렇게 갈리고 그랬잖아요. 그나마 인류가 오랫동안 싸워서 타고난 핏줄에 따르는 계급 질서는 없었지요. 그런데 자본주의 세상이 되면서 새로운 계급 질서가 나타났어요. 임금노예와 그 임금노예를 부리는 주인으로 분리가 된 거지요.

제대로 된 공동체가 이루어지려면 계급 없는 사회, 착취자도 피착취자도 없는 사회가 돼야 해요. 억압과 착취가 없고 모두가 자유롭게 서로 도우면서 살 수 있는 공동체 말이지요. 그러면 누가 이런 이야기도 해요. 시골에서도 얼핏 보면 위계질서가 있지 않느냐고. 노인들이 '꽥!' 하면 젊은 것들은 '예, 죽여 주십시오' 하는 것처럼 말이죠.

우리가 일정한 나이가 되면 선거권을 갖잖아요. 그 관점에서 보면 '어? 나도 선거권 얻은 나이가 됐는데, 나도 한 표 저 사람도 한 표인데 노인네들이 나이 많다는 것만 가지고 젊은 사람을 억압하고 윽박지르면서 이거 저거 시키고, 또 젊은 사람들은 그에 고분고분 따르는 것은 불평등한 사회가 아니냐'고 생각할 수가 있어요. 그런데 그건 공간적인 평등 관점에서 바라봐서 그래요.

제가 어린 시절을 마을 공동체에서 자라면서 어른들이 하시는 말씀, 어른들이 몸으로 보이는 모범을 많이 봤거든요. 시골에는 이런 말이 있지요. 어르신들이 하는 말 중에 틀린 말 없다고 하는 거요. 저는 마을 공동체나 생산 공동체처럼 자연과 더불어 살아가는 공동체에서는 어른들한테 끊임없이 배워야 한다고 생각하고 있어요. 시간적으로 보면, 마을에서 어르신들이 하는 말은 오랫동안 살아 보면서 이 길이 가장 최선이기 때문에 하는 말씀이거든요. 오랜 경험이 쌓여서 이것이 살길이라는 것을 가장 잘 아는 분들인 거죠. 그래서 저절로 어르신들이 권위가 서는 그런 공동체가 형성이 됩니다. 저는 그 어르신들의 집단 지혜를 믿고 따르는 것이 가장 슬기로운 선택이라고 생각해요.

시간 질서에 따르면 그 권위는 순환이 돼요. 어른들이 죽고 나면 그전에 찍소리도 못하던 젊은 사람들이 나이가 들고 또 어른이 되지요. 그러면 젊은 사람들이 철없는 말을 할 때, 내가 철든 사람으로서 아무리 듣기 싫은 이야기라도 해 줘야 된다는 자각이 생기게 됩니다. 그러면서 저절로 옛 어른들이 부리던 그런 권한을 행사하게 되고, 통시적으로 보면 평등한 사회가 이루어지는 거지요. 공시적으론 불평등한 사회처럼 보이지만요. 평등한 사회는 시간적으로 볼 것이냐 공간적으로 볼 것이냐에 따라 달라요. 요즘에는 공간적인 평등 개념이 워낙 확산돼 있지요. 하지만 생산 공동체는 시간적으로 평등한 관계입니다. 한 철 한 철 더 많이 날수록 슬기가 쌓이게 되니까요. 공동체의 이념을 공간적인 평등성으로만 파악하게 될 때는 참 답답하게 됩니다. 저는 시간적인 평등이 자연 질서에 맞다고 봅니다.

개인과 공동체가 어떤 관계를 맺어야 하는지는 아주 중요한 문제입니다. 사실 공동체에서 가장 힘든 건 사람 관계예요. 일이 힘든 게 아니라 사람과 사람 사이에 놓인 관계가 제일 힘들지요. 도시 사회 같은 데서는 일터에서 하루에 여덟 시간만 얼굴 맞대고 있다가 나머지 시간은 얼굴 맞대지 않고 살 수 있으니까 좋단 말이죠. 그런데 공동체에서는 24시간을 같이 얼굴 맞대고 살아야 하잖아요. 그래서 힘들긴 하지만 그 과정이 없이는 서로 돕고 사는 것이 꼭 필요하다는 것을 배울 길이 없어요. 옛날처럼 자연으로 생겨난 마을 공동체에서는 그 마을에서 태어나(여자는 한 번 공동체를 옮기지만요) 자라고, 어른이 되어 늙어 죽으면 그 마을 뒷산에 묻힙니다. 그 오랜 소통 과정과 동화되는 과정이 있었기 때문에 공동체를 이루어서 잘 살 수 있었어요.

그런데 변산공동체학교처럼 교육 정도나 지향성도 다르고 취미도 다른 사람들이 어느 날 느닷없이 모여서 한데 살자 할 때는 그 마음과 뜻을 맞추기가 무척 힘들어요. 그 뜻을 맞추는 데도 시간이 꽤 걸려요. 적어도 3년 넘게 걸리고 어떤 때는 5년, 10년이 걸리기도 해요. 하지만 그 시간은 꼭 거쳐야 할 과정이라고 봐요.

다만 각각 독립생활을 하면서 공동으로 문제가 있을 때만 서로 의논하면서 사는 느슨한 마을 공동체가 있을 수 있죠. 그렇게 살기 전에, 단 1년이라도 얼굴 맞대고 사는 공동체에서 생활을 할 수 있어야 돼요. 그래야 개인주의와 이기주의에 치우쳤던 삶에서 조금이라도 벗어날 수 있어요. 그 불편한 삶이, 내가 그동안 너무나 이기적이고 개인적이었다는 것을 느낄 수 있는 계기가 되기 때문입니다.

'실험 학교'는 새로운 삶터이자 배움터

선생님은 이 책이 처음 나온 1995년에 변산에 내려가 변산공동체학교를 일구기 시작했습니다. 앞서도 이 책에 나오는 내용은 변산공동체학교에 대한 밑그림이라고 하셨지요. 그동안 변산공동체학교에서 어떤 교육을 펼쳤고, 또 어떤 배움을 얻었는지 이야기를 듣고 싶습니다.

윤구병 '실험 학교'는 새로운 배움터라고 생각하면 돼요. '실험 학교'가 '학교'라는 말을 써서 마치 제도 교육 기관하고 밀접하게 결합이 된 것처럼 사람들이 느끼는 것 같더라고요. 사실 '실험 학교'를 일반 학교랑 견주는 건 의미가 없어요. 학교라기보다는 있을 것만 있고 없을 것은 없는, 새로운 삶터이자 배움터니까요.

《실험 학교 이야기》는 제가 변산공동체학교를 일구기 전에, 머릿속에서 상상으로 그린 그림을 글로 적어 놓은 것이거든요. 굳이 '변산공동체학교'라고 했던 것도 배움터를 생각했던 거고요. 우리 말로 배움터라고 하면 훨씬 더 포괄적이고 넓은 뜻을 담을 수 있는데, 학교라고 해 놓으니까 변산공동체학교를 두고도 사람들이 오해를 많이 했어요. 건물이 있을 것 같고 전문적으로 훈련이 된 자격증 있는 교사도 있을 거라고 생각을 한 거죠. 그건 아닌데요. 제가 어렸을 때 좀 배운 거 말곤 농사일을 잘 몰랐고, 변산공동체학교에 들어오는 사람들도 전부 농사일을 처음 만나 보는 사람들이었어요.

우선 우리부터 배워야 한다, 자연에서도 배우고 마을 어르신들한테도 배워야 한다고 생각을 했어요. 요즘 개념으로 하면 쉽게 다가설 수 있는 말이 '학교'이기 때문에 변산공동체학교라고 이름을 붙였죠. 지금 생각해 보면 '학교'라는 말에서 자연스럽게 기성 학교가 떠오르기 때문에 그 이름이 적절하지 않다는 생각도 들어요. 그냥 '구름산 마을 공동체'라고 했을 수도 있겠는데 말이죠.

20년 가까이 변산공동체학교를 일구면서 사는 동안에 배운 것은 두 가지예요. 먼저 마을 어르신들한테 농사일을 배웠어요. 언제 씨 뿌리고 김매고, 또 언제 거두는지 배우는 거죠. 굉장히 중요한 배움이지요.

제가 자주 이야기하는 예를 하나 들게요. 저보다 아홉 살 많은 풍천 아주머니한테 처음 찾아가서는 점잔 떨면서 교양 있는 말로, "대두 파종 시기에 관한 문의 차 방문했습니다" 이런 식으로 이야기를 했거든요. 그랬더니 풍천 아주머니가 깜짝 놀랐어요. "대두? 대두가 뭐야?"

"콩이요." "파종 시기는 뭔디?" "심는 때요." "그러면 문의 차는 뭔디?"
"물어볼려고요." "방문은 또 뭐여?" "찾아뵀잖아요." "아, 언제 콩 심는지
알아볼라구 왔구만. 그럼 그렇게 말해야지. 대두의 파종시기에 관한 문
의 차 방문이 뭐여." 이렇게 이야기를 주고받은 뒤에 풍천 아주머니가
"우리 마을에서는 감꽃 필 때 검정콩 심고 감꽃 질 때 메주콩 심어" 하
고 말씀해 주셨어요. 그러면서 제가 어르신들이 주고받는 말부터 새로
배웠잖아요. 그 뒤로 제가 유식한 학문 사투리를 버리고, 쉬운 우리 말
을 배우느라 15년 넘게 걸렸어요. 제가 요즘에 말을 좀 쉽게 한다면 다
그분들한테 배운 거예요. 그때보다 오히려 훨씬 유식해졌지요.

이렇게 마을 어르신들한테 말부터 배운 거 다음으로 얻은 것이 바
로 자연에서 배우는 거였어요. 한 철 한 철 접어들면서 철이 들고, 한
철 한 철 나면서 철이 나는 그 과정을 겪으면서 왜 농심이 천심이라고
하는지 알겠더라고요. 농사꾼들은 하늘만 쳐다보고 산다고 그러잖아
요. 땅만 보고 사는 게 아니라 하늘만 쳐다보고 사는 거죠. 그건 밤하늘
에 있는 별이나 달이나 해를 보는 것이 아니에요. 구름을 보는 거지요.
하늘에 떠 있는 구름을 보고 이게 비 올 구름인가 아닌가 하는 것을 살
피는 거죠. 물이라는 거, 빗물이라는 것이 농사짓는 작물들을 살리기
도 하고 죽이기도 하니까 그렇게 열심히 하늘을 보고 관찰하는 거예
요. 농사꾼에게 기후는 굉장히 중요해요. 도시 사람들하고는 다르지요.
도시 사람들이야 기후 변화에 크게 신경 쓸 필요는 없지만 농사꾼들은
그럴 수밖에 없어요.

시골에서 여름에 먹으려고 딸기도 심고 참외도 심고 수박도 심고 하
지요. 수박을 예로 들어 볼까요. 씨를 묻으면 거기서 움이 돋고, 움에서
넌출이 뻗고, 또 거기에서 꽃이 피고, 그다음에 조그마한 열매를 맺었
다가 그 열매가 점점 커져서 나중에 잘 익은 수박이 되지요.

잘 익은 수박을 가운뎃손가락 등으로 똑똑 두드리면 '통통' 하고 익은 소리가 나잖아요. 이렇게 시골에서 수박을 쪼개 먹을 때는 수박씨가 다 익은 열매가 될 때까지 전 과정을 다 되돌이켜 보게 됩니다. 그 맛에 그 전 과정이 다 들어 있는 거예요. 수박이 자라고 익는 역사가 다 한꺼번에 우리한테 섭취되는 거지요. 그런데 과일 가게에 가서 수박 하나 덜렁 사 드는 도시 사람들은 물기가 많은 단 것을 먹는 것에 지나지 않아요. 우리와 상생하는 다른 생명체의 역사를, 그 과정을 흡수하는 것이 아니라 결과만 먹는단 말이지요. 그게 굉장히 달라요. 수박을 먹으면서 그것이 달고 배가 부르니까 뿌듯해하는 도시 아이들은 있어도, '이게 어떻게 자라서 열매를 맺었는데, 이제 그 열매를 내가 먹게 되는 거야' 하면서 뿌듯해하는 경우는 없어요. 전혀 없어요.

변산공동체학교는 아까 이야기했듯이 자연을 큰 선생님으로 모시고 동네 어르신들을 농사 선생님들로 모셔서 우리부터 배우고자 했어요. 우리가 뭘 알아야, 손발 놀리고 몸 놀려서 입고 먹고 잘 곳을 마련할 수 있어야, 그래서 스스로 제 앞가림할 수 있어야 아이들을 가르치지, 우리가 농사일에 까막눈이면 아이들을 가르칠 수 없다고 생각한 거죠. 우리부터 배우는 학생 자세로 살아가자고 해서 '변산공동체학교'라고 이름도 붙인 거예요. 배운다는 게 하루 이틀 지내서 되는 건 아니에요. 만일 책을 한 권 읽는다면 하루 만에 읽어 치워서 그 내용을 머릿속에 담아 놓을 수도 있잖아요. 그런데 농사일은 전부 몸을 놀려서 해야 하죠. 몸으로 익혀야 하니까 시간이 굉장히 걸려요.

변산공동체학교에서도 제 앞가림을 하고 서로 도와서 살 수 있는 것까지 익히는 데는 15년 넘게 걸렸어요. 아직도 모자란 게 많고요. 농사꾼들이 왜 농사일은 평생을 배워야 한다고 말을 하는지 알겠어요. 해마다 기후가 달라지니까 그에 따라서 씨 뿌리는 시기도 달라지고 김매는 시기와 거두는 시기도 조금씩 다 달라지거든요. 여기에 맞춰서 사는 것이 그만큼 중요하죠. 이처럼 농촌에서는 사람을 통제하는 자연의 질서에 따라야만 살아남을 수 있습니다.

사람을 살리기 위해 통제하는 자연

도시에서도 사람을 통제하는 질서가 있고, 많은 사람들이 그 통제에 맞춰 살아가고 있습니다. 도시와 자연에서 사람을 통제하는 질서는 서로 어떻게 다른가요?

윤구병 도시에서도 사람들을 통제하기는 하죠. 통제하는 가장 큰 방법 중에 하나는 제 시간에 출근하고 퇴근하게 만드는 거겠죠. 아이들은 제 시간에 등교하고 하교하게 하는 것이겠고. 시계 판에 적혀 있는 이 시간은 인공의 시간이란 말이죠. 사람의 삶을 사람이 통제하는 거예요. 여기서 통제를 받지 않는 사람은 맨 우두머리에 있는 사람이죠. 그 사람은 통제만 할 뿐이지 통제는 안 받아요. 그 밖에 나머지는 크고 작은 일거리를 맡는 거에 따라서 전부 통제를 받게 되지요.

이건 자기가 하고 싶은 일을 자율로 하는 거랑은 거리가 멀어요. 그 통제에서 억압을 느끼잖아요. 더 나아가서 자본주의 시장경제에서는 이윤을 내는 걸로, 이익이 되느냐 안 되느냐는 관점에서 통제를 하잖아요. 이 사람이 일터에서 즐겁게 생활을 하는가, 자유롭게 자기 생각도 하고 몸도 쓰는가 하는가는 전혀 상관없단 말이죠. 생산 목표나 판매 목표에 따라 사람이 사람을 통제하는 거예요.

아까 말했듯이 자연에서도 사람을 통제합니다. 자연이 어떻게 사람을 통제하는지 처음 농사짓는 사람들은 잘 모르죠. 그래서 오래 산 어르신들 입에서 나오는 말로 대신 그 이야기를 듣습니다. 이런 식이죠.

'지금 씨 뿌릴래, 굶어 죽을래.' 빨리 뿌려도 안 되고 늦게 뿌려도 안 되고 제때 맞춰서 씨를 뿌려야 한다는 말이에요. 제때 씨를 안 뿌리면 곡식이 자라지 않아서 굶어 죽게 되니까 그 통제에 안 따를 수가 없어요.

김맬 때도 마찬가지예요. '너 이 김 맬래, 굶어 죽을래' 한단 말이죠. 제때 김을 안 매면 야생풀들이 먼저 뿌리 내리고 싹이 터서 전부 영양을 빨아먹어 버려요. 햇빛도 가려 버리죠. 사람 손을 탄 곡식은 약하기 때문에 김을 안 매 주면 거둘 게 없거든요. 거두어들일 때도 똑같아요. 제때 거두지 않으면 안 되지요. 보리 같은 경우 제때 거두지 않으면 장마철하고 겹쳐서 베어 내지 못한 채로 썩어 버릴 수도 있고, 베어 냈다가도 비를 맞아 버리면 싹이 나거나 썩어 버릴 수 있으니까요. 벼도 그래요. 오래 놔두면 잎귀가 우수수 쏟아져서 거둘 게 없으니까 제때 거두는 게 필요하거든요. '너 제때 거둘래, 굶어 죽을래' 하는 통제는 죽지 않고 살아남으려면 따르지 않을 수 없는, 따를 수밖에 없는 그런 통제란 말이지요. 이렇게 자연은 꼭 삶에 필요한 통제만 합니다.

처음에는 이런 것들을 잘 모르니까 우리 마음대로 해도 되겠거니 하다가는 여지없거든요. 자연은 통제에 따르지 않으면 죽이는 거예요, 사람을. 이것을 깨치는 데도 오랜 시간이 걸렸어요. 그래서 시골 노인네들이 하시는 말씀은 잔소리가 없구나, 이건 정말 살아 있는 교육이구나 하는 생각이 들었지요.

우리가 교과서 달달 안 외우면 죽어요? 선생님 말 안 들으면 죽어요? 엄마 잔소리하는 거 안 따르면 죽어요? 그렇지는 않단 말이지요. 이렇게 인간이 하는 통제와 자연이 하는 통제는 다르다는 거예요. 물론 인간이 하는 통제도 따르지 않으면, 도시에서는 일터에서 잘리게 되죠. 직장을 잃는 경우가 생길 수 있어요. 이것도 실제로는 큰일이기는 하지요. 다만 자연이 하는 통제와 다른 건, 자연은 사람을 살리기 위해서, 사람이 살 수 있도록 도와주기 위해서 통제를 한다는 거예요.

바람, 물, 빗물, 햇살, 흙. 이런 자연은 대가를 바라지 않고 우리를 돕는 힘이에요. 엄청나게 큰 힘이죠. 우리가 바람이 들려주는 말에 순종하면 잘 살고, 순종하지 않으면 못 살게 된다지만 그렇다고 바람한테 돌아가는 게 있나요? 없단 말이지요. 물, 흙, 햇살한테도 돌아가는 게 없어요. 우리가 갚을 길이 없어도 무조건 베푸는 거예요.

그렇게 베풀면서도 엄격하게 통제할 때는 또 한단 말이죠. 살리기 위해서 그런단 말이에요. 살아남으려면 이렇게 해야 한다고 알려 주려고요. 그런데 도시에서 사람을 통제할 때는, 자본가가 노동자를 통제하게 될 때는 노동자를 잘 살게 하기 위해서 그러는가요? 아니죠. 이익 동기에 따라서 통제한단 말이지요. 이렇게 도시와 시골에서는 전혀 다른 세계관을 자기도 모르게 익히게 되는 거예요. 자연 속에서 살다 보면 자연이 통제하는 것과 사람이 자기 이익을 위해서 통제하는 것이 전혀 다른 질서라는 걸 배우게 되죠.

도시에 있는 화폐라든지 유가증권이라든지 금붙이라든지 이런 것들은 전부 무기물이잖아요. 얼마든지 축적이 가능하죠. 만 원짜리에다가 '공'(0) 하나 더 붙이면 십만 원짜리가 돼요. 종이 열 장이 더 필요하지 않아요. 이렇게 무한 축적이 가능하니까 자본가들은 몇조 원이고 몇십조 원이고 돈벌이는 잔뜩 하면서 젊은이들은 편의점에서 밤새워 가며 아르바이트하도록 만들죠. 그것도 간신히 입에 풀칠하도록 최저임금 줘 가면서요. 반면에 유기물은 축적을 해 봐야 소용이 없죠. 다 썩으니까요. 요즘에는 곡식을 냉온 시설이 돼 있는 곳에 이태고 세 해고 가두어 놓기도 하지만, 그게 겉은 멀쩡해 보여도 실제로 속으로는 썩고 있거든요. 이렇게 유기물은 일정한 양과 기간을 넘겨서는 보관할 수 없고 하니까 나눌 수밖에 없어요. 비록 자기가 거두어들인 것이라도 자기 혼자 힘으로 한 거는 아니잖아요? 우리는 씨 뿌리고 김매고 거두어들이는 세 가지 일만 성실하게 하면 나머지는 해와 바람, 구름과 땅이 다 알아서 지어 주는 거지요. 씨 하나를 뿌리면 몇백 알, 몇천 알도 생기게 말이죠. 도시에서는 경제성장이 해마다 꾸준히 5퍼센트만 는다 하더라도 기적이라고 하는데 농사는 하나 심으면 몇백 알, 몇천 알이 나잖아요. 이건 사람이 하는 것만이 아니라, 옆에서 24시간 거드는 더 큰 힘이 있기 때문에 가능하다는 걸 자기 눈으로 보게 되죠.

이렇게 농사로 생긴 유기물은 쌓아 놓을 수도 없거니와 또 자기가 한 일로 생긴 결과라고만 볼 수 없으니까, 더 큰 힘이 작용해서 그런 결과를 빚어냈으니까 나누어야 한다, 베풀어야 한다는 생각이 자연스럽게 들어요. 참 때에 전혀 모르는 사람이 지나가도, "밥 한술 먹고 가요, 술 한잔 하고 가요" 하면서 부르는 마음이 저절로 생기지요. 네 것 내 것이 따로 없구나, 함께 나누고 베푸는 것이 자연의 질서구나 하는 것을 삶 속에서 깨우치게 돼요. 그러다 보니 이기적인 생각, 혼자만 잘 살 수 있다는 생각이 자기 안에서 점차 허물어져 내려요. 바로 이런 게 우리가 자연에서 배우는 큰 교훈이라고 생각을 해요.

변산공동체학교 20년, 실험은 계속된다

변산공동체학교에서는 이 책에 나오는 교육 방법들이 많이 이루어졌습니까? '실험 학교'에서 구상한 것 가운데 현실과 들어맞지 않다거나 실천하기에 어려움을 느낀 점은 없었나요?

윤구병 제가 95년에 변산에 들어가 공동체를 꾸리기 시작했어요. 벌써 20년이 흘렀네요. 그때 서울대학교 철학과 석·박사 과정 학생들에게 존재론이라는 걸 가르쳤는데 교환교수였기 때문에 일주일에 세 시간, 딱 한 강좌만 하면 됐어요. 그 강좌를 마치고 나서는 변산에 가서 농사 짓고 하는 삶을 살았죠. 96년에 제가 있던 충북대학교에 사표를 내고 나서는 그해 1월 1일부터 변산에서 죽 붙박이로 살았어요. 처음에는 나를 아는 사람, 친구나 친척들까지도 일체 변산에 방문하지 못하게 했어요. 제가 농사꾼으로 거듭나는 것이 먼저였기 때문이죠.

지금 변산공동체학교에는 20대에 들어와서 벌써 40대 중반이 된 사람들이 있어요. 젊었을 때 들어왔다가 여기서 짝을 만나 아이 낳고 기르는 사람도 이제 여럿이고요. 그 과정에서 우리가 생각한 것보다 조금 앞질러서 진행된 부분이 있죠. 이런 거예요. 변산공동체학교를 처음 만들었을 때는 여기서 처녀 총각이 눈이 맞아 결혼을 하고 아이들이 생겨나게 되면, 그 아이들을 중심으로 차례차례 교육을 시켜 나갈 거라고 생각을 했어요. 그런데 여기에서 태어나지 않은 아이들까지 맡아서 교육을 시켜야 하는 시기가 먼저 찾아왔죠. 그게 1998년이었어요.

변산공동체학교는 무상교육이에요. 기숙사비도 안 받고 학비도 안 받죠. 그동안 해마다 중, 고등학교 학생들을 1, 2, 3학년 각각 다섯 명씩 해서 서른 명만 기숙사에 받아들였어요. 이 아이들을 우리가 바라는 교육 이념에 따라서 가르쳐 보자고 애써 왔죠. 그런데 올해는 너무 많은 학생들이 지원을 해서 30명만 뽑기가 어려웠나 봐요. 딱한 아이들도 많고, 장애를 가진 아이들도 있고 해서요. 그래서 열 명을 더 뽑아서 40명을 학생으로 받았다고 하더군요. 이렇게 많은 아이들을 맞아서 교육을 시키고 있는 건 처음 생각했던 것보다 좀 빨라진 측면이 있어요. 조금 버겁기도 하고요. 앞으로 어떻게 될지는 모르지만 이런 부분은 제가 구상한 것보다 앞당겨서 이루어진 일들이죠.

아이들에게는 우리가 생각한 대로 하루에 세 시간 넘게는 학과 교육

"변산공동체학교 아이들은 스스로 벽돌도 찍고 집도 지어 보고 하면서 온갖 것들을 다 손으로, 몸으로 해 봤기에 그것들이 몸속 깊이 배어들었어요. 이 아이들 몸에 밴 그 경험과 삶이 변산공동체학교 교육이 낳은 가장 큰 자산이라고 봐요."

을 시키지 않았어요. 그래도 아이들은 스스로 공부하는 분위기가 저절로 만들어졌죠. 무엇보다 이 아이들이 몸 놀리고 손발 놀리는 교육을 받으면서 도시 아이들보다 훨씬 더 어른스럽고 생각이 깊다는 것도 드러났어요. 변산공동체학교에서 달마다 나오는 소식지 〈구름산 마을 이야기〉에 아이들이 쓴 글만 봐도 잘 알 수 있어요. 아이들이 직접 겪은 일을 쓴 글들 가운데 솔직하면서도 좋은 것들이 참 많아요.

《실험 학교 이야기》에서 구상한 교육 방법들도 많이 실천해 보려고 애썼어요. 우리는 보통 시각, 청각, 후각, 미각, 촉각 같은 감각으로 받아들인 것을 바탕으로 표현을 하거든요. 표현하는 방법은 몸짓으로 드러내는 것도 있고 소리로 드러내는 것도 있죠. 글이나 그림으로 드러내는 것이 있고 요리를 만들어 혀로 맛볼 수 있도록 드러내는 경우도 있고요. 옷을 염색한다든지 옷감을 짠다든지 해서 드러내는 방법도 있지요. 이렇게 표현하는 방식이 여러 가지로 달라요.

이처럼 우리는 아이들이 생각하고 느낀 것을 여러 방식으로 표현하도록 끊임없이 부추기고 있거든요. 표현에 대한 것은 도시에 사는 어떤 아이들보다도 잘한다고 생각해요. 아이들이 살아 있거든요. 스스로 벽돌도 찍고 집도 지어 보고 하면서 온갖 것들을 다 손으로, 몸으로 해 봤기에 그것들이 몸속에 깊이 배어들었어요. 이 아이들 몸에 밴 그 경험과 삶이 변산공동체학교 교육이 낳은 가장 큰 자산이라고 봐요.

선생님은 공동체 안에서 자연스럽게 꾸려 왔어요. 저를 비롯한 공동체 식구들이나 마을에 사는 학부모들이 선생님 몫을 했거든요. 천연 염색 같은 경우는 우리 식구들이 스스로 익혀서 배우고 가르치고 했고요. 도자기 굽는 가마와 성형실이 있어서 아이들이 직접 도자기를 구워서 바깥에 내다 팔기도 했어요. 이런 것들은 교육 성과가 나타난 거라고 볼 수 있겠죠. 이런 교육이 더 활발해지면, 공동체 아이들이 염색이나 그릇 빚기 기능을 더 키우게 될 거예요. 그러면 나중에 그 분야에서 선생님으로 거듭날 수 있겠죠. 아쉽게도 대장간 같은 경우는 선생님을 모시는 데 어려움을 겪었어요.《실험 학교 이야기》에서도 대장간이 큰 구실을 하잖아요. 처음에 대장간을 몇 군데 찾아가 봤어요.

그중에 한 할아버지를 찾아가서는 농사철에는 못 배우니까 겨울 농한기에만 가서 배우고 싶다고 했더니 보기 좋게 딱지를 맞았어요. 이 일은 10년, 20년을 하루 종일 쇠를 다루어도 제대로 할까 말까 하는데 어떻게 농한기에만 몇 개월 배워서 쇠 다루는 법을 익히겠느냐는 말씀이셨죠. 이런 경우 그 대장간 할아버지를 모셔 올 수 있어야만 해결할 수 있는 일이에요. 오랫동안 같이 살아야 기술을 익힐 수 있는 거지요. 대장간을 만들고 싶은 꿈은 아직도 이루지 못하고 있는 부분이에요.

공동체 교육 연속성을 위한 '기초살림학교'

변산공동체학교 아이들이 살아가는 이야기를 좀 더 듣고 싶습니다. 특히 졸업한 아이들이 공동체 경험을 바탕 삼아 우리 사회에서 자유롭고 창의로운 일들을 해 나가고 있는지 궁금합니다.

윤구병 변산공동체학교 아이들은 초등학교 때는 부모 곁에서 지내지만 중학교 과정이 되면 1학년에 들어오자마자 기숙사 생활을 하죠. 기숙사 생활을 하면서 또래끼리 또는 언니나 동생하고 만나서 같이 생활을 합니다. 선생님들은 기숙사 생활을 하는 아이들에게 간섭을 잘 안 해요. 그래서인지 이 아이들이 자기들 안에서 발생하는 문제를 두고 거의 날마다 자기들끼리 회의를 하더라고요. 선생님은 거기에 끼지 않아도 돼요. 학생과 선생님들 공동 문제일 때는 아이들이 선생님을 초청해서 함께 회의를 할 때도 있긴 하지만요. 학생들끼리 회의를 여는 모습을 보면, 자기 앞에 닥친 문제를 해결하기 위해 스스로 길을 찾는 게 보여요. 이렇듯 아이들끼리 함께 밥 먹고 자고 하면서 풀어 나가야 할 문제가 있어요. 또 그렇게 해야 교육 효과가 더 좋다고 봅니다.

변산공동체학교에서 배우고 느낀 경험들이 이곳을 거쳐 간 많은 아이들한테 스스로 앞가림을 하는 데 좋은 밑거름이 되고 있다고 생각해요. 몇몇 아이들 예를 들어 볼까요. 변산공동체학교에 와서 풍물을 처음으로 배운 아이가 있거든요. 배우다 보니까 재미가 있는 거예요. 그래서 아예 전공을 풍물로 정해 버렸죠. 지금도 그 아이는 풍물재비가 되는 길을 열심히 걷고 있어요. 또 다른 아이는 중학교 때부터 건축가가 되는 게 꿈이었어요. 그런데 일반 학교에서는 그런 걸 안 가르쳐 주잖아요. 그러다 변산공동체학교에 오니까 집도 짓고 흙도 나르고 하는 일들을 자주 하게 된 거지요. 그러면서 건축 일에 더 관심을 갖게 되고,

변산공동체학교를 졸업한 뒤에는 혼자 여기저기 다니면서 집 짓는 일을 배우고 있어요. 최근에 졸업한 아이 예를 들면, 2012년에 케냐에 간 친구가 있거든요. 거기서 유목민들이 농사지으면서 정착할 수 있도록 돕는 일을 2년 가까이 했어요. 또 다른 아이도 몽골에 가서 농사일 거드는 도우미로 일하고 있고요.

변산공동체학교를 졸업한 아이들은 여러 갈래로 공동체와 연결이 되고 있어요. 도시에 나가 사는 아이들이 여름 계절 학교 때면 작은 선생님으로 참여하는 경우가 많습니다. 친구들이랑 같이 농사짓는 일을 도우러 오는 아이들도 있고, 군대에 들어가서도 휴가 때면 이곳에 찾아와 농사일을 거들거나 계절 학교 선생님을 하는 아이도 있지요.

변산공동체학교는 계속해서 졸업생들 숫자가 많아지고 있어요. 그 중 일부는 졸업을 하더라도 공동체에서 계속 식구로 있고 싶다는 아이도 있지요. 대학 진학을 했다가 자퇴를 하고 앞으로 농촌에서 살아갈지 고민하는 경우도 있고요. 나머지 애들은 실제론 조금 걱정이에요. 마을 공동체에서 농사를 지으면서 제대로 제 앞가림을 하고 서로 도와서 살 수 있는 사람으로 자랐는데 이 아이가 도시에 나가면 어떻게 될지 모르니까요. 물론 어떤 아이는 도시에서 살아 보니까 도시에서 사는 것보다 공동체가 더 낫다고 해서 자발적으로 돌아오는 경우도 있기는 해요. 도시에서 어떤 영향을 받느냐에 따라서 또 달라지니까요.

그렇더라도 변산공동체학교에서 교육받은 아이들 가운데 다시 이곳으로 돌아오는 아이들이 많지 않은 게 현실이에요. 이 아이들 교육이 연속성을 가지려면 '기초살림학교'가 필요하다고 생각하고 있죠. 변산공동체학교 졸업생들이 기초살림학교에서 농촌 살림과 연관된 전문 교육을 받을 수 있다면 졸업한 뒤에도 이곳에서 삶을 이어 갈 수 있을 거라고 보고 있거든요. 아직까지 기초살림학교 만드는 일을 이루지 못하고 있지만 계속 그 길을 찾고 있는 중입니다.

공동체 자급자족의 힘겨운 길

무상교육를 하고 기초살림학교까지 갖추면서 '공동체 학교'를 꾸려 가려면 재정이 무척 중
요한 부분일 것 같습니다. 이 책에 나오는 '실험 학교'는 농촌에 있는 빈 학교를 활용하는
것부터 장난감, 천연염료 들을 만들어 내다 판 돈으로 살림을 꾸려 가는 것으로 나오지요.
실제로 변산공동체학교에서는 재정 문제를 어떻게 풀어 가고 있습니까? 자급자족으로 살
림을 지탱할 수 있는 형편이 되는지 궁금합니다.

윤구병 변산공동체학교는 무상교육이기 때문에 이 제도를 꾸준히 이
어 가려면 공동체 운영을 위한 재정 뒷받침이 참으로 중요한 문제입니
다. 그런데도 외부에서 재정 지원은 받지 않는 걸로 하고 있어요. 왜 그
러냐면 공교육하고 연관시켜서 재원 뒷받침을 받게 되면 공교육 기관
에서 요구하는 것을 최소한이라도 따르지 않을 수가 없거든요. 우리
스스로, 우리에게 맞는 교육을 시키자는 생각으로 다른 재원 뒷받침
없이 우리끼리 해 나가고 있지요.

　물론 변산공동체학교도 재정 문제가 늘 고민이에요. 우리가 여러 차
례 생각을 했어요. 외부에서 도움을 얻어서라도 빨리 이 공동체 이념
이 현실화 될 수 있는 길을 찾아야 하지 않을까 하는 문제에 대해서요.
바깥에서도 왜 노동 후원만 받고 금전 후원을 받지 않느냐는 말씀들이
더러 있었죠. 상당히 큰 목돈을 내주려고 한 사람도 있었고요.

　하지만 그렇게 할 경우 잘못하면 자생하는 힘을 잃어버릴 수 있다는
걱정이 들었지요. 모든 생명체는 스스로 살아남는 힘이 있어야 오래,
제대로 살아남을 수 있잖아요. 허울만 그럴듯하게 갖추고 자생할 힘이

없으면 언제 어떻게 될지 모르는 일이거든요. 꼭 필요한, 겨우겨우 문제를 해결할 수 있는 이상으로 돈이 생기면 꼭 독이 되더라고요. 그런 점에서 지금까지 노동 후원은 받되 금전 후원은 안 받는다는 원칙을 지키고 있습니다.

농촌에서 의식주에 필요한 기초 물품들은 자급자족할 수 있어요. 문제는 전기 끌어다 써야지 세금 내야지 또 어쩔 수 없이 차를 타야지…… 그렇다 보니 화폐경제에서 완전히 독립을 할 수가 없어요. 국가 화폐가 아직도 변산공동체학교에 필요하다는 이야기죠. 에너지 문제만 해도 우리가 자급을 해 보자는 마음으로 가마솥에 불 때서 밥 짓고 국도 끓이고 해 봤죠. 방을 덥히는 것도 구들을 놔서 죽어 넘어가는 고사목들 가져다가 불을 때고 있고요. 뿐만 아니라 약초 백여 가지를 일 년 넘게 발효시키고 숙성시켜서 판 돈으로 자급자족하는 데 보탬이 되는 그런 길을 찾기도 했어요. 도시에서 버리는 옷들을 받아서 옷 입는 문제도 많이 해결했고요. 그런데도 아직까지 화폐경제에서 완전히 독립해서 자급자족할 수 있는 길은 찾지 못하고 있어요.

특히 에너지 문제가 커요. 풍력발전도 해 보려고 애써 봤고, 태양광 발전기를 지붕에 설치해서 써 보기도 했지요. 그런데 결국 싼 에너지, 핵연료나 화석연료를 태워서 만든 전기를 끌어다 쓰고 있는 실정이에요. 전기에너지는 생태적인 삶을 해치는 것들인데 쓰지 않을 수 있는 길이 아직은 없어요.

이런 에너지 문제는 한 단위 공동체에서 해결할 수 있는 범위를 넘어선다고 봐요. 우리 체제가 오스트리아나 독일 같은 나라들처럼 핵발전소를 없애고, 화석연료를 태우는 발전 시설을 줄이는 쪽으로 나아가야 풀릴 수 있는 문제인 거지요. 나무, 풀, 가축 똥, 음식 쓰레기 같은 생체 에너지나 태양광, 물, 지열처럼 자연 에너지를 쓸 수 있는 길을 찾아야 한다는 생각은 계속해서 하고 있어요. 그러자면 삶에 꼭 필요한 기술을 개발할 수 있는 힘을 갖춰야 돼요.

자본주의 시장경제에서는 이익이 된다고 하면 사람 몸에 해로운 식품첨가물도 대량으로 만들고, 외화 벌이가 된다고 하면 여러 가지 무기도 만들어서 팔잖아요.

예전에 마르크스가 생각하고 꿈꿨던 사회주의사회에서는, 의식주를 비롯해서 삶에 꼭 필요한 기술들만 개발될 줄로 믿었어요. 그래서 생산관계만 바뀌면 생산력이 건전한 데로 쓰여서 무한히 분화되는 욕망들을 다 충족시킬 수 있다고 생각을 했죠.

지금은 물건을 만들거나 쓸 때 에너지가 적게 들도록 해서 자연을 덜 해칠 수 있게 돕는 '적정기술'처럼, 인간과 자연이 함께 살아가는 데 도움이 되는 기술에서 벌 수 있는 돈보다 전쟁을 부추기고 사람 몸을 해치는 생산품을 만들어 내는 데서 훨씬 더 많이 돈을 벌 수 있기 때문에 생산관계가 극도로 왜곡돼 있어요. 그렇기 때문에 생체 에너지나 자연 에너지 중심으로 에너지원을 다시 바꿔 낸다든지 하는 건 한 단위 공동체에서 할 수 있는 범위를 넘어선다는 거예요. 에너지 문제는 그만큼 어려운 문제랍니다.

이런 여러 가지 문제들 때문에 외부 지원 없이 농사짓는 사람이, 그 농사지은 것을 내다 팔아서 학교도 짓고 여러 가지 교육 시설도 만들 수 있는 길이 지금으로선 없어요. 불균등 교환에 따라서 농산물은 싼 값으로 사 가고 공산품은 비싼 값으로 농민들한테 안기는 사회구조가 계속되는 한 더 그럴 거예요. 이런 것들이 바뀌지 않으면 농촌 살이는 계속 힘겨워질 겁니다. 지금 변산공동체학교가 20년이 됐지만, 이러한 공동체가 아직 나타나지 못하고 있는 이유도 여기에 있다고 봐요.

경자유전(耕者有田) 원칙에 따른 토지개혁

시골에 노는 땅은 많지만 살 수 있는 땅이 별로 없다고 합니다. 아니면 땅값이 너무 비싸서 살 엄두를 내지 못하기도 하고요. 건강한 생산 공동체를 꿈꾸는 사람들도 결국 이 '땅' 문제 때문에 좌절하는 경우가 많은데 해결 방법이 없겠습니까?

윤구병 지금도 변산공동체학교에 들어오겠다는 사람들이 꽤 돼요. 식구가 늘면 농사짓는 땅도 늘어나야 하잖아요. 그래서 한계에 부닥친 게 있어요. 이제까지는 공동체에 들어와서 부부 연을 맺은 사람들이 아이 낳고 기르고 할 때 함께 흙벽돌을 찍어서 방 하나 부엌 하나라도 만들어 줄 수 있었어요. 하지만 지금은 새로 땅을 구입할 수 있는 여건이 안 돼요. 전에는 땅을 빌리기도 많이 했는데 이제는 땅을 빌리지 않고 사고 있지요. 그럴 수밖에 없는 까닭이 있어요. 우리가 다른 농토를 빌려서 유기농으로 농사를 지으면 그 땅이 되살아나잖아요. 그러면 그 땅을 돌려 달라고 하는 경우가 자주 있었거든요. 아무래도 안 되겠다 싶어서 땅을 빌리기보다는 사는 쪽으로 했지요. 변산공동체학교의 경작지는 여러 사람 이름으로 등록했어요. 자본주의사회에서는 땅 소유주가 개인으로 등록돼야 하니까요. 단, 소유주로 등록된 사람들한테는 '여기서 농사짓는 동안만 경작권이 있고 소유권은 없다, 여기서 떠나면 그 땅을 공동체에 내놔야 한다'는 내용으로 각서를 받았어요. 공증도 받아 놓았고요. 앞으로가 문제예요. 지금 변산공동체학교에서 나는 생산물만 팔아서는 땅을 살 돈을 마련할 수가 없으니까요. 새로 들어오는 사람에게 집을 지어 줄 땅도 없고 그네들이 농사지을 땅도 없다는 이야기죠. 이게 변산공동체학교 앞에 닥친 큰 문제입니다.

땅값이 요즘처럼 비싸서는 웬만해선 땅을 사서 농사짓기가 힘들어요. 앞으로도 건강한 생산 공동체를 이루고 싶다는 사람들이 점점 늘어날 텐데 토지 문제 때문에 제약을 받게 되는 거지요.

지금까지는 노인 노동력으로 겨우겨우 농산물 생산이 지탱되고 있지만 곧 그분들은 노동력을 잃어버리게 될 거잖아요. 그러면 젊은 사람들이 그걸 이어받아서 농사를 지어야 하는데 지금은 그럴 길이 없어요. 우리 나라 사유재산 제도가, 시골에 있는 땅을 경작하지 않는 사람도 부재지주로서 그 땅을 살 수 있도록 길을 열어 놨거든요. 앞으로 식량 자급이 필요한 때가 반드시 오게 될 거고, 그때가 되면 젊은 사람들이 농토를 지키고 가꾸어야만 할 거예요.

이제는 국가에서 나서야 해요. 해방 뒤에 토지개혁을 했듯이 지금도 토지개혁을 해야 한다고 생각해요. 해방 뒤에 북녘에서는 '무상몰수 무상분배'로 토지개혁을 했지만 남녘에서는 '유상몰수 유상분배'였거든요. 국가가 어느 정도 이상 토지를 갖고 있는 사람이나 부재지주한테 땅을 사들여서 농민들에게 나누어 주고, 농사지은 것으로 땅값을 갚도록 했지요. 그 제도가 제대로 운영되지 않고, 영세한 농민들에게 부담이 되는 식으로 토지 분배가 이루어졌기 때문에 결국 많은 사람들이 그 토지를 다시 시장에 내놓게 되기는 했지만요.

토지 국유화는 굉장히 큰 문제지요. 정치를 하는 사람들, 보수 진영이 됐든 진보 진영이 됐든 반드시 토지 국유화를 해야 할 시기가 올 거라고 봐요. 생각보다 빨리 올 수도 있어요. 농사를 짓는 사람이 땅을 가져야 한다는 경자유전(耕者有田) 원칙에 따라, 농사짓지 않는 부재지주한테 땅을 회수해서 농민에게 나누어 줄 수밖에 없는 그런 때가 말이죠. 그걸 미리 준비하려면 현재 농사짓지 않는 사람들이 가지고 있는 땅부터 사들이면 됩니다. 그런 땅을 국가에서 사들여서 농사지으려는 사람들에게 장기 임대를 하는 거죠. 땅값은 생산물로 갚도록 하고요. 쌀 열 말 생산하면 한 말을 현물로 바치는 방식으로 말이죠.

농사지으려는 사람한테 토지를 분배하는 일은 당장이라도 하지 않으면 안 될 일입니다. 마을 공동체가 순조롭게 되살아나는 길이기도 하고요. 뿐만 아니라 도시에 만연한 실업 문제를 해결하는 길이기도 하거든요. 식량 자급 없이 자주국방이 없다는 것은 자명한 일이죠. 독립 국가를 제대로 유지하려면 반드시 식량 자급을 할 수 있어야 합니다. 그러자면 농촌으로 젊은이들이 많이 되돌아와야 하고 그러기 위해서는 농토 문제, 교육 문제 이런 것들을 전부 해결할 수 있는 길을 열어 줘야 한다는 말입니다.

끝나지 않은 실험, '실험 학교'

변산공동체학교 하면 윤구병, 윤구병 하면 변산공동체학교란 인식이 많습니다. 변산공동체학교의 교육 철학이나 방법론이 널리 퍼지지 않는다면, 그 실험은 '윤구병의 실험 학교'라는 틀에 갇힐 수밖에 없을 듯합니다. 그 틀에 갇히지 않으려면 어떤 노력을 기울여야 할까요? 아울러 《실험 학교 이야기》 개정판이 나온 2014년 오늘부터 다가올 2034년까지, 앞으로 우리가 맞이하게 될 20년은 어떤 모습으로 흘러갈 것 같습니까?

윤구병 변산공동체학교에서 이제까지 하려고 한 일들에서 성과가 아직 드러나지 않은 측면이 있기는 해요. 하지만 단 한 달이건 일 년이건 여기서 머문 사람들이 배우고 깨치는 것들이 있을 거라고 봐요. 제가 지금 죽는다 하더라도, 변산공동체학교의 미래와 그 운명이 어떻게 결정될지 이 눈으로 확인하지 않더라도, 여기서 공동체 생활을 한 사람들이 지닌 건강한 기운이 그 사람 안에도 간직돼 있을 거고 다른 사람들에게도 영향을 미치리라고 생각해요. 제가 살아서 더 기여를 하느냐 아니냐 하는 문제는 별로 큰 문제가 아니라고 보지요.

변산공동체학교가 자율적인 공동체로서 외부 도움을 안 받고 살아가는 모습을 보면서 '즐겁게들 사네? 큰 걱정 없이 바깥 도움에 기대지 않고 잘 사네?' 이런 생각을 사람들이 갖게 될 거예요. 그런 생각을 가진 사람들이 한 사람 두 사람 늘어나면, 우리도 저렇게 살아 보자는 마음들이 조금씩 퍼질 수 있어요. 그 사람들은 변산공동체학교가 이미 겪은 시행착오를 줄일 수도 있고, 건강한 생태 공동체를 더 빨리 이룰 수 있다는 자신감도 생길 수 있겠죠. 이렇게 해서 여기저기에 생태적인 생산 공동체가 하나둘씩 늘어나게 될 거예요. 처음에는 섬처럼 다들 고립되어 있겠지만 차츰 서로 연결망이 생겨서 나중에는 커다란 힘으로 바뀔 수 있다고 생각해요.

너무 조급하게 생각할 필요는 없어요. 우리 나라 근현대사를 생각해 보세요. 북녘은 소련군에 점령되고 남녘은 미국에서 점령군이 들어와서 우리 나라를 갈라놓았죠. 그 여파로 전쟁까지 벌어졌고, 남녘이건 북녘이건 한 형제끼리 원한이 쌓이게 됐어요. 많은 사람들이 통일을 부르짖으면서 그렇게 애써 왔는데도 분단 상황이 벌써 70년 가까이 계속되고 있는 형편이지요. 그에 견주면 생태적인 생산 공동체가 이루어지는 데 10년, 20년이 걸리는 것은 전체 시간으로 볼 때 짧다, 길다고 말할 수 없어요. 변산공동체학교 같은 새로운 공동체의 모범이 계속 나타나게 되면, 그래서 틀림없이 이렇게 살아야 한다는 확신이 생기게 되면, 이런 공동체가 빠르게 번질 거라고 생각해요.

하루아침에 이루어질 수 있는 일이 아니라는 낙관적인 생각을 해야 이런 운동을 지속할 수 있어요. 우리가 하루하루 삶에서 즐거운 시간이 괴로운 시간보다도 조금 더 많아야 지속적으로 무엇이든 해 나갈 수가 있거든요. 길게 보면 그래요. 짧게 보면 희생이 뒤따르더라도 그 희생을 감수할 수 있는데 오래오래 지속되는 희생을 감수할 수 있는 사람은 내가 보기에는 없어요. 그러니까 그게 어떤 곳이든 새로운 공동체는 즐거운 삶터가 되어야 오래 지속될 수 있어요.

한 공동체가 제대로 형성되려면 30년은 지나야 합니다. 이런 과정이 진행되겠지요. 먼저 20대 젊은이들이 공동체에 들어와 살다가 짝을 맺어 아이가 생겨납니다. 그 아이가 자라면서 공동체도 경험하고 더 나중에는 바깥세상도 경험하게 되겠지요. 그러다가 공동체에서 배운 것이 훨씬 더 사는 데 도움이 된다, 이 삶이 더 가치 있고 즐겁다는 확신이 들 때 다시 공동체로 돌아와 또 짝을 만나 아이를 낳게 될 겁니다.

한 세대를 우리는 30년으로 잡습니다. 할아버지 할머니로 상징되는 과거, 부모로 상징되는 현재, 그리고 거기서 태어난 아이들로 상징되는 미래가 한데 융합되어야 제대로 된 마을 공동체가 이루어질 수 있어요. 변산공동체학교가 그렇게 되려면 아직도 십여 년 이상은 더 지나야 합니다. 그 과정에서 지금까지 더 빨리 된 부분도 있고 더 느리게 된 부분도 있는데 전체로 봐서 크게 그 방향이 어긋나거나 그 진행이 아주 더디거나 그런 거는 아닌 듯해요. 변산공동체학교가 올해로 20년째니까 짧게 잡아도 한 10년 넘게 이런 과정이 지속되리라고 봐요.

어떤 마을 공동체가 됐든 교육 공동체가 됐든 큰 틀에서는 한 나라가 어떤 지향점을 갖고 어느 방향으로 향하느냐에 따라서 그 운명이 결정됩니다. 한 나라가 망해 버리는데 그 나라 안에 포함된 공동체라고 성하기를 기대할 순 없어요. 공동체에서 이루어지는 좋은 기운이 빨리 확산돼서 지속 가능한 삶을 열어 갈 수 있을 것이냐, 그렇지 않으면 지금 도처에서 발견되는, 없을 것이 있을 것보다 훨씬 더 많은 이 세상에서 그 나쁜 기운이 더 빨리 퍼지느냐 하는 것은 시간하고 싸움이라고 봅니다. 전 인류뿐만 아니라, 우리 나라처럼 작은 나라에서도 지난 50년 사이에 공동체 파괴가 순식간에 이루어졌듯이 말이죠.

우리는 날마다 최선을 다할 뿐이에요. 마냥 낙관적으로 생각하지만은 않아요. 20년 뒤에 이 공동체가 남아 있을지 확산이 될지, 또는 그것이 흔적조차 없어질지는 모를 일이에요. 다만 지금 공동체에 살고 있는 사람들이 열심히 살아 냈고, 그 삶의 기운이 건강하고, 이 건강한 기운이 널리 퍼져야겠다는 소망이 있으니까 비판도 하지는 않아요.

하지만 지금 우리 나라나 전체 인류가 되어가는 꼴로 보면, 실제로는 비관적인 전망이 낙관적인 전망보다도 훨씬 더 크기는 해요. 그래도 살아 있는 동안은 희망을 가져야겠지요. '실험 학교'의 실험은 아직 끝나지 않았어요. 그리고 계속되어야 합니다. 이전에도 그랬듯이 앞으로도 자연과 사람에 대한 믿음과 사랑이 있는 한, 곳곳에서 새로운 실험 학교들이 계속 나타나게 될 것이라고 믿습니다.

"새로운 공동체는 즐거운 삶터가 되어야 오래 지속될 수 있어요."

변산공동체학교와 '실험 학교' 이야기

"그려, 내가 미치길 참 잘했다"

변산공동체가 시작된 지 올해로 스무 해가 되었습니다. 20년 전 윤구병 선생님이 대학 선생을 그만두고 시골로 내려가 농사를 짓겠다고 했을 때 모두들,

"선생님께서 수업은 별로 안 하고 막걸리만 많이 마시더니 제 정신이 아닌 모양이구나. 아니 그 좋은 대학교수직을 그만두고 시골로 내려가? 미쳤군, 미쳤어."

그랬습니다.

윤구병 선생님이 《실험 학교 이야기》와 《조그마한 내 꿈 하나》라는 책을 펴냈을 때는, 교실에서 함께 공부도 하고 막걸리도 마시면서 세상사는 이야기를 자주 들려주신 분이라 예의상 사서 읽어 보기는 했습니다. 그렇지만 그때는 선생님이 간절하게 바라는 꿈이 무엇인지 잘 몰랐습니다.

'이런 학교가 만들어지면 참 좋겠네, 여럿이 함께 어울려 농사지으며 살면 재미있긴 하겠네.'

이런 생각 정도는 들었지만요. 공동체니, 대안학교니 이런 게 참 낯

설게 느껴지던 시절이었으니까요. 선생님의 깊고 큰 뜻이야 잘 모르지만 그래도 어떡하겠어요. 일부러 사서 고생하러 내려가신다는데 송별식은 해 줘야지. 제자들과 동료 선생님들이 함께 모여서 밥도 먹고 술도 마시면서 농사 잘 지으시라고 삽, 괭이, 장갑 들을 사 드리며 그토록 원하시던 시골로 보내드렸지요.

그리고 저도 그해에 농촌으로 농사지으러 내려왔습니다. 전남 나주에서 학교 선배님이 소를 키우고 있었는데 그곳에서 함께 소도 키우고 농민회 일도 하면서 사회변혁을 꿈꾸었지요. 그런데 소만 키우는 일은 재미가 덜했습니다. 아침, 저녁으로 사료와 지푸라기만 주면 할 일이 별로 없었거든요. 집 앞에 조그마한 텃밭을 만들어 상추, 배추 같은 먹을 것을 이것저것 심고 기르기도 했지만 워낙에 작은 텃밭인지라 이 또한 할 일이 거의 없었지요. 이렇게 살아서는 별 재미가 없겠다 싶어 선생님이 살고 계신 공동체를 찾아가게 되었습니다. 일주일 손님으로 머물면서 함께 일을 했는데 비 오는 날이 아니면 날마다 밭에 나가 일을 할 수 있어 참 좋았습니다. 선생님께서도 여기서 함께 농사짓고 살면 어떻겠느냐 하시고 저 또한 소 키우며 사는 것보다는 논과 밭에서 일하면서 사는 게 훨씬 좋겠다 싶어 공동체 식구가 되었습니다.

농약 안 치고, 화학비료 안 쓰고 농사짓겠다고 하니 마을 어르신들은 공동체 식구들을 모두들 이상한 사람들로 생각했습니다.

"허허, 농사도 모르는 젊은 것들이 뭐 먹고 살라고 저런다냐. 저것들 저렇게 농사짓고 살다가는 몇 년 못 버티고 떠나고 말제. 배울 만큼 배운 젊은 사람들이 이런 촌구석에서 뭔 고생이랴. 얼른 다시 도시로 나가 돈 벌어."

물론 걱정도 많이 해 주었습니다. 그렇지만 누가 뭐라고 하거나 말거나 식구들은 서툰 솜씨지만 열심히 일했습니다. 일 끝나면 공동체를 찾아오는 손님들과 둘러앉아 밤늦게까지 막걸리 마시면서 세상사는 이야기, 공동체에서 살아가는 이야기도 많이 나누었구요.

공동체 식구들은 공동체를 찾아 온 이유가 다 달랐습니다.《실험 학교 이야기》를 읽고 아이들 교육에 관심을 가지고 찾아온 이. 신문에 난 공동체 이야기를 읽고 공동체를 함께 만들어 보겠다고 찾아온 이. 저처럼 다른 곳에서 농사지으며 살고 있다가 선생님과 인연이 있어 공동체 식구가 된 이도 있었습니다. 도시에서는 도저히 살 수가 없어서 공동체를 찾아온 이도 있었지요.

농촌에서 나고 자란 식구들도 있었지만 농사일에 서툴기는 마찬가지였습니다. 아직까지 제 힘으로 농사일을 책임지고 해 본 경험이 없었기 때문이지요. 농사일 하나를 결정하는데도 서로 생각이 달라서 이렇게 해야 맞다, 저렇게 해야 맞다 티격태격 싸우기도 했습니다. 나중에는 우리가 모르는 것은 동네 할머니들과 형님들에게 물어 가며 하나 하나 배우기 시작했습니다. 같이 일하고 같이 밥 먹고. 처음 보는 사람들끼리 한 살림을 꾸려 가다 보니 갈등도 많았습니다.

"너는 왜 그렇게 게으르게 사냐, 그러는 너는 어째서 그렇게 니 주장만 내세우냐."

결국엔 서로에 대한 감정이 상할 대로 상해서 공동체를 떠나는 이도 많았습니다. 그렇지만 함께 사는 동안에는 모두들 열심히 농사지어서 스스로 내 앞가림을 해야 한다는 마음만은 간절했습니다. 억척스럽게 일해서 선생님의 도움 없이도 자립할 수 있어야 한다는 마음들이 강했지요.

그런데 마른하늘에 날벼락 떨어진다고, 아직 농사일이 몸에 익지도 않았는데, 이제야 조금씩 농촌 살림에 눈이 떠 가고 있는데, 공동체에 느닷없이 아이들이 들어왔습니다. 변산 토박이로 평생을 농사지으며 살아오신 형님들이 중학교에 들어가게 된 아이들을 공동체에 떠맡긴 것입니다.

"공동체 식구들 보아하니 농사짓는 게 영 시원찮은데 농사일일랑 때려치우고 우리 새끼덜 교육이나 제대로 시켜 주시오. 식구들 먹고 사는 것이야 우리덜이 어떻게든 알아서 할랑게요."

"아니 우리들도 형님들 말마따나 제 앞가림도 못하고 있는데 어떻게 아이들 교육을 시킨다요. 우리는 못하겄소."

"아 배울 만큼 배운 사람들이 뭔 소리를 한당가. 아무렴 무지랭이 우리덜보담 낫겄제. 하시요."

"못하겄소."

여러 차례 실랑이를 벌였습니다. 도저히 이대로는 안 되겠는지 윤구병 선생님이 식구들 전체 회의를 열어서 밤샘 토론을 했습니다. 결국에는 선생님의 우격다짐에 넘어가 학교 문을 열기로 했지요. 학교 문을 열면서 변산공동체학교가 꼭 지켜야 할 몇 가지 원칙을 만들었습니다.

> 하나, 우리 학교에서는 아이들이 스스로 제 앞가림을 하고, 더불어 살아가는 마음을 지닌 사람으로 자랄 수 있는 교육을 한다.
> 둘, 아이들 교육비는 한 푼도 받지 않는다.
> 셋, 대학에 들어가기 위해 머리만 키우는 지식 교육은 하지 않는다.
> 넷, 오전에는 정보 교육을 하고 오후에는 몸을 놀리는 공부를 한다.
> 다섯, 아이들 교육을 하기 위해 자격증을 가진 선생을 따로 모시지 않고 공동체 식구들이 형편에 맞게 수업을 한다.

그렇게 해서 공동체 안에서 어른들과 아이들이 함께 밥 먹고, 공부하고, 일하는 변산공동체학교가 문을 열게 되었습니다. 지금도 그렇지만 처음 공동체 학교에 찾아온 아이들은 모두들 불만이 가득한 얼굴입니다.

'이게 무슨 학교야, 학생들도 몇 명 안 되고, 교실도 없고, 제대로 된 선생님도 없고, 툭하면 일이나 시키고.'

그러나 처음에는 불만 가득했던 아이들 얼굴에 한 달, 두 달 시간이 지나면서 웃음꽃이 피어나기 시작합니다. 제대로 몸을 쓸 줄 모르던 도시내기 아이들도 일 년이 지나면 몸을 잘 놀리는 아이들이 됩니다. 스스로 제 앞가림을 하려면 머리로 외우는 지식이 아니라 몸으로 익혀야 할 것들이 많다는 것을 아이들 스스로 깨우친 것이지요.

그래서 그럴까요. 우리 아이들은 자기들 스스로도 우리는 세상 어디에 내던져 놔도 먹고살 수 있다고 자랑을 합니다. 어른들이 따로 돌보아 주지 않아도 아이들은 자연의 품 안에서 마음껏 놀면서, 여럿이 함께 어울려 일을 하면서 스스로 제 앞가림할 수 있는 힘을 기른 것입니다. 더불어 함께 사는 것이 중요하다는 것도 자연스럽게 익히게 된 것이고요.

변산공동체학교 초등 과정을 만들면서 엄마, 아빠들이 모여서 어떻게 하면 좋을까 머리를 맞대고 이야기를 나누던 때가 생각납니다. 네 살, 다섯 살 놀이방 다닐 때부터 만나서 함께 신나게 뛰어놀고 춤추고 노래하고 그림 그리며 자유롭게 자란 아이들이라 일반 학교에 보내고 싶지 않았지요. 이 아이들을 일반 학교에 보내면 분명히 하루 종일 딱딱한 의자에 앉아 하기 싫은 공부도 억지로 해야 하는데, 그동안에 한 경험으로도 학교가 아이들을 건강하게 키울 수 없다는 것을 잘 알고 있는지라 고민이 깊어질 수밖에 없었습니다.

그렇다고 아직 제 앞가림을 하기에도 벅찬 공동체 식구들에게 초등 아이들까지 떠맡길 수는 없는 노릇이고. 어떻게 해야 하나 막막하던 참에 이렇게 고민만 할 것이 아니라 아이들 교육에 관련된 책을 다 같이 읽어 보고 이야기를 해 보자는 의견이 나왔습니다. 간디가 쓴 아이들 교육에 관한 책, 그리고 윤구병 선생님이 쓴 《실험 학교 이야기》를 함께 읽고 이야기를 나누었습니다.

《실험 학교 이야기》는 처음부터 끝까지 '아이들을 건강하게 키우려면 자연이 살아 있는 마을 공동체에서 또래들과 함께 마음껏 뛰어놀게 해야 한다, 머리로 외우는 지식이 아니라 몸으로 일하면서 배우는 것이야 말로 참된 공부'라고 이야기하고 있습니다.

'그래, 윤구병 선생님 말씀처럼 우리 아이들에게 가장 큰 스승은 자연이다. 그리고 우리 부모들이 모두들 농촌에서 농사지으며 건강하게 살고 있는데 우리 자식들 교육을 두려워하지 말고 우리 스스로 해 보자.'

우리들은 이렇게 의견을 모았습니다.

형진이 형님은 아이들에게 시도 읽어 주고, 산과 바다에 아이들을 데리고 다니면서 산 살림, 갯 살림을 일러 주면 되지(농부이자 시인인 박형진 형님은 산 살림, 들 살림, 갯 살림을 두루두루 꿰차고 있는 분입니다). 형수님은 놀이방 때부터 아이들을 돌봐 왔으니 아이들에게 노래와 춤을 가르쳐 주고, 역사에 관심이 많은 엄마는 역사 공부를 함께하면 되겠네. 이렇게 엄마, 아빠가 저마다 가진 재능으로 아이들 교육을 맡게 된 것이지요.

그렇게 시작된 변산공동체 어린이학교에서 보리, 해민이, 나무, 가을이는 6년 초등 과정을 마치고 지금은 중등부 학생이 되었습니다. 어렸을 때부터 몸 쓰는 공부를 해서 그런지 일을 참 야무지게 잘 합니다. 그리고 얼굴이 구김살 하나 없이 밝습니다. 마음 씀씀이도 참 착해서 동무들과도 잘 어울려 지냅니다. 이 아이들이 고등 과정까지 모두 마치고 어른이 되면 건강하고 듬직한 농촌의 일꾼으로 뿌리를 내리지 않을까 싶습니다.

"우리 사회에 희망이 있는가?"

많은 사람들에게 물으면 고개를 흔듭니다. 그만큼 우리 사회는 희망을 찾아볼 수 없을 만큼 깊이 병들어 있습니다. 우리 사회의 희망이라 말하는 아이들은 날마다 도시 속 콘크리트 건물 안에 갇혀서 머리만 키우는 지식을 외우는 데 시간을 보내고 있습니다. 아무런 꿈도, 웃음도 없습니다. 하루라도 빨리 우리 아이들에게 활기찬 웃음을 찾아 주고 건강한 미래를 꿈꿀 수 있도록 해야 합니다.

지금처럼 사람들 대부분이 도시 삶에 기대어 실날같은 희망이라도 붙잡으려고 한다면 불가능한 일입니다. 더 이상 미루지 말고 미련 없이 도시를 떠나야 합니다. 아이들 손을 붙잡고 농촌으로 내려가 전국 곳곳에 스스로 자립할 수 있는 작은 마을 공동체를 다시 만들어야 합니다. 머리로 외우는 공부가 아니라 몸으로 배우는 학교를 만들어야 합니다. 쉬운 일은 아니지요. 그러나 꼭 해야만 하는 일입니다.

아이들을 건강한 일꾼으로 기르지 못하는 사회는 결국엔 무너지고 맙니다. 건강한 생산이 없이 소비만이 남아 있는 사회가 제대로 된 사회는 아니니까요.

"대학 선생을 그만두고 농사를 짓겠다고 하니 미쳤다고 하는 사람이 많다. 그 뜻을 안다. 고생길이 훤하다는 것도 안다. 그러나 그 고생으로 마을마다 아이들 웃음소리가 꽃핀다면 한 번쯤 미쳐 볼 만도 하지 않은가."

윤구병 선생님의 이런 간절한 바람이 이루어지는 날이 머지않아 오겠지요.

"공동체에서 살면 힘들지 않으세요?"

이렇게 물어보는 사람들이 많습니다. 세상에 힘들지 않은 일이 어디 있을까요. 그러나 활짝 웃음꽃을 피우는 건강한 아이들을 보면 공동체에서 살고 있기를 참 잘했다는 생각을 합니다. 아직도 도시를 떠날 용기를 내지 못한 분들이 있다면 《실험 학교 이야기》를 꼭 읽어 보십시오. 그리고 한번 미쳐 보십시오.

'내가 미쳤지, 윤구병의 꾐에 빠져 이런 미친 짓이나 하고 있다니.'

이런 후회는 절대 하지 않을 겁니다. 자연의 품 안에서, 공동체 삶 속에서 건강하게 자라난 아이들의 활짝 웃는 얼굴이 있을 뿐입니다.

그리고 저처럼 이런 생각이 저절로 들겠지요.

'그려, 내가 미치길 참 잘했다.'

2014년 5월

김희정(변산공동체학교 대표)

아이들을 살리는 새로운 배움터를 향한
윤구병의 꿈과 실천

실험 학교 이야기

1995년 6월 30일 1판 1쇄 펴냄
2014년 7월 1일 개정판 1쇄 펴냄

글쓴이 윤구병

편집 김로미, 유문숙, 이경희, 조성우, 조혜원
디자인 한아람 | **제작** 심준엽
영업·홍보 백봉현, 안명선, 양병희, 이옥한, 정영지, 조병범, 최민용
경영 지원 전범준, 한선희
인쇄와 제본 (주)상지사P&B

펴낸이 윤구병 | **펴낸 곳** (주)도서출판 보리 | **출판 등록** 1991년 8월 6일 제9-279호
주소 (413-120) 경기도 파주시 직지길 492
전화 031-955-3535 | **전송** 031-950-9501
누리집 www.boribook.com | **전자우편** bori@boribook.com

ⓒ 윤구병, 2014

보리는 나무 한 그루를 베어 낼 가치가 있는지 생각하며 책을 만듭니다.

ISBN 978-89-8428-849-2 03370

이 도서의 국립중앙도서관 출판예정도서목록(CIP)은 서지정보유통지원시스템 홈페이지(http://seoji.nl.go.kr)와
국가자료공동목록시스템(http://www.nl.go.kr/kolisnet)에서 이용하실 수 있습니다.
(CIP제어번호: CIP2014017843)